阿多尔诺否定的
道德哲学研究

周爱民 著

上海人民出版社

本书的出版获得"上海市第38期中青年理论骨干学习研讨班"资助

目录

第五章　否定的道德哲学与政治批判

导　言

在阿多尔诺[1]《走向成熟的教育》[2] 的扉页中，有哈贝马斯的一句总结性评论："如果分析的洞见——这种洞见源于对苦难的经验——的力量等于苦难，那么脆弱性和受伤性的尺度就是阿多尔诺哲学的潜力。"[3] 哈贝马斯早年写下的这句话精准地概括出了阿多尔诺哲学的核心关怀。阿多尔诺曾经在多处明确表达过这种关怀。在《奥斯维辛之后的教育》一文中，他开门见山就指出"奥斯维辛不再重演，是对教育的第一要求"[4]。在阿多尔诺的视域中，屠杀数百万犹太人的奥斯维辛集中营是现代文明中野蛮的一面。要求奥斯维辛不再重演，不仅是要求人们消除种族偏见及因此偏见而做出的各种野蛮行径，更是要求所有人通过"批判的自我反思"审视现代文明

---

[1]　对于 Adorno 的翻译问题，本书并没有采用目前比较流行的"阿多诺"译法，而是采用《德语姓名译名手册》（商务印书馆 1999 年版）中"阿多尔诺"的译法。

[2]　Theodor W. Adorno, *Erziehung zur Mündigkeit*, Suhrkamp, 1971.

[3]　这句话的原始出处参见 Jürgen Habermas, *Philosophisch-politische Profile*, Suhrkamp, 1984, S. 166。

[4]　Theodor W. Adorno, *Critical Models: Interventions and Catchwords*, trans. Henry W. Pickford, Columbia University Press, 2005, p. 191.

本身。对现代文明本身的批判是阿多尔诺哲学的基调。他强调："与奥斯维辛不再重复这一点相对立的话，那么关于教育理想的每次讨论都是无意义和无关紧要的。"[1]这句话包含着阿多尔诺全部思考的基本方向，即朝向否定的东西，也就是哈贝马斯准确指出的对苦难的洞见。

阿多尔诺之所以坚持聚焦苦难，与他的这个信念相关：在错误的生活中没有正确的生活。早在其1931年的就职演说《论哲学的现实性》中，他就给出了非常类似的对哲学任务的规定。阿多尔诺一开始就宣称，全部的现实无法被理性所把握，言下之意就是，现实已经不再是"理性的"或"合理的"。从此前提出发，他根据主流哲学流派的失败尝试得出这样的结论：所有试图从总体上把握现实的哲学都必然会失败。在后来的思想发展中，他不但没有改变这个观点，而且还把这种判断运用到了其他领域。在《最低限度的道德》和《道德哲学的问题》中，他就明确坚持在错误的生活中没有正确的生活这一主张。他断然否定当时普遍流行的观点，即道德哲学是教导人们如何过正确生活的行为手册，甚至夸张地指出，在错误的生活中仅仅是带着审美的眼光去看待自然物也是一种错误，"不再有美感或安慰，只有凝视着恐惧，承受恐惧的凝视，以及在消极的意识中始终保持着更好的可能性"[2]。

诚然，聚焦于否定的东西与阿多尔诺身处的黑暗时代相关，但是他的观点并非完全出于时代经验。上述想法与他所坚守的一些基本经验相关。在阿多尔诺看来，"我们可能不知道什么是绝对的善，什么是绝对的规范，甚至也不知道什么是人或者人性的、人道的，

---

[1] Theodor W. Adorno, *Critical Models: Interventions and Catchwords*, trans. Henry W. Pickford, Columbia University Press, 2005, p. 191.

[2] Theodor W. Adorno, *Minima Moralia*, in: Adorno, *Gesammelte Schriften* Bd. 4, Suhrkamp, 1996, S. 26.

但是什么是非人性的，我们知道得非常准确"[1]。他同时也指出，非人性的很多现象并非仅仅通过直观就能被把握，而是需要理性反思的努力。阿多尔诺道德哲学的一个主要贡献就是通过自我反思去澄清道德领域中盘根错节的偏见。

阿多尔诺否定的道德哲学的另一个贡献是，它并非完全只停留于苦难，或者并非完全只停留于错误的方面，仿佛人们永远不知道正确的究竟是何物。对苦难的分析与反抗是为引出正确的东西。他认为，对错误的洞见包含着正确的标志，通过清扫错误的东西，正确的东西可能会显现："错误一旦得到确定的认识和准确的表达，就早已是正确的和更好的东西的索引了。"[2] 如果阿多尔诺的道德哲学被称为否定的话，那么否定是通往肯定的桥梁。但是与黑格尔不同，阿多尔诺不认为否定的否定直接就是肯定，"即使我们已经了解了一种被强化到荒谬的压制性意识形态的错误，在当今文化工业时代，仅仅从中读出真正的道德是不可能的"[3]。对否定之物的洞察与否定，只是为我们探求肯定的或正确的东西提供了"索引"。索引本身不能被等同于正确的内容本身。因此，阿多尔诺的道德哲学一方面宣称，在错误的资本主义社会中无法直接过正确的生活，另一方面宣称，否定的道德哲学的反思并没有从正面提供什么是正确的生活。就如霍耐特在总结阿多尔诺与霍克海默合著的《启蒙辩证法》的批判方式时所说，这种批判方式不直接宣称或论证某种超越当前的规范或实践是正确的，它的真理要求只能在未来通过这样的方式来衡量，即被他们所描述的这个社会中的成员是否在未来的某日同意接受他们的新描述，并且因此改变他们的

---

[1] Theodor W. Adorno, *Probleme der Moralphilosophie*, Suhrkamp, 1996, S. 261.

[2] Theodor W. Adorno, "Kritik", in: Adorno, *Gesammelte Schriften* Bd. 10, Suhrkamp, 1996, S. 739.

[3] Theodor W. Adorno, *Problems of Moral Philosophy*, Stanford University Press, 2002, p. 172.

社会生活实践。[1]

在批判理论的传统中，阿多尔诺的上述思想影响深远。哈贝马斯在描述与阿多尔诺的交往使自己获得的最大收获时曾说："如果我想描述一下在与阿多尔诺日常交往中塑造心性的力量给我带来的意识变化，那么这就是，远离熟悉的词汇和非常德国化的——植根于赫尔德的浪漫主义——历史性的精神科学的世界观。"[2]对哈贝马斯来说，这种远离与阿多尔诺在分析整个生活世界盘根错节的复杂性时所持有的社会学洞见相关，而这种洞见源于阿多尔诺对否定性思维的信任，他认为否定性思维的分析性力量能够解开这些盘根错节的关系。早期的哈贝马斯紧紧追随着这种否定性思维。在著名的"实证主义之争"中，哈贝马斯完全站在阿多尔诺的立场上批判以波普尔为代表的批判理性主义。在他构建自己的道德哲学时，人们还是能寻觅到阿多尔诺的影响。虽然他与阿多尔诺不同，不再聚焦于"什么是正确的生活"这种伦理学的追问，并且严格地把道德与伦理分开，认为道德哲学只是反思普遍的行为规范本身，或者从否定方面说，他认为正确的生活究竟是什么这类实质性的问题，道德哲学无法提供答案。尽管两人对道德哲学研究对象的理解存在着这样的差异，但是在认为道德哲学无法直接提供好生活的清单方面，哈贝马斯与阿多尔诺是一致的，都坚持道德哲学应该保持"伦理的节制"，即无法针对好生活的具体内容提供某种权威的回答。

在批判理论第三代领军人物霍耐特那里，阿多尔诺的影响也清晰可见。在《论揭示批判的可能性》一文中，霍耐特挑战了当时对《启蒙辩证法》的几种主流解读，他认为在当代的社会批判中，该书提供的批判方式并非某种先验式的批判。所谓先验式的批判就是把

---

[1] Axel Honneth, *Das Andere der Gerechtigkeit*, Suhrkamp, S. 87.
[2] Jürgen Habermas, "Die Zeit hatte einen doppelten Boden", *Die Zeit*, 2003, September 4, No. 37.

批判的标准置于超越了被批判对象（社会和文化）的高度，然后往往通过形而上学式的论证来为这种标准正名，最后用这种先验的标准来衡量当代文明是否偏离或违背了这类标准。霍耐特指出："《启蒙辩证法》的论证过程不是追求这样的目标，即建议从社会理论方面对类历史做另外一种阐释，而是诱发我们以不同的方式感知我们貌似熟悉的生活世界，通过这种不同的感知，我们将会注意到生活世界的病理特征。"[1] 沿着分析与批判生活世界病理特征的道路，霍耐特界定了社会哲学的主要任务。这样的思路与阿多尔诺看待道德哲学的思路保持了高度一致。在《为承认而斗争》中，即使霍耐特试图充分挖掘社会批判背后的规范标准，但是在说明这样的标准时，他也保持异常的警惕，一方面担忧对这种标准的说明会显得本土化，从而可能会遭到一种保守性的指责，另一方面他又担忧普遍的形式化标准会显得非常空洞，从而可能会陷入先验批判的路径中去。在衡量这种两难处境之后，他选择了颇为辩证的解决方式，即坚持一种"形式伦理学"[2]。这种伦理学虽然提供了一种较为普遍的批判标准，但是这种标准并非某种先验的预设，而是社会成员追求自我实现所依赖的必要条件，因此它具有伦理的属性。很显然，这种解决问题的方式与阿多尔诺的解决办法有很多相似之处。阿多尔诺的道德哲学对后来的批判理论家也产生了一定的影响，例如门克（Christoph Menke）、耶吉（Rahel Jaeggi）等人，都继续讨论了阿多尔诺道德哲学在当代的现实性，都试图挖掘其中可供借鉴发挥的地方。可以说，当代批判理论的主要代表人物都还在积极汲取阿多尔诺的思想遗产。

---

[1]　Axel Honneth, *Das Andere der Gerechtigkeit*, Suhrkamp, 2000, S. 84.

[2]　详细分析参见杨丽：《一种形式的伦理构想：理解霍耐特承认理论的关键》，载《哲学动态》2018 年第 1 期。

　　尽管如此，总体来看，理论界对他的道德哲学的研究程度却显得并不充分。纵观国内外对阿多尔诺的研究，关于他的辩证法、文化理论和美学理论的研究非常丰富，但是对其道德哲学的研究却乏善可陈。这种失衡状况的形成有诸多原因，既有他本人的原因，也有当时时代的原因。

　　首先，阿多尔诺有着深刻的道德哲学洞见，却无传统意义上的道德哲学专著。他只撰写过一本以道德为题的专著《最低限度的道德》，该书并非传统意义上的伦理学专著，并没有系统地阐述道德哲学的诸多问题，如道德判断的标准、道德行动的动机、后果，道德判断与事实判断的差异等问题。该书探讨的问题在传统道德哲学思想史中可以说是非常另类，或者说非常反道德，它所探讨的主题恰恰是道德行为在当时如何不再可能。如果非得说它是一本道德哲学的论著，其唯一的认定标准也仅在于它确实反思了与道德行动相关的生活现象。当然，这并不是说阿多尔诺没有专门讨论过道德哲学的问题，他曾分别于 1956/1957 年冬季学期和 1963 年夏季学期，开设了专门讨论传统道德哲学的课程。在这两门课程中，阿多尔诺专门讨论了柏拉图、亚里士多德、康德等人的道德哲学。阿多尔诺档案馆已将 1963 年的课程以《道德哲学的问题》[1] 为题编辑出版。另外一门课程没有留下录音，由阿多尔诺夫人每次随堂速记了下来。根据这些材料，阿多尔诺本想打算撰写一部道德哲学论著，可惜尚未着手写作便突然与世长辞了。[2]

　　其次，在 20 世纪 60—70 年代，传统的马克思主义和存在主义开始盛行起来，受这些思潮的影响，很多人认为道德哲学是无足轻

---

[1]　Theodor W. Adorno, *Probleme der Moralphilosophie*, Suhrkamp, 1996.
[2]　参见《阿多尔诺全集》第 7 卷编者后记：Adorno, *Gesammelte Schriften* Bd. 7, Suhrkamp, 1973, S. 537。

重的。在传统的马克思主义哲学中，道德、政治、法律等共同属于上层建筑，它们由经济基础决定，并无独立性可言，因此人们着重关注经济领域的斗争，例如如何提高工人福利待遇等实际利益问题。而在存在主义中，道德问题被简单地视为个体自由决断的问题，重要的是个体的决断行动，至于决断的理由是否有充足的道德理由作为支撑，并不是存在主义者考虑的重点。这两股思潮的兴起共同促成人们对道德理论的漠视。此外，在1968年的德国大学生运动中，被当时德国学生运动认作是精神导师的阿多尔诺，直接站在了学生运动的对立面，是他亲手举报了占领社会研究所的学生，后来甚至公开与自己的学生对簿公堂。这导致在其逝世后的一段时期内，他的学术思想遭到了年轻一代的有意淡忘，他的思想被"第二次放逐"甚至长达二十多年之久。[1]

最后，20世纪70年代后实践哲学的复兴，不但没有激发起学术界研究阿多尔诺道德哲学的热情，反而使其再遭忽视。主要原因是实践哲学的复兴是以新康德主义道德哲学的面貌出现的。在德国，以《复兴实践哲学》论文集出版为标志，[2]对话伦理学在德国悄然兴起。在美国，罗尔斯《正义论》的出版则吹响了康德主义传统实践哲学回归的号角。这两种理论学说尽管差别很大，但均推崇康德的道德哲学。此时期，康德主义道德哲学研究欣欣向荣，而黑格尔主义的实践哲学研究则门庭冷落，几乎被边缘化。尽管阿多尔诺的道德哲学并非黑格尔主义的，他对道德哲学问题的深入探讨甚至主要是以康德哲学为对象，但是由于其思想形象是黑格尔主义式的，其所属的法兰克福学派也主要以左翼黑格尔主义的马克思主义的标签

---

[1] Robert Hullot-Kentor, *Things Beyond Resemblance*, Columbia University Press, 2006, p. 1.

[2] Riedel, M.(Hg.): *Rehabilitierung der praktischen Philosophie* Bd. 1: Geschichte, Probleme, Aufgaben, Verlag Rombach Freiburg, 1972; *Rehabilitierung der praktischen Philosophie* Bd. 2: Rezeption, Argumentation, Disskussion, Verlag Rombach Freiburg, 1974.

变得广为人知，因此实践哲学的复兴并未推动阿多尔诺的道德哲学走入当时的学术界讨论。

他的道德哲学遭受的冷遇，最典型地体现在纪念阿多尔诺80诞辰学术研讨会上。该研讨会由弗里德堡与哈贝马斯共同主持，会议的论文集由于苏尔坎普出版社出版。[1]研讨会的专题有阿多尔诺的否定辩证法、社会批判理论、美学，唯独没有道德哲学。更糟糕的是，会议的基调竟是对阿多尔诺思想的全面批判。例如，由哈贝马斯主持，H.杜比尔、H.布鲁克霍斯特等人参与的"社会理论"高级研讨会，基本否定了阿多尔诺的社会理论。这种否定的解读模式源于哈贝马斯对早期批判理论的解读。[2]哈贝马斯的基本观点是，阿多尔诺的社会批判是传统历史哲学的产物，已完全不适合分析当今资本主义社会了。

直至20世纪90年代，有关阿多尔诺的道德哲学论著仍然屈指可数，学术界对它的冷落亦无多少改观。根据笔者目前掌握的材料，此时期只有两本论文集涉及阿多尔诺作品中的道德哲学思想，即R.舒尔茨的《阿多尔诺之后的伦理学》[3]和J.格罗丁的《阿多尔诺的伦理学》[4]，可惜它们都没有全面研究阿多尔诺的道德哲学。而A.图恩的《否定辩证法与体验》[5]和H.布鲁克霍斯特的《阿多尔诺：现代的辩证法》[6]虽然均提及阿多尔诺哲学中的规范性内涵，但篇幅甚小，对之并未充分重视。

20世纪90年代之后，阿多尔诺道德哲学不受重视的状况才有

---

[1] Ludwig von Friedeburg und Jürgen Habermas(Hg.), *Adorno-Konferenz 1983*, Suhrkamp, 1983.

[2] 对哈贝马斯解读模式的详细分析，参见周爱民：《施为性矛盾与〈启蒙辩证法〉的内在性批判》，载《云南大学学报》2012年第4期。

[3] Schutz, R., *Ethik nach Adorno*, Stroemfeld, 1985.

[4] Grondin, J., "L'ethique d'Adorno", *Les eiudes philosophiques*, 1987, pp. 505–519.

[5] Anke Thyen, *Negative Dialektik und Erfahrung: Zur Ratinalität des Nicht-identischen bei Adorno*, Suhrkamp, 1989.

[6] Brunkhorst, H., *Theodor W. Adorno: Dialektik der Moderne*, München, 1990.

所改善。这与学界对哈贝马斯交往行为理论的批判性反思息息相关。出于对交往行为理论弱化的批判立场和种种缺陷的不满，越来越多的学者开始把目光投向早期批判理论，特别关注早期批判理论的基础问题及其内在的理论线索，阿多尔诺在此背景中再次走上前台。[1]此时期，有三本研究专著获得出版。首本较为系统的研究专著于1993 年出版，即 G. 施韦彭霍伊泽的《奥斯维辛之后的伦理学》[2]。该书充分利用了已出版的《道德哲学的问题》和尚未出版的 1956/1957学年的道德哲学讲演，系统地阐述了阿多尔诺对苏格拉底、亚里士多德、康德、黑格尔和尼采等人的批判性解读。在研究阿多尔诺怎样解读这些传统道德哲学家时，G. 施韦彭霍伊泽的重构工作固然不可或缺，但对于阐发什么是否定的道德哲学方面，却不具有直接的相关性。除了按时间顺序重构阿多尔诺的批判性解读之外，就如该书副标题"阿多尔诺的否定的道德哲学"昭示的那样，G. 施韦彭霍伊泽也尝试从两个方面阐述否定的道德哲学：在错误的生活中是否有正确生活的可能性问题；以及奥斯维辛之后"新的定言命令"。此外，作者最后还讨论了风靡一时的话语伦理学。他认为话语伦理学的缺陷，为阿多尔诺道德哲学研究提供了一个契机，不应在当今的讨论中放弃阿多尔诺的道德哲学。

　　另外两本专著分别是 M. 维斯克的《顺从伦理批判》[3] 和 U. 科尔曼的《道德的辩证法》[4]。就如 U. 科尔曼所说，它们的出版意味着在道德领域中，哈贝马斯的交往行为理论在批判理论问题中的"垄

---

[1]　Robert Hullot-Kentor, "Back to Adorno", *Telos*, 1989(81). 该文的发表可以说是阿多尔诺再次"重返祖国"的标志。

[2]　Gehard Schweppenhäuser, *Ethik nach Auschwitz: Adornos negative Moralphilsophie*, Argument Verlag, 1993.

[3]　Mirko Wischke, *Kritik der Ethik des Gehorsams: Zum Moralproblem bei Theodor W. Adorno*, Peter Lang, 1993.

[4]　Ulrich Kohlmann, *Dialektik der Moral: Untersuchungen zur Moralphilosophie Adornos*, zu Klampen, 1997.

断解释"地位已经开始晃动。在《道德的辩证法》中，U. 科尔曼与 G. 施韦彭霍伊泽一样，也把阿多尔诺的道德哲学界定为"否定的道德哲学"，不过 U. 科尔曼并没有进行类似的对道德哲学史的重构，而是选取了阿多尔诺对康德、叔本华、尼采的批判。虽然作者注意到了黑格尔和马克思对道德的批判是尼采到阿多尔诺道德哲学的中间过渡阶段，但他认为他们对阿多尔诺道德哲学的影响微乎其微。[1]U. 科尔曼主张，阿多尔诺否定的道德哲学是对尼采道德批判未完成计划的继续。它主要解决的问题是尼采对道德批判之后所遗留下的困难，即"坚定的唯名论使得对传统思想的批判成为可能，不过它却抽掉了自身的基础"，换言之，尼采的道德批判最终抛弃了道德的真理要求。阿多尔诺的否定的道德哲学就是通过阐述道德真理内容试图超越该矛盾。[2] 很显然，这一思考的方式还是受到了哈贝马斯对批判理论规范性基础问题研究的影响，换言之，尽管他试图用阿多尔诺超越哈贝马斯，但是对问题的提问本身却是哈贝马斯式的。

　　新千年之后，阿多尔诺的道德哲学获得了一定的关注，它已然成为人们讨论其思想遗产不可或缺的一部分了。例如，与 20 年前的纪念会议形成鲜明对照，在阿多尔诺百年诞辰纪念会议中，与会者对他道德哲学的探究占据了很大一部分，哈贝马斯还特意为此撰写了第一篇关于阿多尔诺道德哲学的论文。[3] 在诸多研究文献中，代表性的专著有 M. 克诺尔的《特奥多·阿多尔诺：作为第一哲学的

---

[1] Ulrich Kohlmann, *Dialektik der Moral: Untersuchungen zur Moralphilosophie Adornos*, zu Klampen, 1997, S. 97–102.

[2] Ulrich Kohlmann, *Dialektik der Moral: Untersuchungen zur Moralphilosophie Adornos*, zu Klampen, 1997, S. 14.

[3] Jügen Habermas, "'Ich selber bin ja ein Stück Natur'. Adorno über die Naturverflochtenheit der Vernunft. Überlegungen zum Verhältnis von Freiheit und Unverfügbarkeit", *Dialektik der Freiheit*, Axel Honneth(Hg.), Suhrkamp, 2005, S. 13–40.

伦理学》[1]、J. 伯恩斯坦的《阿多尔诺：祛魅与伦理》[2] 和 F. 弗雷恩哈根的《阿多尔诺的实践哲学》[3]。在此，只介绍跟本书最相关的新研究成果，即 F. 弗雷恩哈根的《阿多尔诺的实践哲学》，其他的研究成果在正文中将有所提及和借鉴。基于以往的研究成果和疑难问题，F. 弗雷恩哈根首先清楚地指出，谈论阿多尔诺否定的道德哲学，将面临规范性基础问题。如果一种道德哲学完全是否定的，那么它的批判的标准何在？与以往研究不同的是，F. 弗雷恩哈根不但没有沿着这样的问题收罗阿多尔诺在批判传统道德时所利用的各种批判标准，也不赞同阿多尔诺的批判是内在批判。作者利用阿多尔诺曾阐述的"错误是其自身虚假的指示"，即人们无需首先知道什么是正确的，就能直接指认错误的东西，主张一种"元—伦理否定主义"（meta-ethical negativism）。它意指在不知何为善或任何积极价值的情况下，人们仍然能够提出一种规范性主张。[4] 这种激进的解读方式，没有公正地对待阿多尔诺曾反复强调的内在批判，也没有仔细区分作为道德反应的情感条件和认知条件。尽管如此，作者对否定的道德哲学何以可能的清楚论述还是为本书提供了极大的启发。

与国外的研究现状相比，国内的研究尚处起步阶段。有关阿多尔诺的道德哲学的研究只有零星的几本硕士论文和博士论文。例如，丁乃顺的《阿多尔诺道德哲学研究》[5]，该书主要阐述阿多尔诺在《道德哲学的问题》中对康德道德哲学的批判。作者抓住了阿多尔诺对康德批判的核心，即康德道德哲学体系的"二律背反"：自由与强

---

[1]　Manuel Knoll, *Theodor W. Adorno: Ethik als erste Philosophie*, Fink, 2002.

[2]　Bernstein, J.M., *Adorno: Disenchantment and Ethics*, Cambridge University Press, 2001.

[3]　Fabian Freyenhagen, *Adorno's Practical Philosophy: Living Less Wrongly*, Cambridge University Press, 2013.

[4]　Fabian Freyenhagen, *Adorno's Practical Philosophy: Living Less Wrongly*, Cambridge University Press, 2013, pp. 209–231.

[5]　丁乃顺：《阿多尔诺道德哲学研究》，中国社会科学文献出版社 2015 年版。

制的辩证法，这方面的分析极富启发。然而，由于分析视角的限制，该书没有展开讨论阿多尔诺的社会批判，如《最低限度的道德》中的有关分析，以及阿多尔诺晚年开设的有关社会理论方面的三门课程材料。[1] 这些反思是阿多尔诺所认为的道德哲学的可能性前提之一。另外一本值得关注的论文是陈旭东的《奥斯维辛创伤与否定的哲学》[2]。作者虽然没有直接探讨阿多尔诺的道德哲学，但在论述奥斯维辛对阿多尔诺哲学沉思产生的影响时，明确指出了阿多尔诺的新的定言命令，并对之展开了一定的论述。

总之，国外学界对阿多尔诺道德哲学的研究可圈可点，国内的研究尚需稳步跟进。国内外的研究为本书提供了两条宝贵的线索：一条是，若要正确理解阿多尔诺否定的道德哲学，必须首先掌握他的认识论批判；另一条是，内在批判是理解阿多尔诺各种批判的"法门"。这两条线索使笔者认识到，既不能把阿多尔诺的道德哲学归入传统马克思主义，又不能脱离真正的马克思主义语境解读阿多尔诺。国外阿多尔诺道德哲学研究的不足恰恰在于此，他们有意或无意地都遮掩了阿多尔诺的马克思主义者身份，这导致他的社会批判思想在道德哲学讨论中总是缺场。若要谈起马克思主义的影响，国外学者要么仅限负面评价，要么认为阿多尔诺彻底远离了马克思，远离了人的解放的传统，即便谈起解放，也仅停留在完全批判的意义上。

本书将在现有研究成果的基础上，继续阐发尚未得到梳理的认识论批判与道德哲学的关联，同时也要把阿多尔诺的社会批判思想

---

[1] 这三门课程的讲义分别是《哲学与社会学》(*Philosophie und Soziologie*, Suhrkamp, 2011)、《社会理论中的哲学因数》(*Philosophische Elemente einer Theorie der Gesellschaft*, Suhrkamp, 2008)、《社会学导论》(*Einleitung in die Soziologie*, Suhrkamp, 1993)。

[2] 陈旭东：《奥斯维辛创伤与否定的哲学：以阿多尔诺为中心的探讨》，复旦大学博士论文，2012 年。

纳入讨论的范围，因为就如阿多尔诺所说，社会批判是道德哲学之所以可能的前提。此外，还要挖掘阿多尔诺提及但完全没有展开的关于"对正确生活的追问是对正确政治的追问"[1]这一论断。在基本的研究策略上，与当前的研究相比，本书试图采取一种大胆的激进态度。当前研究为了突出阿多尔诺道德哲学的重要性，采取的策略是纷纷聚焦于他与后来批判理论家的差异。这种以退为守的态度能够捍卫阿多尔诺的独特贡献，但是也可能导致"只见树木，不见森林"，一方面可能丧失理解阿多尔诺道德哲学在思想史传统中的贡献，以及理解其思想的思想史视域，另一方面可能不但无法突出其贡献，反而会把他阐述的思想仅仅局限于阿多尔诺本人，从而丧失理解后来理论家如何从不同的角度去进一步充分阐发其思想的契机。与这种研究态度相比，本书固然要仔细澄清阿多尔诺的具体论证，但是也要一方面试图把它的论证置入之前以及他同时代的思想背景中，以便展开对话式的解读，另一方面则试图把他的论证置入与后来者的对话中去解读，以期在这种双重的对话中，展现阿多尔诺道德哲学的思想遗产及其现实性。

根据这样的研究设想，本书的目标是：系统澄清阿多尔诺"否定的道德哲学"。系统是指，按一定的理解方式，围绕某个核心的概念，整合散落在阿多尔诺诸多著作中有关道德哲学的论述，而非指对它的道德哲学进行重构后，可以从某个特定命题或定义推演出某种绝对封闭的道德体系，因此这样"星丛"式的重构并不违背阿多尔诺对系统的反对，它忠实于阿多尔诺在认识论批判中逐步阐述与完善的"否定的辩证法"。从阿多尔诺的认识论批判出发，即从反实证主义与反传统形而上学的认识论出发，本书将首先勾勒他的否定

---

[1]　Theodor W. Adorno, *Probleme der Moralphilosophie*, Suhrkamp, 1996, S. 262.

的辩证法。该方法直接形成了理解否定的道德哲学的视域。从此视域出发，否定的道德哲学所要处理的问题，可被分成两个方面：一方面，道德哲学不可能奠基于某种理性原则之上。任何试图从某种理性原则推演出道德哲学体系的做法，都会陷入种种矛盾之中。遵循此认识，阿多尔诺展开了对康德的道德哲学的批判。另一方面，道德规范又不能被还原为纯粹情感的表达，也不能被还原为某种人性的产物。直接性的道德事实是经由社会中介后的产物，道德问题的产生，并非仅仅是纯粹的道德领域的事情，道德领域与其他领域，尤其是产生它的社会"温床"，息息相关。不能离开社会存在，谈论道德的可能性。但是，同样是遵循否定的思想，阿多尔诺并没有把道德问题还原为社会问题。在此方面，否定的道德哲学异于大多数的道德社会理论。这些理论通常认为道德源于社会需要，社会是生产道德的"工厂"，非道德现象源于社会机制的缺陷或社会管理的漏洞，它们是个体前社会的一些非理性本能趁机释放的结果。[1] 与这些理论主张相反，阿多尔诺主张道德问题恰恰是现代社会正常发展的结果，因此对道德的反思，必然包含着对我们生活于其中的社会的批判性反思，也包括对正确的政治的追问。在此方面，否定的道德哲学又不同于黑格尔主义的伦理学。否定的道德哲学强调，真正道德生活的实现不能单纯依赖于社会化的伦理生活，不能再依赖于某种责任伦理学。经由社会批判和政治批判，阿多尔诺提出了新的定言命令：如此安排你们的思维和行动，让奥斯维辛不再重演，以及诸如此类之事不再发生。[2]

---

[1] 参见齐格蒙·鲍曼对这种主张的精彩批判（齐格蒙·鲍曼：《现代性与大屠杀》，杨渝东、史建华译，译林出版社 2002 年版）。

[2] Theodor W. Adorno, *Negative Dialektik*, in: Adorno, *Gesammelte Schriften* Bd. 6, Suhrkamp, 1973, S. 358.

第一章　理解"否定的道德哲学"的视域

特奥多·W.阿多尔诺是德国著名哲学家、社会学家和音乐学家，也是法兰克福学派批判理论第一代代表性人物，是法兰克福社会研究所的核心成员。相比较二战时期动荡的岁月，阿多尔诺的思想发展显得较为稳定。在他的思想发展中，始终萦绕着一个核心主题：如何在资本主义的社会现实中思考哲学的现实性。《论哲学的现实性》是他获得法兰克福大学授课资格就职演说的标题，在其晚年的集大成之著《否定辩证法》中，他同样也继续思考着这一主题，并给出了悖谬式的回答，即没有现实化的哲学恰恰是其当下现实性的体现。围绕这一核心主题，他创作了大量的作品，具体的议题涉及各个学科，例如美学、文学批评，道德哲学、理论哲学、社会哲学，主要代表作有《新音乐哲学》《最低限度的道德》《启蒙辩证法》《批判模型》《否定辩证法》《美学理论》等书。

阿多尔诺的否定辩证法、美学理论和社会批判思想受到学术界广泛的关注，与之相比，其道德哲学思想受到的关注显得相当不充分。然而，不管从理论还是从现实意义来看，研究阿多尔诺的道德哲学似乎并非时代所需，而继续深化阿多尔诺之后的批判理论研究，似乎更具价值。原因有二：其一，国内外诸多学者认为，早期批判理论发展至阿多尔诺的《否定辩证法》，已经迈向理论逻辑的终点，其理论空间已经"穷竭"。其二，伴随资本主义经济的全球扩张，调节资本主义社会内部的矛盾冲突，以及资本主义国家与非资本主义国家的外部冲突，迫在眉睫。纵观阿多尔诺之后批判理论的发展，从哈贝马斯的话语伦理学到霍耐特的承认理论，再到莱纳·福斯特（Rainer Forst）的辩护理论，这些问题都得到了深刻的反思。撇开具体论说的差异，他们都试图通过构建社会秩序的规范基础来调和世俗社会中的矛盾冲突。结合当今中国社会发展状况，厘清该思想脉络貌似更为可取，更具借鉴意义。既然如此，研究阿多尔诺道德哲学的意义究竟何在？

研究阿多尔诺道德哲学的意义在于它还具有现实性。本部分将指出，阿多尔诺道德哲学的现实性在于对现代道德根本问题的反思与应对。遵循马克思主义的批判向度，从现代道德哲学体系中的矛盾出发，并深入反思其矛盾的社会根基，阿多尔诺发展了"否定的道德哲学"。概言之，否定的道德哲学包含两个基本观点：自由是正确生活得以可能的首要条件，但是正确生活的实现，不能仅仅依赖于抽象的意志自由。那些被传统道德哲学视为"外在的因素"（财富、健康、住所、荣誉、娱乐、朋友、政治活动，等等），并非没有价值，正确生活由它们共同铸造。然而，这种基本的洞见却在以康德为代表的现代道德哲学中无法得到很好的阐述，因为现代道德哲学的发展逐步陷入了一种两难的处境中：一方面，那些外在因素被排除出道德的构成性条件后，道德哲学在理论上会陷入重重矛盾；另一方面，如果非反思地把这些外在因素视为不可变更的事实加以接受，不加批判地受其钳制，反而会遮蔽正确的生活。这种两难处境恰恰是"否定的道德哲学"探讨的主题。正是在应对这种两难处境中，阿多尔诺道德哲学的现实性才能得以彰显。因此，如何理解这种两难处境便构成了理解阿多尔诺否定的道德哲学的视域。

第一节　现代道德哲学的两难处境

一、道德失范与康德主义的解决路径

如果要在现代社会与古代社会之间作出明确区分，那么现代的科学技术及其所需的社会构架，将是这种区分不可或缺的维度。海德格尔声称，科学已经成为现代社会的"根本现象之一"[1]。对现代性的批判，无论是经济、政治，还是道德批判，几乎都围绕着科学技术对人类社会的巨大影响而展开。近代以来的科技发展，对人类社会的变迁产生重大且深远的影响。这种影响被马克斯·韦伯概括为"对世界的祛魅"（Entzauberung der Welt），它意指一种知识或信念，"只要人们想知道，他任何时候都能够知道；从原则上说，再也没有什么神秘莫测、无法计算的力量在起作用，人们可以通过计算掌握一切"[2]。也就是说，现代科学已经成为一种世界观，而且这种世界观具有排他性。在现代科学看来，对于世界上所有现象的认识只有科学或者不科学两种可能性。科学或者不科学的标准只有科学能提供。假如某种知识或信念不可被计算，无法通过经验得到科学印证，那么它们就不具有科学性。

虽然韦伯高度评价了现代科学的作用，但是他也看到了现代

---

[1]　海德格尔：《林中路》，孙周兴译，上海译文出版社 2004 年版，第 77 页。
[2]　马克斯·韦伯：《学术与政治》，冯克利译，生活·读书·新知三联书店 2005 年版，第 29 页。

科学发展的局限。科学实现的合理性，仅仅是工具意义上的合理性，它们或是为了更好地达到某种目标的手段，或是更好地观察某种经验事实的方法。韦伯认识到，在涉及终极意义问题时，科学只能缄默不语。他认为，面对日常生活中各种价值观之间的"诸神之战"，科学无法证明相互冲突的价值观之间孰优孰劣。[1] 科学对此无能为力，它无法回答"当科学创造知识时，为何还信仰？"（Warum glauben，wenn Wissenschaft doch Wissen schafft?）人们只能在不同的价值观之间进行"决断"（Entscheidung），然而这种最终的决断却无绝对的合理性可言。从这方面来看，当麦克雷（Macrae）称韦伯是存在主义者时就不足为奇了，艾伦·布卢姆甚至把韦伯当作美国相对主义文化的始作俑者之一。[2]

在现实道德领域中，科学对世界的祛魅产生了极为消极的影响，甚至直接动摇、摧毁了道德规范的基础。当然，道德规范基础的动摇并不唯独是近代启蒙运动的影响，就如 G. 施韦彭霍伊泽所说，该问题在古希腊时期就已经出现了。[3] 尽管如此，近代启蒙运动以来的"失范"（Paradigm lost）现象仍有别于古代的失范现象。一个根本区别是：在科学祛魅作用的影响下，为道德规范奠定基础的外在秩序已几乎遭到毁灭式破坏。在中世纪，基督教世界观几乎对所有人都有约束力，道德规范的基础源于上帝，也就是说，能够从上帝的超验角度论证道德规范的正确性，共同的宇宙秩序或者神是一切道德规范的合法性来源。而在被祛魅了的现代社会

---

[1] 这种思想在罗尔斯的正义论构建中发挥着重要的作用，罗尔斯称此种状态为"理性的多元主义"。以此为前提，对于诸多道德理论的冲突，罗尔斯只能保持缄默，他多次强调他的正义思想仅仅是一种政治理论，不属于解决道德哲学纷争的道德理论或形而上学。

[2] 艾伦·布卢姆：《美国精神的封闭》，战旭英译，译林出版社 2011 年版，第 102—104 页。

[3] Gehard Schweppenhäuser, *Grundbegriffe der Ethik zur Einführung*, Junius Verlag, 2003, S. 55–56.

中，每一个道德行动者现在都可以不受神法、自然目的论或等级权威等各种外在性条件的约束，因为个体现在被视作绝对自主的个体。道德规范的正确与否现在只能交由个体的"理性法庭"的判决来决定。理性法庭判决所依据的原则不再是外在的各种权威，要么是理性的普遍性本身，要么是自我实现的要求。此外，现代法律甚至赋予个体能够不受任何道德规范束缚的自由，只要这种自由不会侵犯其他法律主体的自由。个体可以在私人领域中无拘无束，畅所欲言。自由成为现代伦理学、法学和政治学的核心概念。由此，便产生了如下问题：为什么所有人都应当遵守某些相同的道德规范？这种普遍的"应该"合理性何在？在现代社会中，道德似乎彻底陷入了"无政府状态"，[1] 也就是说，每个人似乎只能遵守自己的理性或自我实现所发出的"应该"命令，并没有充足的理由也让别人遵守相同的命令。阿多尔诺对现代道德失范的问题洞若观火。他认为，道德领域产生这种无政府状态的主要原因是"习俗"（Sitten）已丧失了自身的实体性内容，或者说，在一个既定的共同体中，直接过正确生活的可能性已经彻底不再可能，人们对其已经不再信赖。[2]

其实，该问题在 19 世纪就已初露端倪，并得到一定的关注。当时的哲学家就已敏锐地意识到该问题的严重性，并为解决它而殚精竭虑。伽达默尔明确指出，随着近代科学在 19 世纪的兴起，它向近代哲学提出的挑战是："作为人类与世界关系之新基础的科学如何能同这种关系的传统形式统一起来——同作为人们认识上帝、世界和人类生活之体现的希腊哲学传统以及同基督教会的启示统一起

---

[1] Ulrich Kohlmann, *Dialektik der Moral: Untersuchungen zur Moralphilosophie Adornos*, zu Klampen, 1997, S. 105.

[2] Theodor W. Adorno, *Probleme der Moralphilosophie*, Suhrkamp, 1996, S. 22.

来。"[1] 无论是理性主义者，还是经验主义者，他们都从某种角度对此问题作出了一定的回答。但是，随着科学技术对传统价值观的进一步入侵，上述努力已经彻底失败，黑格尔体系的解体为这种努力敲响了最后的丧钟。尽管如此，在伽达默尔看来，黑格尔哲学遗留下的问题仍然是 20 世纪哲学所要解决的主要问题，即如何通过对主观精神的批判通达理解社会现实的道路。[2] 在道德哲学领域，该问题就转化为如何对理性的批判性认识确立起具有普遍约束力的道德规范体系。

为道德规范奠定基础的外在秩序被怀疑后，近代道德哲学通过对主观精神的批判，反观主体自身，试图从主体的"内部世界"为道德规范奠定基础。近代哲学找到的这个内在基础便是主体的自由。这种尝试的典型代表就是康德的道德哲学。一方面，康德从形式理性的角度驳斥了把道德奠基于各种幸福感的尝试。时至今日，康德对幸福论的驳斥，仍构成对幸福伦理学强有力的反驳。康德认为，尽管幸福是值得追求的人生理想，但它仍无法充当道德行为的衡量标准。作为检验一切具体道德规范的"过滤筛"，必须具备普遍性与客观性。然而，幸福仅涉及个体的主观感受，不同的个体对幸福的理解可能截然不同，个体的需要也可能随时间的流逝而改变。正所谓趣舍万殊，情随事迁。因此，幸福概念无法充当这样的"过滤筛"，发挥恰如其分的过滤作用。[3] 以幸福为导向的伦理学就此被康德直接封入"黑箱"，并被简单粗暴地打上了"自爱"的封条。[4]

---

[1] 汉斯-格奥尔格·伽达默尔：《哲学解释学》，夏镇平、宋建平译，上海译文出版社 2004 年版，第 111 页。

[2] 汉斯-格奥尔格·伽达默尔：《哲学解释学》，夏镇平、宋建平译，上海译文出版社 2004 年版，第 113 页。

[3] 对康德之所以拒斥这种观点的详实的重构，参见古纳尔·贝克：《费希特和康德论自由、权利和法律》，黄涛译，商务印书馆 2015 年版，第 1 章。

[4] Immanuel Kant, *Kritik der praktischen Vernunft*, in: *Werkausgabe* VII, Suhrkamp, 2014, S. 128–129.

另一方面，康德的"过滤筛"完全由纯粹理性之网编织而成。康德道德哲学的伟大在于：它既不否定近代科学的祛魅趋势，主张自由是道德规范的基础，又努力保持道德的统一性，保持道德规范的普遍约束力。在康德的道德哲学中，自由被形式化地界定为"自我立法"(Selbstgesetzgebung)，即所谓的"自律"(Autonomie)。根据康德的观点，作为人类实践理性产物的道德，应该是所有有理性者自身立法的结果，不应当是个体主观任意的产物。道德行动的立法程序是"这样行动，你的意志的准则总是同时能被视为普遍立法的原则"[1]。由于现实社会中已经存在各种道德的规范，康德没有简单激进地宣称，凡是来源于宗教或传统习俗的规范就不能成为现代社会的道德规范，而是审慎地指出，这些规范必须经过一定的检验才具有成为道德规范的资质。康德指出的立法程序因此也是检验道德规范是否有资格成为道德规范的"过滤筛"。按此程序为自身行动立法的行动者被康德视作自由的行动者，而能够通过"过滤筛"筛选的道德规范才能成为具有普遍性的道德规范。这样，康德便排除了自由对道德世界的负面影响，保存了道德规范的普遍约束力。很明显，康德对道德规范的界定蕴含着对道德规范和自由的全新理解。规范不再是任何外在权威的产物，而自由也不再是脱离一切规范的自由，两者相辅相成。[2]

康德的上述思考方式，是对传统的反叛，是现代化过程的产物。就如伯纳德·威廉斯指出的，传统的西方伦理学以苏格拉底问题为出发点，首先追问的是"人应当如何生活？"该问题不是直接针对个

---

[1]　Immanuel Kant, *Kritik der praktischen Vernunft*, in: *Werkausgabe* VII, Suhrkamp, 2014, S. 140.

[2]　对这种全新理解的详细论述，参见 Robert Brandom, "Freiheit und Bestimmtsein durch Normen", *Paradoxien der Autonomie*, Khurana, T., u. Menke, C.(Hg.), August Verlag, 2011, S. 61ff.。

人当下处境而提出的，不是滥觞于当今的"我现在应该如何去做？"的问题。它关涉的是整体的生活方式，是对整体人生的合理把握与筹划，以确立自我认同与生活目标。[1] 以此问题为导向的伦理学，蕴含着三重构架：一是偶然所是的人性（未教化的人性），二是实现了其本质而可能所是的人，三是使人们能够从前一种状态过渡到后一种状态的伦理学训诫。[2] 在现代化过程中，随着理性变为纯粹的计算理性，理性能确定的仅仅是事实的真理，对于目的，它必须保持沉默。与此相对的伦理学也就只能讨论人们当下如何去行动，以及行动的正当理由。伦理学的问题域由自我实现的问题，转化成了狭隘的选择问题。[3]

很明显，康德的道德哲学促进了上述转化。人们对道德规范的遵循，不是出于它能培养出某种对自我实现至关重要的性格特征（德性），也不是直接出于实现某种最终目的的考虑，而是仅仅出于具体的道德规范能否被普遍化。然而，剔除了一切感性欲望与外在强制的纯粹实践理性如何可能？人类的意志由各种情感和欲求构成，履行道德义务可能出于利益的算计，可能出于同情或一时冲动，也可能出于习惯，但为何偏偏应该要出于道德法则呢？这样一种纯粹的应然，其合理性究竟何在？当抛弃了上述目的论构架后，论证无条件地遵循可普遍化原则的合理性与可能性，就成为康德构建整个道德哲学体系成败的关键。

从本体界与现象界划分的角度，康德尝试对其合理性进行演绎论证。[4] 他指出，定言命令的可能性在于人的双重存在方式：现象

---

[1]　Bernard Williams, *Ethics and the Limits of Philosophy*, Routledge, 2006, pp. 4–5.

[2]　麦金太尔：《追寻美德》，宋继杰译，译林出版社 2003 年版，第 66—67 页。

[3]　保罗·利科甚至直接用目的论与义务论把这两种传统对立了起来，参见 Paul Ricoeur, *Oneself as Another*, trans. Karthleen Blamey, Chicago University Press, 1992, pp. 170–171。

[4]　Immanuel Kant, *Grundlegung zur Metaphysik der Sitten*, in: *Werkausgabe* VII, Suhrkamp, 2014, S. 88–90.

界的存在与理智界的存在。作为现象界的"我",必须遵循现象界的因果法则,而作为理智界的"我",则超越了现象界的因果法则,是自由的存在。人同时能作为理智界的存在者,也就意味着人遵循可普遍化法则是合理的。在此,他乐观地认为这个演绎的正确性是如此清楚明白,以至于普通的人类理性的实践运用也能够确证它。不过,与康德的乐观态度相反,他的演绎仍然存在诸多问题。例如,作为理智世界存在者的我,仅仅是否定意义上的消极自由,不受任何自然因果法则的制约,为何必然要受理性的形式法则束缚?为何又能无条件地制约人的各种感性欲望?第二个疑问直接涉及无条件地遵循可普遍化原则的可能性问题,套用康德的话,纯粹理性如何可能是实践的?由于康德既排除了传统的目的论构架,又排除了一切感性动机作为其实践性条件,认为这种实践性只能由自身得以说明。所以,他不得不模糊地宣称,它自身就能引起人们的兴趣,因而是实践的,同时他又不得不强调,这种兴趣并不是纯粹理性之所以是实践性的条件,而是它的结果。至于纯粹理性为何自身能引发兴趣这个问题,康德无奈地断言,它无法解决。[1]

抛弃了传统的目的论构架后,在本体界与现象界区分的基础上,虽然康德能成功证明遵循道德法则的合理性,但他却无法清楚地说明道德行为的动机问题。最终,在《实践理性批判》第二卷中,他又不得不承认,没有一个目的论的框架(该框架仅作为"纯粹实践理性的悬设"被提出),上述意义上的德道行为将变得不可理解。不过,当康德的"悬设"无法被后世俗社会的人们理解时,就如晚年哈贝马斯指出的,康德的后继者即便能够为道德义务奠定合理的根基,但是当"涉及我们为什么应该要做道德的人时,他们则无法给

---

[1]　Immanuel Kant, *Grundlegung zur Metaphysik der Sitten*, in: *Werkausgabe* VII, Suhrkamp, 2014, S. 98–100.

出答案"，因为"当道德洞见根植于伦理的自我理解中时，才能有效地约束意志。这种伦理的自我理解为人们追求正义的兴趣嵌入了对自身福祉的操心"[1]。换言之，当伦理的自我理解被置入黑箱后，人们显然无法应付道德怀疑主义的质疑。叔本华就曾作出过类似的指责。他认为，康德明显是犯了以假定为根据的错误，并认为"与康德所说的相反，研读伦理学的学生和一般哲学家完全一样，必须以此为满足：即阐明与解释那给定之物"[2]。叔本华的这种指责确实击中了康德道德哲学的要害。近代道德哲学要解决的问题正是如何证明道德的普遍有效性，或者说如何证明康德意义上的自由是可能的。康德不但没有澄清该问题，反而把它假定为自身理论的前提。[3]

二、康德之后的两条解决路径及其局限性

康德之后的道德哲学家对此前提展开了旷日持久的争论。在这场争论中，根据各方所持立场，大致可划分出两种阵营：道德相对主义和道德普遍主义。针对上述问题，道德相对主义与道德普遍主义分别给出了不同的回答。道德相对主义认为，不同的社会系统具有不同的道德规范，不存在普遍的道德规范，道德规范具有主观性特征。康德所谓的道德普遍性仅仅是欧洲中心主义的偏见。相反，道德普遍主义认为，存在一些所有人类社会系统都共同持有的根本性价值规范。不同的社会中具体的伦理习俗虽然可能不尽相同，但是当涉及那些根本性价值规范时，它们则大同小异，它们是客观性的存在或要求。诚然，道德相对主义和道德普遍主义并非仅仅是现

---

[1] Jürgen Habermas, *Die Zukunft der menschlichen Natur: Auf dem Weg zu einer liberalen Eugenik?*, Suhrkamp, 2005, S. 15.

[2] 叔本华：《伦理学的两个基本问题》，任立、孟庆时译，商务印书馆 2004 年版，第142 页。

[3] 对该矛盾的详细分析，参见 Terry Pinkard, "Das Paradox der Autonomie: Kants Problem und Hegels Lösung", *Paradoxien der Autonomie*, Khurana, T., u. Menke, C.(Hg.), August Verlag, 2011, S. 25–60。

代性的产物，它们之间的争论古已有之，但两者在现代性的发展过程中被赋予了新的内涵。

（1）道德相对主义具有反极权主义、反霸权主义的新特征。以启蒙为旗帜建立起来的资本主义制度，虽然一直遭受浪漫主义的反对，但启蒙的辉煌成果却长期掩盖了这些反对声。然而，当人类历史中最惨无人道的战争（第一次、第二次世界大战）却发生在所谓的被高度启蒙了的西方社会时，人们不得不去严肃地对待那些反对声。[1] 以主体性哲学为基础的近代启蒙思想便再次成为批判的焦点，以抽象主体为基础的道德哲学也势必无法免于批判。[2] 无论是康德以抽象的理性为基础的道义论，还是边沁、穆勒以人的自然本性（趋乐避苦）为基础的功利主义，都是试图以人的某种特性为基础来建立普遍的道德法则。

当抽象的普遍主义被视作现代西方文明危机的罪魁祸首时，例如当代极权主义的产生和当代霸权主义的横行，被认为是借助某种普遍性的理念来打压那些异己力量的产物，前者借助大众的利益，后者借助抽象的人权，道德相对主义对道德普遍主义的批判便具有了这样的性质：反对任何以普遍性名义进行的压迫和剥削。由于对普遍主义理论实践后果的担忧，道德相对主义主张道德问题应该仅限私人领域。善恶的评价所反映出的只是个人喜好的选择问题。道德争论体现的只是人们在主观偏好上选择的差异性，这些冲突并不是具有普遍客观性的"真"与"假"的对立。因此面对道德话语的

---

[1] 面对第一次世界大战的灾难性后果，胡塞尔甚至认为这次战争"已经表明所有的有效理念的模糊性和虚假性"。Edmund Husserl, *Einleitung in die Ethik: Vorlesungen Sommersemester 1920/1924*, Kluwer Academic Publishers, 2004, S. xv.

[2] 在此期间，一些学者甚至完全否定西方传统文明中对非历史性范畴的考究，例如斯宾格勒，他"将所有范畴都彻底地加以历史化，而且不承认任何超历史的（无论是美学的、伦理学的还是逻辑学的）作用"（卢卡奇：《小说理论》，燕宏远、李怀涛译，商务印书馆 2012 年版，第 7 页）。

冲突或矛盾，人们应该保持宽容或开放的态度。只有这样，才能防止人们借助普遍性的幌子对个人进行暴力干预，个体的自由才能得到保障。

（2）道德普遍主义则具有倡导共同责任的新特征。虽然阻力不断，但科技和经济的全球化已蔚然成势。在此情形下，一方面，各色跨国性的组织需要一种建立在合理论证基础上并具有普遍约束力的规范体系；另一方面，国家和各种组织，甚至是个人的行为，在现代社会中已上升到"宏观层面"，也就是说，这些行为的影响，并非局限于某个地方，某个私人领域，而是能够溢出至整个地区、甚至是整个人类社会。针对这种新形势，道德普遍主义者认为道德相对主义无法满足这种普遍性的要求。他们认为，在之前的农业社会，道德规范的狭隘性如果尚具存在的合理性，那么在现代社会中，道德的"地方性"特征则必须被摒弃。因为固守某种源于地方特色的道德风俗，不但无法满足当代社会对道德普遍性的要求，反而可能诱发各种矛盾和冲突。

面对上述现实因素，无论是道德相对主义还是道德普遍主义，都不可能忽略对方的理论诉求而各持己见。然而，对上述双重现实的考虑，似乎也必然使得道德哲学陷入两难困境中：对个体自由的保障，对极权主义的担忧，要求一种相对主义的伦理学，但全球化的发展态势使得道德相对主义显得不合时宜；对全球化时代中共同责任的考虑，需要一种普遍主义的伦理学，但是对个体自由的思虑，以及科学的祛魅效应所导致的价值观去普遍化，又使得对普遍主义伦理学的重构显得困难重重。[1]

在理论层面，代表道德相对主义的情感主义伦理学和代表道德

---

[1] Karl-Otto Apel, *Ethics and the Theory of Rationality*, Eduardo Mendieta(ed.), Humanities Press, pp. 4–14.

普遍主义的对话伦理学，也各自遭遇到相应的理论难题。情感主义伦理学的发端可追溯至乔治·摩尔。在其元伦理学奠基之作《伦理学原理》中，针对以往道德哲学家常从描述的事实命题推论出道德的规范命题，摩尔提出了著名的"自然主义谬误推理"。它并非指人们从特定的前提出发作出了错误的推论，而是指人们对"善"的错误理解。摩尔为此比较了"善"与表达颜色的"黄"两个词的含义。他认为这两者都不可定义，因为人们无法用其他的自然实体来界定它们。由此他断定，善不能被等同于其他属性，善是非自然的属性。自然主义者的错误就在于，把善等同于自然属性，从自然属性的角度去界定善，如边沁、密尔、斯宾塞等。[1] 摩尔因此进一步指出，道德的判断无法像事实判断那样具有确定性，它只能通过直觉给出。

通过阿尔弗雷德·艾耶尔、查尔斯·史蒂文森等人的发展，道德判断逐渐被认为仅仅是个体的偏好、态度或情感的表达。他们认为，摩尔的论证恰恰证明了道德判断并非"对"与"错"的真理判断。因为倘若人们排除所有无法通过经验来检验的那些属性，只承认那些能通过经验检验的属性才涉及真理判断，那么伦理学中"善"与"恶"的判断，只有在"善"或"恶"是自然属性的情况下，才能属于真理判断，但摩尔的"自然主义谬误"已经清楚地证明了"善"并非自然属性。艾耶尔和史蒂文森认为，"善"只不过是人们某种感受的表达，目的在于试图引起听者同样的感受。[2] 例如，在艾耶尔看来，"你偷钱是恶的"这一陈述仅仅意味着"你偷钱了"。当在此句子后面增添了"是恶的"时，人们没有增加任何关于该行为认知性内容的陈述。这两个陈述句在认知内容上完全等同，前一

---

[1] Goerge E. Moore, *Principia Ethica*, Reclam, 1970, S. 49; S. 110f; S. 90.

[2] Alfred Ayer, *Language, Truth and Logic*, Dover Publications, 1936, p. 138; Charles Stevenson, "The Emotive Meaning of Ethical Terms", *Mind*, 1937(46), pp. 14–31.

个陈述比后一个陈述只不过增加了人们对偷钱行为的厌恶态度而已。既然对某些行为善与恶的表述仅仅是人们对此行为态度的反映，而同一个行为也可能在不同的人那里引起不同的情感反映，那么道德规范就不可能具有普遍性。伦理学作为一门科学的合法性也由此遭到了严重的挑战。如果道德判断仅仅是情感的表达，并不依赖于某种中立的标准，那么人与人之间的道德要求，就只能体现为情感层面的相互影响。每个人的行为对其他人而言在最终意义上都将不可批判，有的只是影响与被影响的关系。此时，人与人之间在道德层面，就像身处"黑箱"[1] 中一样，各自无法看见对方。

尽管情感主义伦理学对道德判断真理性的质疑具有一定的合理性，但是它自身也面临诸多理论困境，麦金太尔曾指出：首先，假如道德判断仅是对某种情感和态度的表达，那么该理论的一个主要部分就是，识别和描述这些情感和态度，但是这些尝试只会陷入空洞的循环；其次，情感主义者试图将两种表达，即个人偏好的表达与道德的评价性表达，描述为在意义上是等同的，但是在我们的语言使用中，这两种表达的特定功能恰恰是彼此间的对比和区分；最后，情感或态度的表达是一种无关乎句子意义而只关乎其在具体情景中使用的功能，因此情感主义旨在成为一种有关句子意义的理论的尝试无法成功。

在此，我们不再展开道德情感主义者们各自繁琐的论证，仅仅想指出他们背后所遵循的基本逻辑。[2] 在维特根斯坦的《逻辑哲学论》和《伦理学讲座》中，该逻辑得到了最为清楚的表达。虽然维特根斯坦不同意道德判断可被直接还原为情感的表达，但在反

---

[1] "黑箱"的说法受拉埃尔·耶吉启发（Rahel Jaeggi, *Kritik von Lebensformen*, Suhrkamp, 2015）。

[2] 对该伦理学传统的详细批判参见邓安庆：《分析进路的伦理学范式批判》，载《中国社会科学评价》2015 年第 4 期。

驳道德判断的认知性功能方面，他与道德情感主义者保持高度一致。[1] 与摩尔一样，维特根斯坦也主张"伦理学是对什么是善的一般研究"，不过他对伦理学的理解更为宽泛，"伦理学也探求生活的意义，研究什么生活是值得过的，或者研究什么是正确的生活方式"[2]。与摩尔不同的是，他激进地主张伦理学的研究是无意义的，伦理学必须被置入黑箱，"不可能有任何伦理的命题"，"伦理是不可说的"[3]。

维特根斯坦的论证可分为两步。[4] 第一，只有描述性的命题才有意义。所有命题的功能在于描述某种事态或事实。第二，道德判断都是绝对判断。维特根斯坦区分了"好"的两种使用情况：相对意义上和绝对意义上。所有相对意义上的价值评价是针对特殊目的而言的，都可被还原为事实命题。例如，"博尔特是目前世界上最好的短跑者"，可被还原为"博尔特是目前在 100 米内跑得最快的人"。如果去掉短跑的目的，这句话就不成立了。但是，绝对意义上的评价无需相对某种特殊事实目的而言，例如，"诚实守信是好的"并不相对于任何事实目的，它仅仅因为自身就是好的，因此无法还原成事实判断。由于从逻辑的立场看，在世界中发生的事都是偶然性的，可能发生也可能不发生，可能这样，也可能那样，但伦理的绝对价值判断表达的是必然的东西，因此维特根斯坦认为："如果存在一种有价值的价值，那么它必在一切发生的并如是存在的东西之外。"[5] 对于这种超验的东西，人们必须保持沉默，换言之，人们在认知层面必须把它抛入黑箱。当然，如果从积极的意义来看，维特根斯坦

---

[1] 伦理道德被维特根斯坦归为"怪、力、乱、神"之列，成为不可言说，只能践行的东西，具体分析参见 Holm Tetens, *Wittgensteins "Tractaus": Ein Kommentar*, Reclam, 2009。

[2] Ludwig Wittgenstein, *Vortrag über Ethik und andere kleine Schriften*, Suhrkamp, 1989, S. 10.

[3] 维特根斯坦：《逻辑哲学论》，陈启伟译，河北教育出版社 2003 年版，第 261 页。

[4] Holm Tetens, *Wittgensteins "Tractaus": Ein Kommentar*, Reclam, 2009, S. 106–109.

[5] 维特根斯坦：《逻辑哲学论》，陈启伟译，河北教育出版社 2003 年版，第 261 页。

的论证并不一定会导向道德虚无主义，人们也可以做出如此的判断：道德命题的存在不是为了在认识层面提升我们对于世界的认识，而是仅仅在于实际的践行层面，换言之，道德只存在于实际的践行之中。

代表普遍主义道德哲学的对话伦理学，虽然反对情感主义对道德规范的解读，但是在对待善的实质性内容方面，与上述情感主义的策略也保持了高度一致，即把它们抛入黑箱。简言之，对话伦理学主张，伦理学家的任务在于构建一种"论辩实践"（argumentative Praxis）。在此实践活动中，利益互为冲突的各方在都能参与对话的情况下，以合乎理性的方式调解矛盾，达成共识。这种规范性的对话实践只有满足一些前提条件才有可能。这些条件包括：任何能够言说和行动的主体都能参与对话；对话参与者可以不受限制地质疑或提出任何意见和愿望；任何言说者不应受到对话参与者或者外部势力的强制阻碍。[1] 这些条件也被哈贝马斯认作是"理想的言谈情境"的条件。只有在满足此条件的论辩实践中获得普遍同意的规范，在道德上才是"正确的"。因此，对话伦理学的道德原则可被表述为"总是如此行动，一切有理性者能够在无限制的论辩实践中，同意对话参与者所选择的行动原则"[2]。很明显，这是对康德定言命令的一种推扩，即把独白式的道德主体"我"扩展为相互交往的"我们"，同时也允许道德行动者的特殊动机参与其中。同样明显的是，对话伦理学也面临着诸多的理论困境。这体现为对话伦理学代表人物的内部争论和外部的批评。内部争论是哈贝马斯和阿佩尔之间围绕对话伦理学最高原则是否能被"最终奠基"（Letztbegründung）而展开。外部的批评者主要有查尔斯·泰勒、罗

---

[1] White, S. K., *The Recent Work of Jürgen Habermas*, Cambridge University Press, 1988, p. 56.
[2] Marcus Düwell et al., *Handbuch Ethik*, Verlag J.B. Metzler, 2011, S. 141.

尔斯、本哈比、霍耐特等人。[1] 在此，我们只想简要地指出对话伦理学所面临的最大理论难题。哈贝马斯在晚年曾清楚地表述了该难题："康德后继者们的道德义务论，有可能能够很好地阐明怎样为道德规范奠基以及怎样运用道德规范，但是涉及我们为什么应该要做道德的人时，他们则无法给出答案"，因为"当道德洞见根植于伦理的自我理解中时，才能有效地约束意志。这种伦理的自我理解为人们追求正义的兴趣嵌入了对自身福祉操心"[2]。由于对话伦理学事先回避并排除了该问题，在它的框架之中便无法回答为什么要做道德的人的问题，它必须外在地依赖广阔的伦理习俗来为自己提供动力。然而，如果承认这一点，那么对话伦理学试图捍卫行动者的自律也就最终无法成功，因为人们对话语原则的遵循有可能是他律的结果。[3]

黑箱现象不仅存在于道德哲学领域，也存在于当今政治哲学领域。在罗尔斯的政治自由主义中，黑箱现象被当作不容置疑的事实加以承认，即生活方式和价值观的多元化被罗尔斯视为不容置疑的理性的基本事实，"政治哲学在于接受这种事实，并把它假定为民主社会的一个永久性条件"[4]。政治自由主义要考虑的问题仅仅是：这些相互分化的多元的价值观，如何可能长期拥护同一个政治理念，即"立宪制民主"（constitutional democracy）。至于这些多元的价值观本身，罗尔斯则假定"关于人们的统合性的观点（多元的价值观——笔者注），我们事先不知道任何东西"[5]。在这种理性多元论之

---

[1]　Detlef Horster, *Jürgen Habermas Eine Einfuhrung*, WBG Verlag, 2010, S. 73–80.

[2]　Jürgen Habermas, *Die Zukunft der menschlichen Natur: Auf dem Weg zu einer liberalen Eugenik?*, Suhrkamp, 2005, S. 15.

[3]　对于这一危险，福斯特最为敏感，他的辩护理论与哈贝马斯的话语伦理学主要的差异之一就在于，福斯特不认为道德的根本原则还得依赖于其他的动机才具有约束力，他认为道德的根本原则本身就可以是实践的，从这一点来看他是严格的康德主义者，参见 Rainer Forst, *Das Recht auf Rechtfertigung*, Suhrkamp, 2007, S. 23–74。

[4]　罗尔斯：《作为公平的正义》，姚大志译，上海三联书店 2002 年版，第 56 页。

[5]　罗尔斯：《作为公平的正义》，姚大志译，上海三联书店 2002 年版，第 62 页。

间，它保持公正无偏，"不攻击或批评任何合乎理性的观点。其中，
它不批评（更不用说否定）任何特殊的道德判断是否真实"[1]。换言
之，在罗尔斯看来，政治正义仅限于保证每个公民享有平等的自由，
即自由地发展和选择自己的生活方式、价值理念、宗教信仰。至于
人们选择和发展的具体内容本身，政治哲学不应干涉，不应评价。
正义的社会秩序就像一个密封的保护箱，人们所选择的对象则被安
放于黑箱之中。人们选择何物，政治哲学不应过问，人们也无需回
答为何作此选择。在此，人们拥有潜在的辩护权利，但却无须履行
辩护的义务。抽象的自由选择权享有不容置疑的优先权。

这种政治自由主义会面临诸多困难。首先，剥离了正义原则赖
以产生的现实土壤，即各种伦理的社会实践，政治的正义原则就会
像康德的定言命令一样，既缺乏动机支撑，又无法弥合实然与应然
之间的距离，因为不偏不倚的正义立场可能与人们对好生活的理解
不相容。好生活需要友谊、爱情、亲情等，这些要求显然不主张一
个完全不偏不倚的立场。其次，在隔离了具体的伦理价值之后，人
们所构建的正义原则根本无法积极指出究竟怎样做才符合正义，换
言之，无法指出什么才是人们应当享有的。[2]第三，该正义原则所
促进的法定的自由权利，仅仅是消极意义上的自由，它与积极参与
的政治自由存在一定张力关系，因为后者是一种积极参与的权利，
如果这种权利被法定为需要积极履行的义务就可能会与消极自由的
权利要求相冲突了。最后，建立在法定自由基础上的民主，也仅仅
是投票式民主。民主的投票过程仅是计算出哪些是大多数人持有的
偏好，对于偏好本身，它并不作评价。这种民主模式的劣势昭然若

[1] 罗尔斯：《政治自由主义》，万俊人译，译林出版社 2011 年版，第 7 页。
[2] Axel Honneth, *Das Recht der Freiheit: Grundriß einer demokratischen Sittlichkeit*, Suhrkamp, 2013, S. 119–121.

揭，例如大多数偏好本身可能是非理性的、非正义的。[1]

三、阿多尔诺的解决方案

对现代道德哲学上述困境的反思，有助于澄清阿多尔诺道德哲学的现实性，也为人们理解他的道德哲学提供了理解的视域。笔者将在第三节中详细说明如何在此视域理解他的道德哲学，在此部分将先行指出，否定的道德哲学中所论述的一些观点完全可以被用来反思和解决上述困境。用阿多尔诺的话来说，这些困境产生的主要原因可被归咎于：充斥当今社会的价值观多元化，被不加批判地当作被给予事实加以接受。康德的规范伦理学，以否定成就道德行动的现实因素为代价，保留住了道德判断的批判维度；情感主义伦理学虽然指认了道德行动的现实因素具有本质特征，却丧失了道德判断的批判维度。与它们不同的是，否定的道德哲学充分考虑了所谓的"被给予的事实"，既考虑了道德实现的可能性条件，又试图保持道德哲学的批判维度。

第一，阿多尔诺承继马克思的历史唯物主义，不认为当今的多元主义是无需加以批判的"事实"（Faktum）。[2] 自由主义者宣称的多元主义早已经是经过社会中介的产物。现代社会总体上被商品交换所中介，社会行为无不打上交换的烙印。片面强调价值观的多元化，不关注这些多元化背后的起源问题，只会导致思想跟在事实后亦步亦趋。如果这些"事实"的起源被置入黑箱，宣称自身具有无历史或超历史的有效性，那么思想就会成为一种"适应性概念"（Anpassungsbegriff）。[3] 它的任务仅仅是如何与事实达成妥协。很显

---

[1] 详细分析，参见 Iris Marion Young, *Inclusion and Democracy*, Oxford University Press, 2000, pp. 20–21。

[2] Theodor W. Adorno, *Philosophische Elemente einer Theorie der Gesellschaft*, Suhrkamp, 2008, S. 198–200。

[3] Theodor W. Adorno, *Philosophie und Soziologie*, Suhrkamp, 2011, S. 47.

然，这纯粹是一种顺从主义的态度。[1]

第二，根据"非同一性"思想，阿多尔诺主张道德规范的体系无法从最高的原理推论出来。任何试图从"第一原理"推论出道德哲学体系的做法，必定蕴含着对"非同一性"因素的排斥，它自身最终必定会陷入重重矛盾之中。例如，作为近代启蒙运动道德思想的高峰，康德试图从自由的最高原理推演出整个道德体系的做法就蕴含着反启蒙因素。通过指出康德道德哲学中的矛盾，阿多尔诺试图进一步探究其中蕴含着怎样的反启蒙维度。

第三，道德领域的矛盾无法只通过道德本身得到充分解释。道德现象是社会现象之一，它的问题同时也反映了社会问题。道德哲学遭遇的重重矛盾，说明了道德生活在当今的不可能性。对这种不可能性的消除，不能诉诸构建某种理想的、前后一贯的道德哲学体系，只能首先通过社会批判。社会批判为道德生活的可能性提供了必要条件。这意味着，上文指出的黑箱现象和价值观多元主义，必须经受进一步的社会批判。社会批判有可能使得道德规范仅仅变为一种知识，可能使得道德要求丧失规范性维度，因此，为了能够使得道德行为真正可能，还需要追问"正确的政治"，换言之，还需要进行政治批判，以确保经由社会批判清洗之后的道德具有实现的可能性。

第四，否定的道德哲学使用的方法是"内在批判"[2]。阿多尔诺在批判现代道德问题和各种道德哲学时都强调，无论是道德哲学的困境还是社会现象中的冲突特征，只能通过内在批判去揭示和批判

---

[1] 像黑格尔一样，罗尔斯宣称政治哲学的目的之一是和解，但他谈论的和解实质上是妥协，并非黑格尔意义上的和解。主要原因在于，罗尔斯在此没有意识到"事实"与"现实"概念的本质不同，在黑格尔那里，和解只针对现实而非事实。

[2] 在某种程度上，哈贝马斯与霍耐特对当今资本主义社会的批判均是内在性批判。尽管他们曾声称早期批判理论已不合时宜，但这并不意味着他们抛弃了早期批判理论的批判方法，并不意味着他们已远离了早期批判理论传统。

它们。坚持内在批判，意味着首先要求通达对象本身的合理潜能，也就是说，探究对象本身之中所蕴含的理性要求，然后比较它与对象实际所是之间的张力关系，试图通过这种批判式的比较揭露对象另一种重新发展的潜力。很显然，这种批判方式在批判时不是单纯地否定对象，而是通过否定试图通达改造对象的可能性或者说揭示对象自身转化的可能性，用阿多尔诺的话来说，在批判时不放弃乌托邦的和解希望。[1]

阿多尔诺的这些洞见，对理解和批判当今西方主流的道德哲学与政治哲学，理解当今中国的道德困境与社会困境仍有重要意义。一方面，当今中国社会已然步入后世俗时代，与西方后世俗社会一样，有关"绝对"（各种有神论、绝对价值）的信仰已遭涤荡，然而当代所衍生的，改头换面了的种种有关"绝对"的学说，仍泛滥于世俗社会。另一方面，由于价值多元主义的思潮在社会中已经形成，道德相对主义得到不少人的拥护，在追求个性的宣传鼓动下，他们对于持有普遍主义的道德批判往往不屑一顾。为何会出现这种对立的现象？又如何对之展开合理的批判？阿多尔诺的否定的道德哲学可以为我们提供"批判的武器"。

第二节 理解否定的道德哲学的理论阻力

由于诸多因素的影响，比如阿多尔诺晚年的政治立场以及 20 世纪 60 年代的学生运动事件，在阿多尔诺逝世后的一段时期内，他的哲学思想遭到同时代人的有意淡忘。近年来，他的道德哲学虽然开

---

[1] Theodor W. Adorno, *Minima Moralia: Reflexionen aus dem beschädigten Leben*, Suhrkamp, 1996, S. 333–334.

始受到一定关注，但从整体来看仍处于边缘地位。撇开阿多尔诺著作本身的晦涩难懂外，造成该现象的主要原因是人们对待早期批判理论的态度，尤其是以哈贝马斯和霍耐特为代表的第二代、第三代理论家对待早期批判理论的态度。尽管他们自身的思想发展均受到了阿多尔诺哲学思想的影响，但是为了开拓新的研究领域并提出新的理论主张，他们纷纷展开了对早期批判理论的批判性解读。他们对早期批判理论的解读，在相当长的时间里基本主导了学术界对早期批判理论的接受。在他们的解读模式中，阿多尔诺的哲学思想被框定在传统历史唯物主义哲学的框架中。根据该传统，道德领域仅仅是经济基础的附属物，不具有任何独立性可言。显然，这种解读模式会阻碍人们对阿多尔诺道德哲学的理解，为了更好地阐述他的道德哲学就需要仔细反思这种解读模式的利弊。

一、早期批判理论与总体性的意识形态批判

哈贝马斯对早期批判理论的批判性解读，尤其是对《启蒙辩证法》的解读，推动了批判理论在 20 世纪 80 年代的复兴。[1] 尽管如此，哈贝马斯的解读所造成的负面影响也极为明显。在他的解读模式中，早期批判理论被视作是对当时历史事件的消极反映，其代表人物霍克海默和阿多尔诺被归在资产阶级"忧郁作家"之列，他们的悲观情绪直接造成他们对现代文明的片面诊断，而建立在片面诊断基础上的批判理论也存在重大理论缺陷。

在《现代性哲学话语》中，哈贝马斯认为，以霍克海默和阿多尔诺为代表的早期批判理论是对启蒙的第二次反思。在他看来，启蒙的第一次反思是意识形态批判，因为意识形态批判主要的目的就

---

[1] 热拉尔·劳勒：《法兰克福批判理论：从新马克思主义到"后马克思主义"》，载《国外马克思主义发展报告 2011》，贺羡、周爱民译，上海人民出版社 2012 年版。

是揭露某种理论或者话语背后所潜藏的权力因素。通过意识形态批判,启蒙区分出了话语的真与假的有效性要求,以及权力运行逻辑与这种真理性要求的不同。意识形态批判旨在甄别这种差异和区分。很显然,在意识形态批判中,批判还没有放弃理论本身,还认为理性的反思能够区别出知识与权力。但是在对启蒙的第二次反思中(哈贝马斯也称之为彻底的意识形态批判),批判放弃了理论本身,认为理性本身就已经蕴含了权力因素。因此,在彻底的意识形态批判者看来,传统的意识形态批判诉诸理性展开的批判,其实本身就是一种意识形态。哈贝马斯进而指出,这种彻底的意识形态批判必然是对现代文化的总体否定。他认为,以霍克海默和阿多尔诺合著的《启蒙辩证法》为代表,这种总体性的意识形态批判在早期批判理论中占据了主流,阿多尔诺晚年的《否定辩证法》和《美学理论》互为支撑进一步完善了这种批判。

　　哈贝马斯正确地指出,这种彻底的意识形态批判必然会无法公正地对待现代文化中的理性内容。关于这些理性的内容,"我指的是科学的理论动力,这种动力一再推动科学和科学的自我反思超出生产可供技术上利用的知识;我还指法律和道德的普遍主义基础,这些基础(一如既往被扭曲地和不完美地)体现在立宪国家的制度中,民主意志形成的形式中,以及身份形成的个人主义模式中;最后,我指的是审美的基本经验的生产力和破坏力,它为从目的强制性和日常感知的惯例中解放的主体性提供了他们自身的去中心化……"[1]在《启蒙辩证法》中,文化的现代化过程在此被狭义地理解成了单纯向"认知—工具理性"的发展过程。也就是说,在霍克海默和阿多尔诺的视域中,文化的现代化仅是理性逐步变为认知—工具理性的

---

[1]　Jürgen Habermas, *Der philosophische Diskurs der Moderne*, Suhrkamp, 1985, S. 138.

合理化进程。在这种理路中，现代文明从总体上被视为人类的工具理性逐步向社会渗入和发展的产物。社会主体有意或无意地，都打上了这种思维特征的烙印，即把自然和主体自身都当作是实现自我保存的工具。这种思维并非某些个人或集团有意遮盖某种真实情况的产物，而是主体自身真实世界观的表达。

与这种偏颇的观点相反，哈贝马斯强调，文化的现代化不仅包括理性向认知—工具理性的分化，同时也包括向实践理性和审美理性的分化。这种多元的分化路向并未瓦解日常的生活世界，而是为日常生活中实践的合理化提供了基础。在现代化过程中，科学、道德、艺术纷纷脱离传统宗教和形而上学体系，并且相互分道扬镳。表面上看，虽然这种分化过程确实造成传统的统一世界观的分崩离析，但是这种分离同时也意味着，一种更加合理的日常交往实践能够得以形成。日常的交往实践可以不再受某种教条的实体理性的制约，而仅受话语证明的程序合理性的制约。这种合理性是指，在日常的交往实践中，相互交往的主体之间可以诉诸合理的论证，诉诸不同类型的有效性要求，[1] 从而在相互交往的过程中，形成相互理解，并可能达成一致的共识。很显然，在这种交往行为过程中形成的理性共识，并非不自由和压迫的产物，因为参与者接受的仅仅是更好论证的制约。哈贝马斯对现代性的这种主张，甚至在其早期作品中就已显露。在《公共领域的结构转型》[2] 中，他就坚信资产阶级社会在这些领域为个体的自由发展提供了可能性。

彻底的意识形态批判除了无法公正地对待文化合理化的成就

---

[1] 哈贝马斯认为交往实践有三种不同类型的有效性：陈述命题的真实性；规范命题的正确性；表达的真诚性。Jürgen Habermas, *On the Pragmatics of Communication*, Maeve Cooke(ed.), The MIT Press, 1998, pp. 22–23.

[2] Jürgen Habermas, *Strukturwandel der Öffentlichkeit: Untersuchungen zu einer Kategorie der bürgerlichen Gesellschaft*, Neuwied, 1962.

之外，它自身也会遭遇相应的理论困难。哈贝马斯指出，上述批判模式必然面临一个无法解决的矛盾，即"施为矛盾"（performative contradiction）。在语言学中，施为矛盾是指，言说者所说的命题内容与该命题自身的存在条件相互矛盾。例如，当人们说"我此刻没有说话"时，他所说的命题内容就与该命题自身的存在条件相矛盾了，因为该命题"我此刻没有说话"的存在条件，恰恰是以他此刻必须已经说话为前提。[1]同样，如果人类的全部理性活动被仅仅视作是认知—工具理性，并且整个世界都笼罩在该理性的胜利而引起的灾难中时，[2]那么人们利用什么来进行批判性反思呢？如果整个世界都被统摄在工具理性的范围之内，那么非工具理性的反思从何而来？因此，霍克海默和阿多尔诺实际所依赖的规范标准是不明朗的，魏格豪斯就直接指出在早期批判理论中，"真理只能作为评估理智的客观化的标准而被秘密引入"[3]。然而，一旦秘密引入某种批判标准就必定与他们的整体断言相互矛盾，就如言说者不能无矛盾地说出"我此刻没有说话"的断言一样。

在与尼采的比较中，哈贝马斯指出阿多尔诺和霍克海默的批判吸收了尼采的激进批判，但是在面对上述困境时，他们选择了不同的解决方案。哈贝马斯正确地指出，在《启蒙辩证法》中，此时的两位作者依赖于"被规定了的否定"（die bestimmmte Negation）。他引用了《启蒙辩证法》中有关该部分的论述。在《启蒙辩证法》的"启蒙的概念"一章中，霍克海默和阿多尔诺指出："被规定了的否

---

[1]　关于这一悖论在哲学问题中的体现，参见 K-O. Apel, "The Problem of Philosophical Foundations in Light of a Transcendental Pragmatics of Language", *Journal of Neuroscience the Official Journal of the Society for Neuroscience*, 2003, 23(11), pp. 239–275。

[2]　Max Horkheimer und Theodor W. Adorno, *Dialektik der Aufklärung: Philosophische Fragmente*, Fischer Verlag, 2013, S. 9.

[3]　罗尔夫·魏格豪斯：《法兰克福学派：历史、理论及政治影响》，孟登迎等译，上海人民出版社 2010 年版，第 456 页。

定摒弃绝对的不完美表象，即诸神，它不像严肃论那样通过把它们与其无法满足的理想相比较。相反，辩证法把每幅图像都揭示为文字。它教导从图像的特征中读取对其虚假的坦白，这种坦白夺走了图像的权力并把它献给真理。语言因此不仅仅是符号系统，黑格尔以被规定了否定的概念强调了将启蒙与实证性的瓦解区分开来的要素，他将启蒙归入到这种瓦解中。"[1] 这段简短的说明是打开《启蒙辩证法》批判方法的钥匙，是解读者历来着重破解的对象。哈贝马斯尽管引用了这些文字，但在没有做详细解读的情况下，就把它们视作是霍克海默和阿多尔诺坚持彻底的意识形态批判的明证。难道霍克海默和阿多尔诺完全不了解彻底的意识形态批判会导致施为矛盾吗？如果说连这样的逻辑矛盾他们都不会注意到恐怕无法令人信服，哈贝马斯考虑到了这样的怀疑，他进一步认为，坚持彻底的意识形态批判中所具有的施为矛盾恰恰就是霍克海默和阿多尔诺所选择的解决方案。在确立了这一判断之后，哈贝马斯自然就能得出这种坚持悖论的做法并不能解决问题的结论。他提出了两点反驳：一是坚持这种悖论的解决方案，至少要令人信服地指出并没有任何其他出路；二是从这种困境中撤出是令人不知所措的，否则就会有一条出路，然而这与作者指出的没有出路的预设相矛盾。[2] 第一个反驳是事实上的反驳，就如上文指出的，哈贝马斯认为现代文化并非像两位作者指出的那样毫无希望；第二个反驳涉及逻辑层面，认为他们提出的解决方案本身就是自相矛盾的。[3] 哈贝马斯的反驳被霍

---

[1] Max Horkheimer und Theodor W. Adorno, *Dialektik der Aufklärung: Philosophische Fragmente*, Fischer Verlag, 2013, S. 30.

[2] Jürgen Habermas, *Der philosophische Diskurs der Moderne*, Suhrkamp, 1985, S. 155.

[3] 哈贝马斯的上述解读已遭到学术界多数学者的诟病。Martin Jay, "The Debate over Performative Contradiction: Habermas versus the Poststructuralists", *Philosophical Interventionisn the Unfinished Project of Enlightenment*, A. Honneth, T. McCarthy, C. Offe and A. Wellmer(ed.), The MIT Press, 1992, pp. 261–279; Mark Devenney, *Ethics and Politics in Contemporary Theory: Between Critical Theory and Post-Marxism*, Routledge, 2004, pp. 30–48; Lambert Zuidervaart, *Social Philosophy after Adorno*, Cambridge University Press, 2007, pp. 112–113.

耐特和多数批判理论研究者所继承，成为理解早期批判理论困境的主流方式。

二、早期批判理论与传统的历史哲学模型

在继承哈贝马斯上述批判的基础上，批判理论第三代领军人物霍耐特对早期批判理论的批判又更进一步，他认为早期批判理论对历史的理解建立在一种功能主义还原论的视角上，以至于根本无法理解文化领域所具有的批判功能，从而使得他们无法说明自身的批判视角源于何处，也无法说明摆脱现状的现实突破口存在于何处。

首先，虽然批判理论代表人物（包括哈贝马斯）来自不同学科，思想内容迥异，但是他们的思想却能用某个统一的理论主题加以概括。他指出，批判理论主要代表人物，不论是早期的霍克海默、阿多尔诺、马尔库塞，还是当代的哈贝马斯，均继承了黑格尔历史哲学的遗产，即认为历史的发展过程可以被视作理性在历史中获得实现或遭受扭曲的过程。[1]

众所周知，黑格尔主张理性绝非仅是抽象的主观精神，它也体现在外化了的客观精神中，即外在的社会制度也是理性的产物。该主张与黑格尔对康德哲学的批判紧密相关。黑格尔对康德道德哲学的主要诟病是：虽然康德试图通过道德原则的普遍化赋予道德以客观性，但是这种普遍化仅仅是主观理性的普遍化，即仅仅是主观理性无矛盾的形式化过程。由于康德没有深入分析承载具体道德风俗的社会制度（家庭、市民社会、国家），因此在康德那里，普遍的道德法则与具体的实践活动之间总是存在着一条无法逾越的鸿沟。黑格尔主张的"伦理生活"（Sittlichkeit）正是对此种主观性道德的克

---

[1]　霍耐特的规范性重构（die normative Rekonstruktion）思想也是如此。在其新著《自由的权利》中，他明确承认历史目的论思维是不可避免的，参见 Axel Honneth, *Das Recht der Freiheit*, Suhrkamp, 2013, S. 22。

服。他认为，自由意志的实现不能仅仅依赖于某种脱离了社会现实的定言命令，某种仅从人类理性中推演出来的形式化的定言命令。自由意志的实现，需要整个社会制度也必须同时是自由意志的体现。达到这两个方面要求的社会制度，就是黑格尔所谓的"伦理生活"，用霍耐特的话说就是，伦理生活不仅要有"规范有效性"（normative Gültigkeit），同时也要有"社会有效性"（soziale Geltung）。[1] 这就意味着，一方面必须在社会现实的语境中重新理解自由，另一方面也必须在此自由的基础上，批判性地分析社会制度是否也体现了自由。对前者的思考促使黑格尔发展出作为整个《法哲学原理》枢纽的"在他者当中守在自身"（Bei-sich-selbst-Sein-im Anderen）的自由概念；对后者的思索，促使黑格尔发展出了以这种自由为基础的正义的社会理论。霍耐特把黑格尔的这种理论意图解读为"作为一个正义社会秩序的范例，他想把这些社会和制度性条件（这些条件允许所有主体进入一种交往关系）理解成可以被经验为个体自由的表达。因为只有在诸主体能够参与这种社会关系的程度上，他们才能真正地在世界中实现他们的自由"[2]。因此，个体自由实现的受阻，就被理解为社会制度缺乏合理性，以至于个体无法成功地进入平等的交往关系中。

霍耐特指出，早期批判理论与黑格尔的上述思想显然一脉相承。早期批判理论也把社会的病态特征归结为理性的缺失，并认为正是这种缺失导致了个体自我实现的受阻。就如霍耐特准确地指出的那样，在对自我实现的理解方面，早期批判理论家的观点各异，有的从劳动方面入手（霍克海默），有的从审美经验出发（阿多尔诺），

---

[1] Axel Honneth, "Die Normativität der Sittlichkeit. Hegels Lehre als Alternative zur Ethik Kants", *Deutsche Zeitschrift für Philosophie*, De Gruyter, 2014, 62(5), S. 789–791.

[2] Axel Honneth, *Suffering from Indeterminacy: An Attempt at a Reactualization of Hegel's Philosophy of Right*, trans. Jack Ben-Levi, Van Gorcum, 2000, p. 27.

也有承继弗洛伊德遗产从本能出发（马尔库塞），但是他们都一致地把这种理解与理性相关联，认为社会的制度只有在满足自我现实的前提下才是理性的，而个体也只有在主动追求这种自我现实的前提下才是理性的。

其次，霍耐特明确指出，早期批判理论对现代性中理性缺失的理解与黑格尔的理解有所不同，他认为早期批判理论采用简单版本的马克思主义解读路径，即从功能主义还原论的角度出发解读社会理性的缺失。早期批判理论继承了马克思的政治经济学批判，认为这种理性的缺失是生产力中包含的理性潜能遭资本主义制度阻碍的结果。所谓解放，就是对这种不合理制度的颠覆，以释放生产力中所包含的理性潜能。[1]霍耐特认为，对历史发展作如是理解，势必造成文化领域的研究仅被理解成维持或再生产社会统治的功能性因素。这种先行的理解导致了文化的含义被霍克海默和阿多尔诺狭义地理解为文化性的设施和机构的总体，它们仅仅发挥着进一步中介社会外在强加的行为要求和塑造个体心理的作用。如果一切社会历史现象被还原成工具化的社会劳动的产物，那么社会的发展过程就会被解释成一种封闭的整合过程。在其中，社会劳动起着最基础的作用，其他的社会现象（政治、文化等）只是促进或阻碍它的功能性因素。

霍耐特指出，对文化作上述功能还原主义的解读，明显仍未摆脱传统历史唯物主义的负面影响。它与传统历史唯物主义的两个基本理论前提相一致：第一，人类理性必须而且能够被理解为工具化的知性能力。在该层面，它被束缚在意识哲学传统的概念框架中，

---

[1] 霍克海默认为，只要这种潜能得以释放，社会中的矛盾因素，如个体与整体的矛盾关系，就自然得以消解，参见 Max Horkheimer, *Materialismus und Moral*, in: Horkheimer, *Gesammelte Schriften* Bd. 3, S. Fischer Verlag, 1988, S. 126。

即理性仅被视为主体与对象的认识关系。第二，历史的发展是合理性的潜力展开的过程。这种合理性被表达为人类对自然对象的工具化使用。从这两个理论前提出发，主体间平等的交往模式便无法进入早期批判理论的论题中。因此，文化研究作为解放的可能性的突破口就此被遮蔽了。[1]

一旦上述两个前提成为批判的对象，批判者就会丧失批判的规范性基础。如果仍然坚持批判的视角，批判者就只有试图诉诸某种非理性的因素，如真正的艺术。霍耐特主张，如果不诉诸非理性主义传统，仍然坚守理性批判，那么就必须修正上述对文化领域的解读。他认为，在社会行动中，即在道德与政治的实践行动中，社会化的实践主体不仅仅是被动地服从社会化的统治，而是通过一些自身能够得到合理地解释的行为，积极地参与到复杂的社会整合过程中。换言之，主体间还通过一种平等的交往模式，进行互动与合作。这样，社会行为的趋向和价值模式，就不会被视为仅是维持统治再生产过程中的功能性因素，进而封闭的社会整合过程的缺口就有可能随之被打开。

与哈贝马斯不同的是，霍耐特并未完全否定劳动的解放逻辑，"批判理论在当代社会既不能撇开交往，也不能撇开劳动，劳动和交往在现实社会中是交织在一起的"[2]。霍耐特之所以强调劳动解放的重要性，主要理由是他不认同哈贝马斯把劳动仅仅视作工具行为。他指出，虽然早期批判理论家（霍克海默和阿多尔诺）与哈贝马斯在评价现代化时持有截然不同的观点，前者更为悲观，后者更为乐观，但是他们对劳动的理解却保持高度一致，都认为劳动仅仅是人

---

[1]　Axel Honneth, *Die Zerrissene Welt des Sozialen*, Suhrkamp, 1990, S. 37–44.
[2]　汪行福：《批判理论与劳动解放——对哈贝马斯与霍耐特的一个反思》，载《马克思主义与现实》2009 年第 4 期。

类工具理性改造和统治自然的手段。前者站在物化批判的立场上认为这需要加以批判,后者站在二元社会(系统整合与社会整合)理论的立场上,认为这是系统整合的合理化过程,无需加以批判。不管是批判还是非批判的立场,他们都把劳动仅视作工具行为,这种行为不具有解放社会中统治关系的潜力。在追求解放的潜力方面,他们都试图通过寻找其他类型的实践活动来替代劳动范式,例如艺术中的模仿活动、以理解为取向的言语交往活动。[1]

在批判了哈贝马斯的解决方案后,霍耐特给出了一种关于批判的劳动概念的构想。他认为,哈贝马斯虽然继承了马克思主义的解放主题,但是却是用交往行动解放学说取代了劳动解放学说。霍耐特在此对哈贝马斯的批判还比较简单,并没有对哈贝马斯的整个理论体系展开批判,例如没有质疑交往行动的解放潜力,而只是质疑了他对工具行为的界定,认为他的工具行为概念过于狭隘,忽视了青年马克思曾经对劳动所做的不同分类。[2]

霍耐特指出,借助于马克思对劳动的划分,即便在以目的为导向的工具行为中,也能区分出有机的工具劳动与抽象的工具劳动。霍耐特提出的批判的劳动概念旨在抓住这种区分。他认为,一方面存在那些包含着劳动主体创造性地运用自己的知识技能改造物质对象的工具行为,这类行动虽然隶属于哈贝马斯所指称的工具行为,但并不完全是无规范的策略行为,其中还包含了工人的自主性要求;另一类工具行为主要是指在福特制基础上组织起来的碎片化劳动。在这类劳动过程中,劳动者只需机械地完成零碎的操作,无需创造

---

[1] 参见哈贝马斯《现代性哲学话语》中《启蒙与神话的纠缠》一文,曹卫东译,译林出版社 2008 年版。

[2] 站在马克思的立场上展开的更为全面的批判,参见 Agnes Heller, "Habermas and Marxism", *Habermas: Critical Debates*, John B. Thompson and David Held(ed.), The Macmillan Press, 1982, pp. 21–42。

性地运用知识技能，也无法控制整个劳动过程。不加区分地把所有工具劳动都归于不包含价值规范的工具行为，就会忽视前一类工具劳动，并且会随之忽视它被取代时在工人心中引起的不公正意识以及工人因此而做出的抗争。借助工业社会学的实证研究，他认为，在现代工厂的社会劳动中总是存在着工人试图"违反规范和抗争的实践"，而这些"占有实践"（Aneignungspraxis）是工人寻求合作试图控制劳动过程，体现自身自主性的产物。因此，复兴马克思劳动解放学说的首要任务就是致力于揭露这类反抗活动并且挖掘其背后所蕴含的规范要求。然而，在霍耐特看来，霍克海默、阿多尔诺和哈贝马斯都没有注意到这些内在于劳动过程中的解放因素。

尽管霍耐特对早期批判理论进行了上述批判，但他并未彻底否定早期批判理论的跨学科研究方法的作用。在霍耐特就任法兰克福社会研究所所长后，跨学科的社会哲学研究仍被视作社会研究所的研究纲领。[1] 可是，在德国社会学家沃尔夫冈·邦斯（Wolfgang Bonß）看来，霍克海默构想的跨学科研究方法，也内在地包含着结构性矛盾，它并不能被有效地执行。对此，他批评了以哈贝马斯为代表的主流观点，即主张跨学科研究的批判理论在 20 世纪 40 年代的转向，不是因为它自身的结构性问题，而是因为当时"历史偶然性"（主要是当时的政治事件）的影响。[2] 在方法论层面批判性地分析早期批判理论的跨学科研究方法，已超出本书的范围，在此不再赘述。

以哈贝马斯和霍耐特对早期批判理论的重构为参照系，仅限于指明：人们如果遵循哈贝马斯和霍耐特重构的早期批判理论来理解它，那么早期批判理论对道德话语的分析最终不过是阐明道德规范

---

[1]　参见法兰克福社会研究所网站 http://www.ifs.uni-frankfurt.de/institut/programm.htm。
[2]　对这一观点的详细陈述，参见 Helmut Dubiel, *Theory and Politics: Studies in the Development of Critical Theory*, trans. Benjamin Gregg, The MIT Press, 1985, pp. 39–57。

如何发挥了一种必然的"虚假的意识形态"功能。此外,早期批判理论也将遭遇到这样的指责:脱离一切道德规范的批判如何可能?在哈贝马斯和霍耐特的解读视域中,重提阿多尔诺的道德哲学势必遭遇这样的反对:阿多尔诺"没有"道德哲学。当然,这种"没有"并不是指他对道德哲学的忽视,也不是指他没有思考过道德哲学的问题,而是指他的哲学方法必然导致他只能在传统历史哲学的框架中理解道德问题。既然他的道德哲学仅仅依附于他的历史哲学,那么就没有必要再独立论述他的道德哲学了。

针对上述反驳,我们不禁要问,以哈贝马斯和霍耐特为代表的第二代、第三代批判理论家,对早期批判理论的重构是否准确?这一问法显得有些外行,因为重构本身就是立足于重构者自身的问题域,对文本进行的解构与诠释,它的初衷就不是跟在文本后面亦步亦趋地进行"注经式"解读。哈贝马斯和霍耐特对早期批判理论的重释,并未采取"注经式"的态度,这点显而易见。他们强调早期批判理论的历史哲学模型,主要是为了指出在早期批判理论中没有得到应有重视的规范性基础问题,即彻底的意识形态批判会遭遇到自身批判的规范性基础不明的问题,换言之,如果遵循彻底的意识形态批判的道路,那么究竟什么能够充当批判的规范性标准,以及这种标准自身如何能够得到合理的证明?

然而,在涉及阿多尔诺的道德哲学时,上述看似外行的问题则必须被提及。霍耐特强调,在多元化的当今社会,特别是在反对"宏大叙事"的当今,传统的历史哲学对我们来说是陌生的,它已无法有活力地切入当代的争论。[1] 阿多尔诺的道德哲学如果仅是这种

---

[1] 参见 Axel Honneth, "A Social Pathology of Reason: On the Intellectual Legacy of Critical Theory", *The Cambridge Companion to Critical Theory*, Cambridge University Press, 2004, pp. 336–357。

历史哲学的产物，那么对我们来说，它必然也显得陌生了。不但如此，如果他的哲学思想仅仅是沿袭传统历史哲学的产物，那么他的哲学对我们来说也过时了。在我们看来，阿多尔诺的道德哲学并非传统历史哲学的衍生物，似乎随着传统历史哲学的过时，这种衍生物也必然无所依附一样。相反，他的道德哲学包含了很多颇具现实性的洞见。

确实，在一段时期，不仅阿多尔诺的道德哲学，而且他的整个哲学思想也被纳入了传统马克思主义的理论之中。马克思主义在 20世纪 60—70 年代的复苏，直接转移了人们对他的道德哲学的关注，或者说直接遮蔽了他的道德哲学，尽管当时的实践哲学在德国已经出现复兴的迹象。曼努埃尔·克诺尔对此心知肚明。在其研究阿多尔诺的道德哲学著作《特奥多·阿多尔诺：作为第一哲学的伦理学》导论中，他首先提及的就是阿多尔诺道德哲学被忽视的原因。[1] 他认为直接原因是：传统马克思主义在 20 世纪 60 年代短暂复苏后，直接导致了道德哲学被忽视。该解释间接表明了，如果阿多尔诺的思想被置入传统马克思主义的历史哲学框架中，他的道德哲学也会必然遭到忽视。可惜的是，作者并没有批判性地回应以哈贝马斯为代表的解读模式就直接讨论阿多尔诺的道德哲学了。G. 施韦彭霍伊泽也注意到了阿多尔诺道德哲学被忽视的原因，他也认为其原因是传统马克思主义在 20 世纪 60—70 年代的复苏，并提及了早期批判理论中的道德哲学向度以及哈贝马斯的对话伦理学，但他也没有指出哈贝马斯对早期批判理论的解读所产生的负面影响，没有对之作出批判性的回应。[2] 而在当今，这种批判性的回应则显得尤为迫切，

---

[1] Manuel Knoll, *Theodor W. Adorno: Ethik als erste Philosophie*, Wilhelm Fink Verlag, 2002, S. 9–10.

[2] Gehard Schweppenhäuser, *Ethik nach Auschwitz: Adorno negative Moralphilosophie*, Argumente Verlag, 1993.

因为哈贝马斯和霍耐特对早期批判理论的历史哲学解读模式已成为主流的解读模式，不仅研究阿多尔诺的道德哲学会遭遇上述解读模式的反对，展开对阿多尔诺各方面思想的研究也会遭遇上述类似的问题，[1] 那么究竟应该如何正确理解阿多尔诺的道德哲学呢?

第三节 哲学的现实性与否定的道德哲学

本章第一节以祛魅概念为指导线索，简要勾勒了它在道德哲学领域造成的后果：道德规范基础的丧失。如果道德哲学仍然主张自身是"科学"，那么它就必须为道德规范奠定合理的基础。由此，本节进一步阐述了近现代的道德普遍主义与相对主义对此问题的回答以及各自所遭遇的理论难题。这番说明的主要目的不在于重构这场争论，而旨在提供理解阿多尔诺否定的道德哲学的视域，以说明阿多尔诺在面对现代伦理学争论中所采取的立场及其现实性。本章第二节指出了阻碍人们理解阿多尔诺在此方面贡献的主要理论障碍，这种障碍主要是由后来的批判理论家在重构早期批判理论时建构起来的，即把早期批判理论的哲学主张或者对社会历史的理解仅仅视作一种功能主义还原论。为了清理这样的障碍，本节将结合阿多尔诺早期的《哲学的现实性》来阐明这种理解完全忽视了阿多尔诺另类的哲学思想，也忽视了他的该思想一直保持，终生未变。

诚然，阿多尔诺并没有与这些理论流派的代表人物直接正面交锋过，甚至在被迫求学于英国牛津大学期间（1934—1938），他

---

[1] 为此，格奥尔格·科勒和斯特瓦·穆勒多姆特意把他们主编的一套研究阿多尔诺的文集称为《为何是阿多尔诺?》，参见 Georg Kohler, Stefan Müller-Doohm (Hg.), *Wozu Adorno*, Velbrück Wissenschaft, 2008。

也没有深入关注过当时英国情感主义理论的发展，[1] 但是，这并不能表明他没有思考过上述问题。科学祛魅作用的历史性影响，是当时德国魏玛共和国知识分子圈子中的主要论题。当时的德国哲学界诞生了两股不同的思潮，它们主要的理论目的都是试图应对科学技术对哲学的挑战：一种是延续笛卡尔式的传统，即为哲学奠定科学的基础；另一种则是试图为哲学确立独特的研究领域，以区别于自然科学，或者能够对它们进行一定的批判。阿多尔诺属于后者。该思潮的主要人物及代表著有：罗森茨威格的《救赎之星》，布洛赫的《乌托邦的精神》，卢卡奇的《历史与阶级意识》和海德格尔的《存在与时间》。阿多尔诺在求学期间就已熟读《乌托邦的精神》和《历史与阶级意识》，并深受这两位作者的影响。[2] 因此，对科学技术的反思自然是他哲学沉思中的题中应有之义。他早期的《哲学的现实性》就是重要的见证。[3] 下文将首先指出，阿多尔诺对哲学的重新界定从根本上决定了他的道德哲学思想，也从根本上决定了他在面对道德普遍主义和道德相对主义时所应采取的立场。[4]

阿多尔诺对哲学重新阐释的背景与近现代道德哲学遭遇困境的背景是相同的，即科学祛魅活动所产生的"基础危机"。在《哲学的现实性》中，阿多尔诺在开篇就抛出这样的论断：用思想从总体上把握现实的努力已经彻底失败。他认为，当时"现实的秩序

---

[1] Stefan Muller-Doohm, *Adorno: A Biography*, trans. Rodney Livingstone, Polity Press, 2005, p. 193.

[2] Susan Buck-Morss, *The Origin of Negative Dialectics*, Harverster Press, 1977, pp. 22–23.

[3] 《哲学的现实性》是阿多尔诺就任法兰克福歌德大学哲学系讲师时的就职演说，就像霍克海默就职演说基本奠定了社会研究所的理论发展方向一样，《哲学的现实性》也奠定了阿多尔诺哲学思想的发展方向。该文在其生前未公开发表，现收录于《阿多尔诺全集》第一卷，中译本请参见阿多尔诺：《哲学的现实性》，王凤才译，载《国外社会科学》2013年第1期。

[4] 下文的部分内容已发表，见周爱民：《论阿多尔诺否定的道德哲学构想》，《山东社会科学》2013年第4期，第65—71页。

与形态"已经清除了上述要求。[1] 是怎样的一种"现实的秩序与形态"造成了这样的结果呢？阿多尔诺在该文中并没有指明。在多年后与霍克海默合著的《启蒙辩证法》中，阿多尔诺对此作了清楚的说明。这样的"秩序与形态"就是科学的祛魅作用所引发的世界观之间的"诸神之战"。这意味着"在图腾动物，视灵者的梦和绝对精神之间不存在什么不同之处"，世界变得"混乱并变成各种拯救的综合体"[2]，所以阿多尔诺断言，从总体上把握现实的哲学构想只会遮蔽这种现实。另一方面，在阿多尔诺看来，总体性哲学失败后，转向把握具体现实的哲学努力也是失败的。因此，哲学的可能性在当时就变得可疑了。为了论证该断言，阿多尔诺从哲学史的角度分别简要勾勒了当时的新康德主义、生命哲学、现象学和存在主义。他认为，所有这些理论在重新把握总体的或具体的现实方面都是失败的。例如，被阿多尔诺推崇的现象学在此也被认为存在着最深层的矛盾。[3] 理由是：胡塞尔的现象学反对近代以来的主体性哲学通过主观范畴推论出客观性的做法，但现象学的客观性最终仍是通过与主体性哲学相同的范畴获得的。阿多尔诺由此推定，胡塞尔的这种矛盾做法导致他只能以先验观念主义为起点，理性与现实的关系问题最终也只能诉诸"理性的判决权"（Rechtsprechung der Vernunft）[4]，因此现象学最终并没有真正回到事情本身。胡塞尔也承认，现象学的事情本身仅仅是意识的构造物。[5]

尽管阿多尔诺罗列了诸多哲学家在重新把握总体或具体的现实

---

[1] Theodor W. Adorno, *Die Aktualität der Philosophie*, in: Adorno, *Gesammelte Schriften* Bd. 1, Suhrkamp, 1973, S. 325.

[2] Max Horkheimer und Theodor W. Adorno, *Dialektik der Aufklärung: Philosophische Fragmente*, Fischer Verlag, 2013, S. 11.

[3] 参见周爱民：《论阿多尔诺否定的道德哲学构想》，《山东社会科学》2013 年第 4 期。

[4] Theodor W. Adorno, *Die Aktualität der Philosophie*, in: Adorno, *Gesammelte Schriften* Bd. 1, Suhrkamp, 1973, S. 327.

[5] 胡塞尔：《纯粹现象学通论：纯粹现象学和现象学哲学的观念》第 1 卷，李幼蒸译，商务印书馆 1992 年版，第 135 页。

时所遭遇到的矛盾，但由于他并没有清楚阐述"现实的秩序和形态"如何使得哲学的总体性诉求不再可能，从而导致了他的论证存在一定缺陷。即使当时的各哲学家没有成功说明思想如何能够把握和再现总体的现实，阿多尔诺也不能直接证明在当下仍然坚持这样的要求就会遮蔽现实，因为世界观之间的诸神之战并不意味着，对之调和或和解从此就不再可能。对这种可能性的放弃，难道不是一种思想上的懒惰？难道不是一种简单的悲观主义情绪？为此，阿多尔诺必须论证这种不可能性是必然的结果。可惜的是，阿多尔诺此时并没有对之进行深入的反思，在此文中没有给出这样的详细论证。因此，当阿多尔诺把哲学界定为一种"解释"时，他就很难清楚地阐明哲学为何必须是一种解释的哲学。不管怎样，此时的阿多尔诺已经很清楚，哲学试图用思想把握现实的总体是不可能了，不论是观念论者还是实在论者，都不可能从主体或者客体的概念中毫无矛盾地把握现实。[1]

阿多尔诺并没有放弃去把握"具体"的努力，他认为哲学式解释的任务就在于此。哲学的解释不是赋予对象以抽象的普遍"意义"，也不是呈现对象世界背后的本质世界的过程，而是像解谜一样，通过对象的不断"组合、排列"实现对对象自身的呈现，"真正的哲学解释不是偶遇一种早已位于问题之后的固定意义，而是顷刻之间照亮它，并同时毁灭它"[2]。这里的"照亮"与"毁灭"不能被简单地理解为首先通过对问题的精确描述，然后再通过实践的方式消除该问题。假如阿多尔诺所说的哲学解释仅仅是如此的话，这种

[1] 阿多尔诺对观念论和实在论批判的清晰阐述，可参见 Andrea Kern, "Wahrnehmung, Anschauung, Empfindung", *Negative Dialektik*, Axel Honneth und Christoph Menke(Hg.), Akademie Verlag, 2006, S. 50–52。

[2] Theodor W. Adorno, *Die Aktualität der Philosophie*, in: Adorno, *Gesammelte Schriften* Bd. 1, Suhrkamp, 1973, S. 335.

哲学就已不经意倒退到了卢卡奇所批判的新康德主义哲学的立场中去了。[1] 在卢卡奇看来，新康德主义学者虽然也意识到现代社会中的物化现象，但是他们"提供的仅仅是描写这个'着了魔的、颠倒的、倒立着'的世界。在这个世界里，资本先生和土地太太，作为社会的人物，同时又直接作为单纯的物，在兴妖作怪。但是，他们并没有因此而超出单纯的描写，他们对这个问题的'深化'，就是围绕着物化的外部表现形式兜圈子"[2]。也就是说，卢卡奇承认这些理论家已经认识到了资本主义社会中的物化现象，但却批判地认为他们只是提供了对物化现象的描述。这种描述不但没有从本质上阐释清楚物化现象，反而甚至使这些现象"脱离它们的资本主义的自然基础，使它们作为一般人类关系诸种可能性中一种不受时间限制的类型独立出来，并使之永久化"[3]。

"照亮"与"毁灭"的真正目的是解构问题的真实性。为此，阿多尔诺特地列举"商品形式"来说明该问题。假如通过适当的"组合、排列"，社会现象的诸元素能够通过"商品形式"概念被一以贯之地表述，那么即使自在之物的问题不能够就此得以解决，但至少会消失。[4] 然而问题是，通过怎样的"组合、排列"，对象自身才能被"照亮"呢？阿多尔诺认为哲学一直缺少这样一种确定的方法论"钥匙"，他在此也并没有成功地为我们提供这把钥匙，但他并没有放弃，他的探索一直持续到他生命的终点。

阿多尔诺在《哲学的现实性》中虽未清楚地阐明自身的立场，

---

[1]　当然，也有相反的观点认为此时阿多尔诺受新康德主义的影响。例如，霍耐特通过比较阿多尔诺在此的论述与马克斯·韦伯对"理想类型"的论述，就主张阿多尔诺所谓的解释哲学更多地是韦伯思想影响的产物，参见 Axel Honneth, "Eine Physiognomie der Kapitalistischen Lebensform: Skizze der Gesellschaftstheorie Adornos", in: *Dialektik der Freiheit*, Suhrkamp, 2005, S. 170–176。

[2]　卢卡奇：《历史与阶级意识》，杜章智等译，商务印书馆 1996 年版，第 157—158 页。

[3]　卢卡奇：《历史与阶级意识》，杜章智等译，商务印书馆 1996 年版，第 157 页。

[4]　Theodor W. Adorno, *Die Aktualität der Philosophie*, in: Adorno, *Gesammelte Schriften* Bd. 1, Suhrkamp, 1973, S. 337.

但是其哲学的核心思想在此已形成雏形。该文清楚地呈现了他的哲学思想的两个基本特征。第一，放弃总体性追求，即用思想重新呈现总体是不可能的。在阿多尔诺中后期思想历程中，人类试图通过思想重新推演出现实整体的做法，逐步被视作是人类统治自然的体现。他认为，在社会历史层面，社会的"宰制"（Verwaltung）现象就是这种逻辑的产物。第二，通过思想坚守"具体"的经验。在《否定辩证法》中。经哲学反思所通达的经验，被阿多尔诺称为"理智经验"（geistige Erfahrung）[1]。在阿多尔诺看来，克服建构总体性哲学的思想倾向，进而克服当今社会中的统治关系，唯一的出路就在于思想要不断地进行自我批判，以期公正地对待被概念思维排除出去的"非同一性"内容。

怎样才能公正地对待非同一性内容？这涉及方法论问题，即他的否定的辩证法。在此，我们只需指明：上述两个基本特征决定了他既不可能简单地拥护道德普遍主义，在这方面，他展开了对以康德为代表的形式主义道德哲学的批判，甚至美德伦理学也成为批判的对象，又不可能单纯地赞成道德相对主义，在这方面，他展开了对存在主义道德理论的批判。

第一，在阿多尔诺看来，如果道德哲学试图从某一个抽象的概念推演出人类社会的整个规范体系，那么这种学说就是试图通过思想把握现实总体的尝试，它最终会面临失败的结局。例如被当代美德伦理学派所推崇的亚里士多德的伦理学，在阿多尔诺看来，就是上述尝试的产物。虽然亚里士多德强调人类的德性活动会随着情境

---

[1] "理智经验"（geistige Erfahrung）很难恰当地翻译成中文，由于阿多尔诺反对黑格尔意义上的精神（Geist）概念，因此决不能把它译成"精神经验"，在此暂用英译者的译法"intellectual experience"，参见阿多尔诺《否定辩证法讲演》中的"译者注"部分：Theodor W. Adorno, *Lectures on Negative Dialectics: fragments of a lecture course 1965/1966*, trans. Rodney Livingstone, Polity Press, 2008。

的不同而改变，但是他从功能论证的角度出发始终坚信伦理学的最高目标就是追求至善。功能论证是指：每一个事物在实现一定的目标中都发挥着自身的功能价值，判断事物好与坏的标准就是，该事物作为实现某一目标的手段是否能够成功地促进该目标的实现。作为不同目标等级的手段则具有不同等级的善。在亚里士多德看来，由此就能推断出，实现最高目的的手段就是最大的善了。很明显，亚里士多德的论证包含两个前提假设：一方面必须存在一个目的秩序，不然无法谈论最高的善；另一方面，人们能够认识到这样的秩序，不然人们无法区分善的秩序。但是，亚里士多德在《尼各马可伦理学》中并没有对这样的秩序作出清楚的区分，这导致了他对善的秩序的区分也是含糊的。

根据阿多尔诺的哲学思想，这两个前提假设都是成问题的。首先，谈论一个最高的秩序，就说明人们思想能够认识这样的秩序，这便假定了存在与思想的一致性，然而，如果哲学的总体性诉求是不可能的话，这个假设就无法成立了。其次，即使存在这样的秩序，人们的思想也不可能完全认识到它，因为思想无法直接映现具体的现实。因此，阿多尔诺反对那些试图通过某个原理推演整个道德哲学体系的做法，但是他又不赞同把人类的道德规范简单地还原为人类诸多情感的表达。可以说，他的道德哲学既反对形式主义伦理学，又反对道德情感主义。

第二，根据他的精神经验的思想，任何一种道德哲学如果放弃对道德规范的审视，把道德仅仅归结为主体脱离一切风俗、习惯等自由选择或抉择的产物，那么这种道德哲学就是一种"自我欺骗"。例如，以萨特为代表的存在主义伦理学就是这种思想的产物。存在主义伦理学的一个核心主题就是自由，萨特主张伦理学"除了要求把自由这一事情作为一切价值的基础之外，不复再有其他要求"，因为人们"在选择他的伦理观点的时候，就是在造就自己"[1]。就如麦金太尔指出的，尽管人们可能对他们作出的选择持有各种理由，但在萨特那里，这些理由的重要性只是因为人们做出选择后的结果。对于行动者来说，一个行动理由的好坏完全取决于行动者将那个理由视为一个好的理由。[2] 萨特认为"没有任何系统的价值能够束缚人们，除非他选择这样做"[3]。与之相反，阿多尔诺认为，从个体的理智经验出发，人们已经很明显认知到现代社会是一个高度科层化和制度化的体系，以至于"纯粹的道德行动——个体在其中体认到自身，并认为这就是他自身和自主的行动……已经成为一种自我欺骗"[4]。在《最低限度的道德》中，他甚至激进地认为，直接谈论真正生活的道德哲学，就是一种维护现实统治关系的意识形态。[5]

通过上文的论述可以看出，阿多尔诺的道德哲学并不是传统历史哲学的残余。[6] 其主要原因是：他放弃了总体性哲学的追求，他并不认为理性能够彻底构建现实的总体，或者现实世界中包含着某种本质世界。具体到对历史进程的理解，他并没有把历史中出现的整体与个体之间的张力关系问题还原到教条马克思主义理论的经济决定论中。他并不认为这种张力关系是单纯由生产力的发展所决定的，如果生产力的发展完全决定了历史的发展方向，那么个体或群

[1] 中国科学院哲学研究所西方哲学史组编：《存在主义哲学》，商务印书馆1963年版，第354页。

[2] Alasdair MacIntyre, "What Happened in and to Moral Philosophy in the Twentieth Century?", *Philosophical Essays in Honor of Alasdair MacIntyre*, Fran O'Rourke(ed.), University of Notre Dame Press, 2013.

[3] A.J. Ayer, *Jean-Paul Satre's Doctrine of Commitment*, Listener, 1950, pp. 633–634.

[4] Theodor W. Adorno, *Hegel: Three Studies*, trans. S. Weber-Nicholson, The MIT Press, p. 45.

[5] Theodor W. Adorno, *Minima Moralia: Reflexionen aus dem beschädigten Leben*, Suhrkamp, 1996, S. 7–8.

[6] 阿多尔诺从方法论层面对历史唯物主义的批判，可参见 Theodor W. Adorno, *Negative Dialektik*, in: Adorno, *Gesammelte Schriften* Bd. 6, Suhrkamp, 1973, S. 313; Theodor W. Adorno, *Reflexionen zur Klassentheorie*, in: Adorno, *Gesammelte Schriften* Bd. 8, Suhrkamp, 1973, S. 381–385。

体的批判实践活动也就丧失了意义，对于历史中自由意志与历史必然性的探讨也就丧失了讨论的必要性了，而这种探讨构成阿多尔诺的历史哲学的核心主题。

此外，阿多尔诺在看待意识形态时，并没有简单地把它视为错误的意识，也没有简单地把它视为有意欺骗公众的产物，而是把它视为资本主义现实的构成因素并且同时蕴含着可能的解放潜能，对意识形态的批判不是彻底把意识形态宣布为错误的，而是澄清资本主义社会对意识形态合理内容的扭曲。例如，在他批判卢卡奇的物化理论时，就指出卢卡奇的物化批判具有浪漫主义倾向，因为否定普遍的商品交换原则会为倒退到古代的非正义状态提供借口。他强调，问题不在于废除普遍的商品交换原则，而在于批判现实中的不公正交换，以实现交换原则中所蕴含的"自由和公正交换的理想"[1]。

最后，阿多尔诺的道德哲学并没有像霍耐特所说的那样显得很"陌生"。他不但"参与"了当代伦理学的一些争论，而且还准确地抓住现代性中的"基础危机"，并能对此进行深入的分析。笔者认为，只要科学的祛魅活动在政治、伦理生活中造成的基础危机仍然存在，只要诸价值观仍然处于"诸神之战"的状态，只要这个危机仍然是我们这个时代的主题，那么切入该主题并对之进行深入反思的道德哲学必定具有现实性。阿多尔诺是如何对道德哲学进行界定的呢？或者说，处于普遍主义（康德式的形式主义道德哲学）和相对主义（存在主义道德哲学）之间的，是怎样一种道德哲学呢？答案是：否定的道德哲学。尽管阿多尔诺从未如此称呼过自己的道德哲学，但笔者仍倾向于把他的道德哲学称为否定的道德哲学。笔者

---

[1] Theodor W. Adorno, *Negative Dialektik*, in: Adorno, *Gesammelte Schriften* Bd. 6, Suhrkamp, 1973, S. 148.

在此与国外学术界的主流研究保持一致，例如，阿多尔诺道德哲学研究专家 G. 施韦彭霍伊泽和 F. 弗雷恩哈根，就曾直接以否定的道德哲学界定阿多尔诺的道德哲学思想，而在纪念阿多尔诺诞辰 100 周年的纪念论文集中，R. 皮平也是如此界定阿多尔诺的道德哲学。[1] 道德哲学不是探讨应当怎样做才是善的学说吗？怎么会是否定的？道德哲学又为何必须是否定的？应当怎样理解这个否定？这些问题将在第二章逐步得到澄清。

---

[1] Gehard Schweppenhäuser, *Ethik nach Auschwitz, Adornos negative Moralphilsophie*, Argument Verlag, 1993; Fabian Freyenhagen, *Adorno's Practical Philosophy: Living Less Wrongly*, Cambridge University Press, 2013; Rober B. Pippin, "Negative Ethik: Adorno über falsches, beschädigtes, totes bürgerliches Leben", *Dialektik der Freiheit*, Axel Honneth(Hg.), Suhrkamp, 2005, pp. 85–114.

第二章　否定的道德哲学的主题、基础和方法

　　阿多尔诺对哲学的理解与阐述与他对现代性危机的反思密切相关。可以说，他的哲学主要围绕着反思现代性危机的起因以及应对方式而展开。他早期的反思触角主要针对传统形而上学，试图通过认识论批判瓦解传统形而上学体系。通过对胡塞尔认识论的批判与吸收，阿多尔诺形成了这样的主张：认识判断中的"有效性"（Geltung）与判断的"起源"（Genesis）密不可分，两者相互中介。遵循这样的真理论，他利用起源的"非同一性"因素，反对同一性哲学体系的构建，试图通过否定辩证法澄清两者的相互中介性。借助于对这种中介的澄清，他倾向于谈论具体的总体。这样的哲学特质直接影响了他对道德哲学的理解。与其否定辩证法的思想保持一致，他的道德哲学也可被称为否定的道德哲学。尽管阿多尔诺从未如此称呼过自己的道德哲学思想，但是他对道德哲学的各种论述都指向了这样的理论形态：内在地批判道德行为与道德哲学中的各种矛盾，并揭示它们的社会起源。本章将遵循这一基本线索，具体阐

述否定的道德哲学的基本内容。

第一节 否定的道德哲学的主题

为准备《否定辩证法》的写作，阿多尔诺在 20 世纪 60 年代开设了一系列相关的课程，这些课程大多数有录音，由苏尔坎普出版社陆续出版。其中，阿多尔诺于 1963 年开设的"道德哲学的问题"课程，对于理解他的道德哲学至关重要。该课程后由托马斯·施罗德（Thomas Schröder）以《道德哲学的问题》为题编辑出版。在课程一开始，针对人们普遍的期待或者说对此类课程的普遍期待，即人们普遍期待通过道德哲学的课程获得有关正确的生活方式的知识，阿多尔诺可以说是直接泼了一盆冷水，用他喜欢用的意象说就是，向观众扔去了"石头"，他郑重地提醒道："道德哲学首先是一门理论的学科，并且总是与道德生活的直接性相区别。"[1] 作为理论学科的道德哲学是指：把受规范约束的行为，一般与个别行为的关系，以及怎样实现一种直接的善的生活，提升到意识层面并对之进行批判性反思，而不是不加反思地接受社会上既定的行为规范。[2]

阿多尔诺的这种区分与人们历来对道德哲学的一般理解几乎相同。一般认为道德哲学（Moralphilosophie）和伦理学（Ethik）是同义的。它们都是以日常生活的道德行为或道德现象作为分析的对象，"当道德的原则、解释和运用在伦理学中成为反思的对象时，人们也能称伦理学就是关于道德的哲学"[3]。值得注意的是，就阿多尔诺把道德哲学界定为"理论的学科"来看，它不同于摩尔所创立的元

---

[1] Theodor W. Adorno, *Probleme der Moralphilosophie*, Suhrkamp, 1996, S. 9.
[2] Theodor W. Adorno, *Probleme der Moralphilosophie*, Suhrkamp, 1996, S. 15.
[3] Gehard Schweppenhäuser, *Grundbegriffe der Ethik zur Einführung*, Junius Verlag, 2003, S. 15.

伦理学。它不是指摩尔意义上的"伦理学的直接目的是知识，而不是实践"[1]。摩尔所谓的伦理学首要任务仅仅是知识，是指伦理学主要为那些实践的原则寻找有说服力的理由，对于普遍接受的实践原则进行批判性反思则不在这门知识之列，而后者则是阿多尔诺主张的作为"理论学科"的道德哲学的任务。但人们仍然可能发出质疑，道德哲学难道无关乎实践？道德哲学不也是一种实践哲学吗？康德关于道德哲学的代表著不就是《实践理性批判》吗？对这个问题的回答，涉及阿多尔诺关于理论与实践之间关系的思想。他对道德理论与道德实践关系的阐述直接影响了他对道德哲学的界定。

一、道德理论与道德实践的张力

在西方道德哲学史中，道德哲学确实往往被归入实践哲学之列。这里所谓的实践与日常生活中人们常说的实践含义并不完全一致。人们在日常生活中使用的实践概念，更多是指劳动实践或验证理论真确与否的调查实践。例如，马克思就主要是在劳动的意义上谈论实践的，不过他同时也把改造或变革社会制度的革命活动称为实践活动。在道德哲学中，"实践"（praxis）概念的内涵比较狭隘，它专门指涉道德行为。[2] 就像关注如何提升人们劳动效率的管理理论并不只是满足于人们对劳动行为的理解，它也旨在改造或指导具体的劳动行为，通常理解的道德哲学或伦理学理论也不仅仅满足于对道德行为本质的理解，它也关注对日常道德行为的指导和纠正，为什么阿多尔诺有意强调道德哲学的理论性？脱离了指导现实中道德实践的道德理论，其存在的意义又何在？

为回答上述问题，在此必需首先区分关于实践的理论与实践性

---

[1]　乔治·摩尔：《伦理学原理》，长河译，上海人民出版社 2005 年，第 23 页。

[2]　Hannah Arendt, *The Human Condition*, The University of Chicago Press, 1998, pp. 7–8.

的理论，区分的目的主要在于澄清阿多尔诺在强调道德哲学的理论性时并没有忽视其对实践问题的关切。[1] 关于实践的理论涉及如何为我们的实践行为提供某种具体的指导，即针对某种情境提供相应的行为规范。对这些规范进行罗列的伦理学，就可以被称为关于实践的理论，有时人们也用"描述性的伦理学"来指称它。尽管它确实是一种理论，但是它始终以解决或提供某种实际的行为规范为任务，对现实道德行为的指导始终优先于对它的本质或意义的探讨。因此，人们可以说它不是纯粹的理论，而是关于实践的理论，直接性的实践问题具有优先性。与之相反，实践性的理论则主要关注普遍性的认识，例如，是否存在至善的生活方式，是否存在普遍有效的道德规范？它探讨的对象虽然与人类的实践行为相关，但很明显，根据这类探讨，人们无法从中立即得出指导道德行动的具体规范。实践性的理论在首要的意义上是一种理论的反思活动，尽管它在最终意义上关乎人类的实践行为。例如，在康德那里，道德哲学的首要任务只在于为道德规范奠定一个普遍有效的基础，它无关乎为我们的具体行动提供某种行为规范。如果没有具体的伦理规范先行存在，康德的"定言命令"就仅仅是一个空洞的形式规定，它无法对实践行为产生任何影响。

通过上述区分，阿多尔诺的道德哲学，即道德哲学仅仅是批判性地考察各种道德哲学层面的问题，也可以被称为以理论为先的实践性理论。当然，理论伦理学或道德哲学的优先性并不意味着，只有首先搞清楚诸多道德哲学问题之后，人们才能进行具体的道德实践活动。阿多尔诺认同康德对人们日常生活中道德行为特征的描述，

---

[1]　在鲁道夫·艾斯勒的著名的哲学小词典中，作者就把这两种意义上的伦理学分别称为"经验性的伦理学"和"哲学伦理学"。参见 Rudolf Eisler, *Handwörterbuch der Philosophie*, Nabu Press, 1922, S. 203。

即一般的人类理性对于道德的认识就足以判断什么是善、什么是恶，他们根本无需任何科学和哲学就能知道如何符合德行去行动。[1] 之所以需要道德哲学的反思，是因为人类理性有时会陷入看似左右为难的局面中，比如可能会在特殊的情形中存在两种看似相互反对的道德要求，这时依赖常识的判断就可能会作出错误的决定。之所以存在这种局面，是因为现实本身的复杂性。

阿多尔诺对道德哲学优先性的强调，可被归结为他对当时整个社会状况判断的结果。在他看来，当时的德国或者以德国为代表的资本主义社会与他在 20 世纪 40 年代对资本主义社会的界定无本质性的区别，即整个社会处于一种整体的恶的状态。他认为在这种恶的状态中，人们根本无法过一种正确的生活。如果人们此时不考虑具体的道德要求（比如爱岗敬业等）与其他存在的道德要求可能会相互冲突，而仅仅依赖意识形态国家机器的宣传，或者仅仅出于简单的良知（比如不能撒谎），便可能做出恶的行为。在这种生活状态下，如果人们仍然不放弃追求真理或者说仍然会考虑道德行为的影响，那么对之进行理论反思就是唯一可供选择的路径了，或者说是更为道德的路径。阿多尔诺为何把资本主义社会从整体上称为恶的社会，以及为何在这种恶的社会中，个体就无法过正确的生活？我们将在后面的章节加以详细讨论。

另外，理论伦理学的优先性并不意味着道德实践活动与道德理论完全对称，换句话说，并不意味着可以通过道德理论推论出人类的道德行为。这两者之间在一定条件下存在着张力关系。阿多尔诺宣称，道德实践活动中包含着理论无法把握的因素，他称之为实践的"自发性"（Spontaneität）因素。他认为人们只能用描述的方法

---

[1] Theodor W. Adorno, *Probleme der Moralphilosophie*, Suhrkamp, 1996, S. 10.

阐明它，因为它无法通过概念被界定。在此，他用一种对"恶"的"反抗"（Widerstand）现象来阐明这种自发性。通过朋友向他转述在二战时反抗纳粹的亲身经历，即即便认识到反抗活动势单力薄无法阻挡纳粹的暴行，也义无反顾地投身其中，阿多尔诺得出这样的结论：在面对巨大的恶时，即使人们在理论上并不清楚恶的根源，即使人们并不能确定是否能通过行动消除这种恶，人们仍可能义无反顾地投身于对这种恶的抵抗行动中去。[1] 这种明知不可为而为之的"冲动"，无法被理论清楚地界定，阿多尔诺也把它称为道德实践中的"非理性"因素。

可是，这种看似是"非理性"的因素，并不完全隶属于非理性领域，它的生成也需要理论的中介。阿多尔诺认为，如若缺乏从理论上对这种恶的现象进行反思，换句话说，这种恶的破坏性或者无法忍受性不能被人们清楚地认识到，那么一种不妥协的抵抗也就不可能产生。在其关于历史哲学的讲课中，阿多尔诺对此作了一番生动的描述：当法西斯政府的警察敲开普通民众的家门进行突然检查时，如果他们对这个刚刚掌握国家机器的组织没有进一步的了解，而仅仅把这个突击检查视为与其他时刻的例行检查毫无区别时，那么他们也就无法体验到对该组织有着深刻洞察的人的家门被敲开时所感受到的恐惧。[2] "非理性"行动中理性因素的存在使得阿多尔诺坚持认为，虽然正确的道德行动无法完全由理论推出，但是必须仍要坚持理论的反思。在他看来，如果丢弃理论的反思，盲从一种简单的行动主义，不但无法改变社会上某种恶的状况，而且还可能成为恶的"帮凶"。因为没有理论反思的实践行动无法洞穿恶的现

---

[1] Theodor W. Adorno, *Probleme der Moralphilosophie*, Suhrkamp, 1996, S. 19.

[2] Theodor W. Adorno, *Zur Lehre von der Geschichte und von der Freiheit*, Suhrkamp, 2001, S. 30–31.

实，或者说，意识形态虚假的外衣只有通过理论的分析才有可能被识破。[1]

　　通过对道德理论与道德实践上述两个方面的论述，一方面作为理论的道德哲学优先于道德实践，另一方面道德实践中包含着理论所无法把握的"非理性"因素，道德哲学似乎陷入了一种困境：道德理论与实践之间总是存在着张力关系，前者无法完全把握后者，后者也并非完全依赖前者。可是，根据阿多尔诺否定辩证法的思想，道德哲学的任务恰恰就在于使得这种张力关系上升到意识层面，也就是说，使得这种"矛盾"成为反思的对象，而不是非此即彼地赞成或反对其中一个命题。换言之，否定辩证法要求解决矛盾的方式不是证明其中对立的一方是正确的，另一方是错误的，而是同时赞同两个方面都是正确的，然后在理解矛盾的必然性中获得解决矛盾的洞见。通过对道德和伦理进行词源学的考察，他认为使用道德哲学这一术语恰好表达了上述的张力关系。为何道德哲学能够显示这种张力关系，而伦理学则不能？相比较于人们对伦理学词源的考察，阿多尔诺的解释虽然存在一定的出入，但是他仍然抓住了道德哲学的核心问题。

二、道德哲学与伦理学的区分

　　阿多尔诺指出，"道德"（Moral）一词是从拉丁词"mores"演化而来的。"mores"的本意是指处于一定历史和地理环境中的某个共同体所形成的风俗习惯。在德语中，拉丁文的"mores"被译成"Sitte"，"伦理学说"（Sittenlehre）则是通过加上后缀"Lehre"（学说）合成而来，人们也常用"Moralphilosophie"指称它。[2] 阿多尔

---

　　[1]　参见周爱民：《论阿多尔诺否定的道德哲学构想》，载《山东社会科学》2013 年第 4 期。

　　[2]　Theodor W. Adorno, *Probleme der Moralphilosophie*, Suhrkamp, 1996, S. 21–22.

诺的这种断言与人们对道德概念的词源学考察基本一致。当然，也存在例外，康德就不认为"Moral"是仅仅事关经验层面的风俗习惯。他把"伦理学说"划分为形而上学的部分和经验的部分，前者称为"道德"，后者称为"实用的人类学"（practische Anthropologie）。排除了经验部分，只对"Sitten"的形而上学部分进行考察则被康德称为"Moralphilosophie"。[1]

如果道德哲学仅仅考察一些风俗习惯，那么它不就是上述我们称为关于实践的理论吗？如果共同体中的风俗习惯一直具有约束力的话，那么人们确实只需要一种仅仅对此习惯进行描述和分类的"指南"就够了。然而，现在的问题是，随着历史的发展，作为历史性产物的风俗习惯——用黑格尔的话来说就是"道德的实体性内容"（Substantialität des Sittlichen）——也可能随之发生变化，如果此时仍然依赖之前的道德习惯指导共同体的生活，实践活动就会出现问题。这类问题就是日常生活中常说的"削足适履"。这意味着某种习俗被强制地施加于改变了的共同体之中，然而改变的现实并不需要这种习俗。习俗由此便丧失了它自发的运行动力，它是否能存活下去，只能依赖于人们是否施加人为的强制力。这种现象在那些因迷信或因宗教信仰形成的习俗中常常存在。当科学揭示了这类行为并非如其宣称的那样是正确的或有益的时，因这些习俗获益的利益群体为了试图继续从中获益，要么制造新的理由，要么依赖于强制力，会继续推行原有的习俗。此时，这些道德习俗就完全不是自我实现的规范，而是压迫的工具。此外，意识形态的干预也使得这种描述性的道德学说无法促进人们真正利益的实现，特别是在阿多尔诺断定的"恶"的社会中，如果人们仅仅遵循风俗习惯去行动，这种行动

---

[1] Immanuel Kant, *Grundlegung zur Metaphysik der Sitten*, F. Meiner, 1999, S. 3–10.

可能就是一种"恶的平庸"。

阿多尔诺认为,"道德"概念中可能包含的"不对称"因素恰恰是道德哲学概念优于伦理学概念的体现。在他看来,道德哲学就是把"道德"中可能包含的张力关系上升到哲学层面来考察的学说,"道德作为一门理论的学科正是形成于这样的时刻……道德、风俗在此……不再具有直接的有效性"[1]。换句话说,道德问题总是在伦理共同体的"魔力"(约束力)消失后产生,两者是此消彼长的关系。

当然,人们同时也采用了另外一种概念,即"伦理学",来解决"道德"概念中可能包含的张力关系。在阿多尔诺看来,"Ethik"概念不但没有解决上述矛盾,反而完全遮蔽矛盾。阿多尔诺指出,从希腊文"ἔθος"演化而来的"伦理学"(Ethik),与人的"人格"(Persönlichkeit)相关,它在一般意义上指的是人的"本性"(Wesensart)。它是指一种正确的生活或好生活就是人们的本性或品性得到充分发展的生活。只要人们按照自身的本性或品质去行动,使之完全实现,那么人们就达到了一种正确的生活状态。这种伦理学关注的仅是个人的自我实现,而非个人的实现过程与他人、社会之间可能存在的张力关系。当具体的伦理习俗因历史因素而发生变化时,当人们仍然被强制遵循这些习俗时,如果仍然只从个人层面强调本性的自我实现,那么道德概念中包含的张力关系毋宁说被伦理学的概念遮蔽掉了。因此,强调个人自我实现的伦理学思维在阿多尔诺看来是一种"统一性的思维"(Denken der Einheit)和"同一性的思维"(Identitätsdenken)。[2]由于阿多尔诺主张的哲学要求直面矛盾,并对矛盾本身展开分析,而回避矛盾的伦理学在这种意义上

---

[1] Theodor W. Adorno, *Probleme der Moralphilosophie*, Suhrkamp, 1996, S. 30.

[2] Theodor W. Adrono, *Philosophische Terminologie: Zur Einleitung* Bd. 2, Suhrkamp, 1989, S. 82.

甚至被阿多尔诺当作是一种"坏的良心"的产物。[1]

　　阿多尔诺对伦理学的上述指责并非完全正确。根据约阿希姆·里特尔在《哲学的历史词典》中指出的（该词典在当今被公认为是最"权威"的词典之一），伦理概念在亚里士多德那里具有双重的含义：一种是作为"ῆθος"意义上的伦理，它包含一种对风俗进行客观的—制度性的理解；另一种是作为"ἔθος"意义上的伦理，它强调关乎风俗的"主体行动的心理方面"（subjektiv-handlungspsychologische Seite），即根深蒂固的行为习惯。[2] 很明显，阿多尔诺对伦理学的上述指责其实只是针对伦理概念的第二种含义而言的。而伦理概念第一方面的含义恰恰指称的是阿多尔诺所谓的"Moral"意义上的道德概念。尽管如此，阿多尔诺的指责在当今仍然具有一定的合理性。在当今的道德哲学语境中，"Ethik"一词就常常被视为探讨个体身份认同或对生命理解的学说，这种探讨往往只是针对个体的自我理解，如果用专业术语表述的话，它探讨的是自我实现或本真生活的问题，而与之不同的道德哲学主要探讨主体之间的行为规范，也就是正义规范的问题。

　　阿多尔诺对伦理的指责虽然有以偏概全之嫌，但他对道德哲学问题域的把握却是准确的，即道德哲学要处理的核心问题就是整体利益与特殊利益之间的关系，换言之，也就是个体与共同体的关系问题。[3] 在阿多尔诺看来，当整体的共同体不仅不考虑个体，不接纳个体进入共同体，还以整体的要求排斥个体的权利时，整体就与个体处于紧张的关系之中，整体的行动对个体来说就一种暴力。[4]

[1] Theodor W. Adorno, *Probleme der Moralphilosophie*, Suhrkamp, 1996, S. 269–270.
[2] Joachim Ritter, Gründer Karlfried und Gottfried Gabriel (eds.), *Historisches Wörterbuch der Philosophie* Bd. 9, Schwabe & Co AG Verlag, S. 898.
[3] Theodor W. Adorno, *Probleme der Moralphilosophie*, Suhrkamp, 1996, S. 33.
[4] Judith Butler, *Kritik der ethischen Gewalt*, Suhrkamp, 2014, S. 9–17.

三、个体与整体的张力关系

如何处理个体与总体的关系虽然是个老生常谈的话题，但却日久弥新。它不仅在伦理学，而且在政治哲学、社会学等领域都是要处理的核心问题之一。例如，在霍克海默的批判理论中，追求个体与整体的利益达成和解甚至成为其最高的目标。[1] 在现代道德哲学中，个体与整体利益之间的张力关系之所以成为核心问题，主要原因在于：一方面，个体与整体之间的内在统一性在现代性的祛魅过程中被撕裂，换句话说，具有约束力的道德规范丧失了"基础"，它无法在科学理性面前为自身的正确性正名；另一方面，现代性发展过程所产生的灾难性后果，使得人们意识到，整体不一定就是个体利益的代表，所谓的个体只有在代表普遍性的国家层面才能真正地实现自由，可能就是一种意识形态的欺骗伎俩。这两方面的原因导致了个体与共同体之间存在着这样的张力关系：无规范性约束的自由的发展可能瓦解伦理共同体的存在，而伦理共同体的发展可能危害个体自由的实现。针对这种张力关系，如果要实现个体与共同体的和解，可能的解决方案是：要么为共同的规范重新奠定合理的基础，要么为自由与道德法则寻找新的统一点，在此，自由和具有道德约束力的规范可以同时相互促进。无论何种解决方案，它们最终的理论目的就是要解决个体与整体利益之间的张力关系。

如果抽象地理解上述问题，人们似乎能很容易地解决它。只要一个共同体能够在最大程度上促进个体的幸福，那么个体对自身利益的实现就等于促进了共同体的利益，或者说，只要我们能够完美地罗列出一些符合共同体和个体利益的价值标准，共同体与个体

---

[1] Benhabib, S., McCole, J. & Bonß, W., *On Max Horkheimer*, The MIT Press, 1993, pp. 35–36.

只要遵循这些原则行事，上述问题就会自然消解。然而，人并非完美的存在物，社会总体的运转也有别于个体间的交往，两者之间往往存在着一定的张力关系。这种关系在亚里士多德对什么是"好公民"的界定中就可见一斑。一方面，在《雅典政制》（Constitution of Athens）中，亚里士多德认为好公民就是很好地服务于国家的人，就是忠心爱国之人；另一方面，在《政治学》中，他又认为做好公民完全取决于政治制度的好坏。很明显，在特定的情况下两者之间会存在一定的张力。[1] 例如，在希特勒治下的好公民其实就是坏公民。最后，在方法论层面，这样的观点，即认为通过罗列出一些符合共同体和个体利益的价值标准就能解决个体与整体的利益之间可能存在的张力关系，也与阿多尔诺遵循的内在批判相悖。内在批判总是强调从社会现实本身中找寻某些规范夹充当社会批判的标准，认为脱离社会现实构建某种普遍的规范标准来批判既定的社会，是所谓的外在批判。外在批判总会遭遇这样的难题，共同体中的成员总是可以发出为什么要接受这种外在的规范的质疑，即便批判者能给出合理的理由，但是这些理由对于身处特定文化背景中的成员来说也显得陌生和无法被很好地理解。[2]

因此，只有重新理解这种张力关系才是唯一的合理选择。在阿多尔诺看来，个体与整体之间不可穿透的"障碍"正是现代性的悖谬之一，或者说是近代以来启蒙精神的悖谬之一。这种悖谬不仅体现在哲学理论层面，同时也体现在具体的社会现实中。在第四章中，我们将分析阿多尔诺怎样廓清社会现实中的张力关系，而他对道德哲学矛盾的揭示，将在第三章澄清。下文将仅限于澄清反思个体与整体利益张力关系时所包含的前提条件，对其前提条件的反思是理

---

[1]　施特劳斯：《什么是政治哲学》，李世详译，华夏出版社 2011 年版，第 26 页。
[2]　对内在批判的进一步分析，参见本章最后一节。

解阿多尔诺进一步的理论主张的关键。

把个体与整体利益之间的张力关系作为道德哲学要处理的核心问题，包含着一个不可或缺的前提条件，即个体必须在社会中才能实现自由。我们在存在论层面把这样的个体称为"开放的个体"。缺乏这样的存在论前提，人们就无法谈论个体利益与整体利益之间的张力关系。如果个体都是些"鲁宾逊"式的原子个人，如果他们并不依赖社会条件就能够充分地实现自我，那么他们为何还需要共同体？例如，在人的欲望是相互冲突的人类学假设前提下，共同体成立的首要任务仅在于保护个体的利益。共同体并无自在的利益，它的存在理由仅在于促进个体利益的共同发展。因此，个体与整体的关系仅仅是单边关系，整体永远被单向地要求符合个体利益的发展。尽管在此论证思路中，共同体获得了存在的必要性，但它的存在无法获得稳定的保障，或者说，整体无法为个体遵循共有的规范提供相应的动机，特别是当某些人逃避一定的道德规范能给自身带来更大的利益时。很显然，原子式个体的假设同时也为个体逃避共有规范，追寻个体利益打开了方便之门。

总之，近代的契约论传统试图从原子式个人出发为道德规范正名，但是他们总会遭遇到道德行为的动机难题，即作为外在的道德规范如何内化成个体道德行为的动机？动机问题是困扰该传统的最大难题。[1] 显然，阿多尔诺谈论的个体与整体之间的张力关系，必须超出近代契约论者对两者关系的认识。对此，阿多尔诺曾特意批评黑格尔的辩证法仍然局限在古典自由主义思维中，因为"通过实体化资产阶级社会和它的基本范畴——个体，他并没有真正解决这

---

[1]　这也是近代以来人们把道德哲学与伦理学相区分后，道德哲学所付出的代价。脱离人的伦理自我理解，仅追寻形式正义的道德哲学总会遭遇人们为何要遵循该原则的动机难题，参见 Jürgen Habermas, *Die Zukunft der menschlichen Natur: Auf dem Weg zu einer liberalen Eugenik?*, Suhrkamp, 2005, S. 14—16。

两者之间的辩证法"[1]。阿多尔诺认为，虽然黑格尔借助古典政治经济学，意识到社会总体是通过利益相互冲突的个体中介而成，并非自在自足的总体，但是黑格尔仍把个体视为"无法分解的既定性"（die irreduzible Gegebenheit），因此，黑格尔的辩证法仍然没有充分把握个体与总体真正的辩证过程。

在此值得注意的是，不能根据上述前提，就推论出道德哲学低于历史哲学。M. 瓦尔舍兹就曾根据阿多尔诺对自由的社会性维度的强调错误地断定，阿多尔诺的历史哲学优于道德哲学，道德哲学以历史哲学为基础。[2] 阿多尔诺确实展开过对历史哲学的研究，但是就如比尔吉特·桑德考伦所说，阿多尔诺并没有发展出一套历史哲学理论。[3] 在其关于历史哲学的讲课中，阿多尔诺清楚地告诉人们历史哲学的研究对象也是个体与历史的一般趋势之间的关系问题。[4] 很明显，这样的关系也暗含了上述前提假设，即"开放的个体"的假设。因此，不能就此推断阿多尔诺的历史哲学优先于道德哲学。

在阐发阿多尔诺道德哲学概念的过程中，虽然我们已经指出它的主题是研究个体与整体之间的张力或矛盾关系，但是，对于道德哲学为何必须研究这种矛盾关系的问题，换句话说，道德哲学为何必须是否定的问题，我们在上文中只是提示它是由阿多尔诺的否定辩证法思想所决定，但并未详细论述。在下文中，我们将从回答"开放的个体"何以可能的角度出发，试图澄清道德哲学为何必须是否定的。

---

[1]　Theodor W. Adorno, *Minima Moralia: Reflexionen aus dem beschädigten Leben*, Suhrkamp, 1996, S. 10.

[2]　Walschots M., "Adorno's Critical Moral Philosophy", *Gnosis*, 2011, 10(1).

[3]　Birgit Sandkaulen, "Adornos Geschichtsphilosophie mit und gegen Hegel", *Negative Dialektik*, Axel Honneth und Christoph Menke(Hg.), Akademie Verlag, 2006, S. 169.

[4]　Theodor W. Adorno, *Zur Lehre von der Geschichte und von der Freiheit*, Suhrkamp, 2001, S. 19.

第二节 否定的道德哲学的基础

尽管阿多尔诺了解当时语言哲学的发展，[1] 但他并没有利用语言哲学的研究成果发展出一套主体间性理论来解决个体与整体利益之间的张力关系，而是沿着他早期对总体性哲学批判的理路，发展出了一种否定的辩证法理论来试图阐明两者的关系。

虽然早在《最低限度的道德》中，阿多尔诺就已批判地分析了当时社会的道德状况和相应的道德理论，但是他的分析基本上是沿着个体经验出发的，因为在阿多尔诺看来，"在个体崩溃了的年代里，个体的经验本身和他所遭遇的东西，再次对一种认识（对社会统治关系的洞察——笔者注）有所贡献，这种认识对它来说是隐而不彰的，只要它继续不动摇地并积极地把自身阐述为主导型的范畴"[2]。他并没有在方法论层面展开论述开放的个体如何可能。该问题在《否定辩证法》中才得到详细的论述。下文将首先通过澄清阿多尔诺的否定辩证法中的"非同一性"（Nichtidentität）概念内涵，来试图阐明一种开放的个体何以可能，以此说明道德哲学的前提条件，并在此基础上指出为何道德哲学必须是否定的。

一、非同一性与开放的个体

就目前掌握的材料来看，对否定辩证法的阐述可被分为三种进

---

[1] Stefan Müller-Doohm, "Sagen, Was Einem Aufgeht. Sprache bei Adorno-Adornos Sprache", *Wozu Adorno*, G.Kohler und S. Müller-Doohm, Velbrück Wissenschaft, 2008, S. 28–34.

[2] Theodor W. Adorno, *Minima Moralia: Reflexionen aus dem Beschädigten Leben*, in: Adorno, *Gesammelte Schriften* Bd. 4, Suhrkamp, 1996, S. 16.

路：第一种是从澄清"否定"的概念入手；[1] 第二种是从"辩证法"的概念入手；[2] 第三种是从"同一性"（Identität）概念入手。[3] 我们在此倾向于从"同一性"概念入手，因为只要"同一性"的概念内涵被澄清，对其否定的"非同一性"的内涵同时也就清楚明了了。

阿多尔诺使用的"同一性"概念的名词是"Identität"，动词形式是"identifizieren"（有指认、识别的意思），形容词形式是"identisch"（有相同的意思）。根据埃米尔·安格恩的仔细梳理，同一性至少有五种含义：1. 从概念上确定某物，通过其概念将其与其他对象区分开来；2. 将某物等同于其概念，让对象进入概念，将其固定于其概念，设定"概念和事物的同一性"，这包括将事物固定在其本质上，而边缘化其中的偶然和关系，将其固定在不变的本质上而消除其历史，或者以牺牲多样性和特殊性为代价关注普遍性；3. 相互同化、创造平等，既包括质的平等（消除质的差异），还包括在现代科学和商品交换原则中去质化的量化平等；4. 与整体的统一性相关联，既包括具有内部秩序和强制内涵的系统观念，还包括作为一个全面而封闭的整体的观念；5. 客体与主体的相等同，即在主体印刻客体的意义上，在服从主体的理论或实践干预的支配地位意义上的主客体等同。[4]

我们在此只选取其中的两种内涵加以说明：2. 把某物与其概念作同等的设定和 4. 体系化的"统一性"（Einheit）诉求。之所以选取它们，是因为这两种内涵不但影响同一性概念的其他内涵，而且能

---

[1] Michael Theunissen, "Negativität bei Adorno", *Adorno-Konferenz 1983*, L. Von Friedeburg/ J. Habermas(Hg.), Suhrkamp Taschenbuch Verlag, 1983, S. 41–61.

[2] 阿多尔诺自身是从阐明"辩证法"概念入手的，参见 Theodor W. Adorno, *Einführung in die Dialektik*, Suhrkamp Verlag, 2010, S. 9–12。

[3] Emil Angehrn, "Kritik und Versöhnung: zur Konstellation Negativer Dialektik bei Adorno", *Wozu Adorno*, G. Kohler und S. Müller-Doohm(Hg.), Velbrück Wissenschaft, 2008, S. 267–291.

[4] Emil Angehrn, "Kritik und Versöhnung: zur Konstellation Negativer Dialektik bei Adorno", *Wozu Adorno*, G. Kohler und S. Müller-Doohm(Hg.), Velbrück Wissenschaft, 2008, S. 270–271.

够直接阐明否定辩证法的理论旨趣，进而能够澄清开放的个体如何可能。

　　把某物与其概念等同，指人类总是通过概念界定和认识对象。然而，概念总是一般性的，就如黑格尔在《精神现象学》中详细论证的那样，即使是表示特殊的"这个""这里"也是被扬弃的一般性，[1] 因此在对某物进行概念设定时，该物的偶性、多样性和历史性就被切除了。[2] 这也意味着，人类的认识在其认识论层面具有某种先天性的"不足"。认识虽然划定了范围，给予了不确定之物以规定性，但是这种"给予"总是同时又是"排斥"，即排斥了其他可能的规定性。如果人们的反思过程没有触及这种"排斥"的过程，或者说这种排斥过程没有被反思当作课题来澄清，而仅仅把规定性当作认识的真理，那么物与概念被视为"同一"的情况就会发生。用黑格尔的话来说，这种反思的思维虽然创造着同一，但是同时也在不断制造着"分化"（Entzweiung）。

　　体系化的"统一性"诉求，指通过主体概念（自我）或客体概念（物质）推演出人类认识体系的客观性。然而，不论是从主体概念还是从客体概念出发，它们都共同毫无批判地假定了自身的存在。针对实在主义，阿多尔诺认为，"存在者不是无中介的，而是经过概念的中介"[3]，"客体只有通过主体才能被思维"[4]；另一方面，针对观念主义，阿多尔诺认为由于其主体优先性的教条，导致观念主义把思维的对象也当作是思维的产物。由此，认识的客体便是非独立的

[1]　参见黑格尔：《精神现象学》，贺麟译，商务印书馆 1981 年版，第 71—73 页。

[2]　关于这方面的进一步论述，参见 Theodor W. Adorno, *Vorlesung über Negative Dialektik*, Rolf Tiedemann(Hg.), Suhrkamp, 2003, S. 17–19.

[3]　Theodor W. Adorno, *Negative Dialektik*, in: Adorno, *Gesammelte Schriften* Bd. 6, Suhrkamp, 1973, S. 156.

[4]　Theodor W. Adorno, *Negative Dialektik*, in: Adorno, *Gesammelte Schriften* Bd. 6, Suhrkamp, 1973, S. 184.

了，而是依赖于主体的思维活动。然而，认识的客观性恰恰就是通过独立的客体才能得以保证，没有这种独立性的话，认识就会蜕变成"同义反复"[1]。

在对同一性概念的上述阐述中，那些被排斥的部分就是阿多尔诺所强调的非同一性。结合同一性两种内涵所排斥的部分，非同一性概念的内涵就是：1. 被一般性概念排除的特殊性、多样性、历史性；2. 与抽象的主体或客体相对的"主体—客体"的相互中介性。那么如何通达非同一性呢？是彻底抛弃同一性思维，强调非概念的、诗意的看待对象？在此，阿多尔诺与浪漫主义的反理性主义立场并不相同。例如，他还曾经指出卢卡奇的物化批判就具有浪漫主义的倾向，因为卢卡奇在论证物化批判时把物化等同于普遍的商品交换，而对物化的否定就意味着对普遍的商品交换原则的否定。然而，否定普遍的商品交换原则还会为倒退到古代的非正义状态（直接的垄断和占有的特权）提供借口。阿多尔诺强调，问题不在于废除普遍的商品交换原则，而在于批判现实中的不公正交换，以实现交换原则中所蕴含的"自由和公正交换的理想"[2]。另一方面，他批评卢卡奇混淆了物化与事物的客观性。阿多尔诺强调，在事物的客观性中，"对象的非同一性维度和人类对普遍的生产条件的屈服交织在了一起"[3]。由于卢卡奇没有正确对待非同一物，把它们与物化现象等量齐观，这导致他最终只能以观念论的方式克服物化现象，即寻找统一主体与客体的大写"主体"。与卢卡奇不同，阿多尔诺主张批判的唯物主义应该仔细区分物的两个方面，并认为真正的问题是"那些迫使人类无能为力和冷漠的条件，这些条件可以被人类的行为所改

---

[1] Theodor W. Adorno, *Negative Dialektik*, in: Adorno, *Gesammelte Schriften* Bd. 6, Suhrkamp, 1973, S. 185.

[2] Theodor W. Adorno, *Negative Dialektik*, Suhrkamp, 1966, S. 148.

[3] Theodor W. Adorno, *Negative Dialektik*, Suhrkamp, 1966, S. 190.

变"。换言之，物化仅仅是"错误客观性的反思形式"[1]。因此，真正的对物化的克服就是再次通过反思正确对待非同一物。这也构成否定辩证法的关键。否定辩证法就是"改变概念的方向，使之返回非同一物"[2]。这句话不但道破了否定辩证法理论的目的——返回"非同一物"，而且还指出了它如何通达此目的，即改变概念的方向，它意味着只有通过反思（内在批判）才能穿破"同一性思维"的魔咒。因为"非同一物"在现代社会中被同一性思维所压制，"投向生活的目光，已经变成一种意识形态，它隐瞒着这样的事实，即已经没有生活了"[3]，所以人们无法直接返回非同一物。

通过对上述"非同一性"概念内涵的阐述，我们便能推断出开放的主体的可能性。根据非同一性概念的第一种内涵，人们能够推断出根本不存在脱离客体存在的、直接被给予的和封闭的抽象主体。观念论意指的先天被给予的主体并非是认识的可能性条件，它本身就是认识活动抽象后的产物，是概念思维方式清除掉了非概念性内容（情感、欲望等）后产生的后果。因此，抽象的自我本身就指示着它的非概念性来源，它并非封闭的单子。这就在存在论层面肯定了开放的自我。当然这种肯定首先是通过认识论批判通达的。这种开放的自我始终"铭记自然"，铭记并非抛弃同一性思维回到自然状态，而是再次反思同一性思维的前提，反思同一性思维的局限，开放的个体是反思的反思。"换句话说，最需要的是意识到我们自己的错误，在这方面我想说，自我反思的元素在今天已经成为所谓的道德范畴的真正继承者。这意味着今天我们可以从主观方面说有一个

---

[1]　Theodor W. Adorno, *Negative Dialektik*, Suhrkamp, 1966, S. 189.

[2]　Theodor W. Adorno, *Negative Dialektik*, in: Adorno, *Gesammelte Schriften* Bd. 6, Suhrkamp, 1973, S. 24.

[3]　Theodor W. Adorno, *Minima Moralia: Reflexionen aus dem beschädigten Leben*, Suhrkamp, 1996, S. 7.

门槛，一个对正确的生活和错误的生活的区分，我们很可能很快会发现这种区分，即在询问一个人是否只是在盲目地攻击他人——同时声称他所属的群体是唯一积极的群体，应该否定其他群体——或者通过反思我们自己的局限性，我们可以学会为不同的人伸张正义，并认识到真正的不公正总是在你把自己放在正确的位置，而将其他人放在错误的位置上。"[1]

根据上述对开放的个体的阐明，个体与整体利益的张力关系就表现为：首先，整体的存在可能使得个体的开放性避而不显，个体被视为或自身也把自身视为封闭的"单子"；其次，个体的存在可能使得整体的开放性也被遮蔽，共同体成为与个体对立的异己的存在物。不管哪一端被视为独立的存在物，这在现实层面都表现为一种压制。由此也可以看出，契约论传统讨论的个体与整体利益的矛盾并非首要，这种绝对的对立只是开放个体受遮蔽后的产物。因此，问题的关键不是首先从这种绝对的对立出发去构建某种正义秩序，而是通过否定，去揭示矛盾背后反映的促发机制。

二、道德哲学批判与社会批判

行文至此，我们已经廓清了阿多尔诺道德哲学研究对象的理论前提。但是道德哲学为何必须是否定的呢？既然消除个体与整体利益的矛盾是道德反思的目标，那么从个体与整体利益相和谐所需要的条件出发构建一套规范体系，似乎也是一种可行方案。例如当代以罗尔斯为代表的政治哲学传统就是从这种思考方式出发的，首先着力于建构消除个体与整体利益相冲突的正义原则，然后再拿所建构的正义标准去安排和评判具体的制度设置。在阿多尔诺看来，该

---

[1] Theodor W. Adorno, *Problems of Moral Philosophy*, Stanford University Press, 2002, S. 169.

提议恰恰是同一性思维的体现。在《道德哲学的问题》中，阿多尔诺强调他对道德哲学的态度，即道德哲学在当今已不可能从某种善（例如个体与整体的和谐）的概念出发构建整个体系，只能从一种批判的视角出发去反思它的不可能性。

这种不可能性体现在两个方面：第一，从方法论层面来看，对非同一性的体认导致了伦理体系构建的不可能；第二，从社会存在层面来看，在资本主义社会中，直接的善的生活已不再可能。方法论层面的不可能性体现为道德理论的"二律背反"。而社会存在层面的不可能性体现为：一方面，直接的善的生活在此种社会形态中总是遭受社会存在的压制，或者说社会所要求的生活方式总是与善的生活格格不入，另一方面，试图直接遵循善的生活方式总会导致恶的后果。

首先，从方法论层面来看，以往伦理体系的构建总是依赖于对善的直接定义，例如善就是遵循普遍法则的行为方式，善就是持有同情心，善就是功利的最大化，等等，然后再从这种界定出发重构人类的行为方式。很明显，根据阿多尔诺对同一性思维的批判，这种界定方式总是排除了某些"非同一性"的内容。例如对善的第一种界定（根据普遍的道德法则行事）就排除了第二种界定的可能性（根据同情心行事）。此外，摩尔指出的善的"未决问题论证"的可能性条件就在于同一性思维总是伴随着对非同一物的排斥。正是此种前提，导致人们面对善的直接定义（善是 X）总能反问"X 真是善的吗？"虽然对善的定义的反问，并不能直接否定该定义，但它至少说明道德问题的特殊性，即道德规范的"应当"特征。在规范层面谈论善，就是对行为的要求，即人类的行为应当怎样才是善的。面对应当，道德哲学必须给出理由。对理由的界定必定依赖概念思维，而概念思维总是伴随着排斥的过程，人们无法确立唯一的理由来支撑整个道德规范体系。因此，人们总是可以提出类似的质疑。除了面临此种质疑外，伦理体系的构建本身也会陷入二律背反。[1]

其次，从社会存在的层面来看，阿多尔诺认为"伦理行为或者道德或不道德行为总是一种社会现象。这即是说，忽视人与人之间的关系来谈论伦理和道德行为，毫无意义，并且纯粹为自身存在的个体完全是空洞的抽象"[2]。但在资本主义社会，普遍的商品交换结构和与之相对的消费主义思想，使得道德哲学中的首要范畴"自由"概念，[3] 要么被抽象为个体单纯的可选择性，要么沦为个体无反思的享乐式自由。从阿多尔诺对非同一性概念的分析可以看出，非同一性昭示了主体—客体的相互中介性。既然不存在自足的主体，抽象的主体总是指示着它的非抽象来源，那么近代以来所强调的个体任意选择的自由也就并非自明的。它似乎体现了主体的自由，但它却是以封闭的主体为前提，也就是说，这种主体是建立在排除了主体的其他规定性和前提性之后人为建构起来的主体。然而，人们不能走向另外一个极端，以为否定抽象的自我，直接投向无法被概念把握的对象中就能实现自由了。非反思地以客体为中心的认识，无法形成抽象的自我，无法形成独立的我，人们在此仅仅是对象的"奴隶"，因为这种自我无法作出判断，有区分的判断是理智形成的基础。就如上文所说，单纯的存在者本身也是经过概念中介的产物，这意味着单纯地投向对象，以对象为中心的做法并不意味着对抽象主体的克服，而仅仅意味着对反思的放弃。根据主体—客体的相互

---

[1]　关于道德哲学必然陷入二律背反的讨论，参见第三章。

[2]　Theodor W. Adorno, *Hegel: Three Studies*, trans. S. Weber-Nicholson, Cambridge, MIT Press, 1994, p. 34.

[3]　《道德哲学的问题》中，阿多尔诺认为自由概念是道德哲学的基础问题，参见 Theoder W. Adorno, *Probleme der Moralphilosophie*, Suhrkamp, 1996, S. 47。

中介性，真正自由是对上述两个极端的扬弃。在此，阿多尔诺与黑格尔的自由观基本保持一致。[1]

根据这种自由观念，阿多尔诺认为，"在第二自然中，在普遍的依赖性中，没有自由。在宰制的社会中，没有伦理学，因此，伦理学的前提是对被宰制的世界的批判"[2]。因为在被宰制的世界中，要么自由遭受扭曲，变为一种抽象的选择自由或享乐的自由，要么自由的行为总会造成恶的后果。因此，必须把"伦理学转入社会批判领域"[3]。在社会批判没有被贯彻的情况下，换句话说，在被宰制的社会中，在其所蕴含的权力关系没有被洞穿的情况下，根本就"没有伦理学"，即没有一种直接讨论正确生活（真正自由）的学说。[4]在阿多尔诺看来，"谁要想获知直接生活的真理，谁就必须研究它的异化形态，即客观的权力因素，这些权力规定了个体的生存，甚至影响到个体的内心深处"[5]。

正是出于对上述两个方面的考虑，阿多尔诺认为道德哲学必须是否定的。这里的否定包含两个方面。一方面是对人类自身概念思维的批判性反思。它需要人们不断去发现，在人类概念思维影响下所形成的道德规范其实隐藏着恶的因素。这种恶不仅包括道德规范对个体好的生活的损害，同时也包括它在运用方面的无力性。阿多尔诺在对"理性道德"（Vernunftmoral）传统的批判中充分阐发了这种无力性。在阿多尔诺看来，由于理性道德传统忽略了对自身有限性的批判，导致它始终面临着哈姆雷特式的道德运用难题。为了解决该难题，阿多尔诺引入了"冲动"的概念。另一方面是对社会权

---

[1] Theodor W. Adorno, *Hegel: Three Studies*, trans. S. Weber-Nicholson, MIT Press, p. 45.
[2] Theodor W. Adorno, *Probleme der Moralphilosophie*, Suhrkamp, 1996, S. 261.
[3] Judith Butler, *Kritik der Ethischen Gewalt*, Suhrkamp, 2003, S. 9.
[4] Theodor W. Adorno, *Probleme der Moralphilosophie*, Suhrkamp, 1996, S. 248.
[5] Theodor W. Adorno, *Minima Moralia: Reflexionen aus dem beschädigten Leben*, Suhrkamp, 1996, S. 7.

力的否定。这意味着道德哲学首先需要一种批判的社会理论。这里需要指出，不能把批判的社会理论的地位仅仅地理解为善的生活的现实可能性。这早已是一种陈词滥调，例如亚里士多德就认为个人的德性必须在善的城邦中才能实现。批判的社会理论更多地在于指出道德规范中所包含的历史因素，进而澄清一种忽略社会关系的伦理学的缺陷。例如借助批判的社会理论对社会权力现象的分析，阿多尔诺充分认识到，虽然美德伦理学解决了道德运用的难题，但是它却没有恰当地考虑到社会关系，这导致它仅仅是一种"过时的德性"[1]。我们将在第三章和第四章详细说明这两个方面。

综上所述，否定的道德哲学的核心内容明显包括两个方面：道德哲学批判和社会批判。在此有必要澄清这两者的关系。在阿多尔诺看来，两者缺一不可。如果以社会批判取代道德哲学批判，则会犯还原主义错误。在解读康德道德哲学时，阿多尔诺特别提醒人们，不要仅仅把康德道德哲学还原成时代精神的产物，否则便会无法理解康德道德哲学中的二律背反。同样，也不可以用道德哲学批判替代社会批判，否则会丧失道德批判的力量所在（容易走向外部批判）。两者的关系是：社会批判为道德哲学批判指明了方向，并为道德生活提供了可能性；而道德批判的目的在于澄清传统道德哲学中矛盾的虚假性。

第三节　否定的道德哲学的方法

上文的论述已清楚表明，阿多尔诺的道德哲学是否定的道德

---

[1]　Christoph Menke, *Spiegelungen der Gleichheit: Politische Philosophie nach Adorno und Derrida*, Suhrkamp, 2004, S. 142ff.

哲学，以及它为何必须是否定的。否定的道德哲学包含对道德哲学的批判和对社会的批判。阿多尔诺认为批判不应当首先脱离社会现实，孤立地确立某种正确的批判标准，然后再从这种标准出发去批判社会现实，如此批判会陷入同一性思维方式中。尽管如此，人们还会有这样的疑惑：1.一个没有明确规范标准的道德哲学，如何对以往的道德哲学进行批判性的否定？一个没有规范标准的社会批判，如何进行批判？总而言之，首先没有正确的标准，人们如何发现哪些现象需要批判？除此之外，否定的道德哲学在方法论上还面临着如下困难：2.批判的准则怎样既在被批判的对象中，又超越了该对象？3.阿多尔诺认为错误的生活中，没有正确的生活，但生活方式的选择，不是私人领域的事情吗？怎么会有错误与正确之分？[1]

　　为了澄清否定的道德哲学的方法论问题，我们在此赞同 R.J. 安东尼奥的观点。他主张，批判理论不是某种普遍的理论，而是源于非实证主义认识论的分析方法。这种方法就是"内在批判"（immanent critique），它是批判理论的核心。[2] 在安东尼奥看来，内在批判就是"一种把现实恢复为假象的方法，它首先通过描述社会总体对自身的体认，然后再把它与实际所成为的相比较"[3]，通过这种比较呈现出的相互矛盾，就是对社会道德规范与实践的内在批判。由于安东尼奥的论述侧重于澄清批判理论对资本主义社会的批判是内在批判，他并没有进一步剖析内在批判的内容，以及内在批判所

　　[1]　Rahl Jaeggi, "'Kein Einzelner vermag etwas dagegen'. Adornos Minima Moralia als Kritik von Lebensformen", *Dialektik der Freiheit*, Suhrkamp, 2005, S. 115–120.

　　[2]　Robert J. Antonio, "Immanent Critique as the core of critical theory: its Origins and developments in Hegel, Marx and contemporary thought", *The British Journal of Sociology*, Vol. 32, No. 3(1981), pp. 330–345.

　　[3]　Robert J. Antonio, "Immanent Critique as the core of critical theory: its Origins and developments in Hegel, Marx and contemporary thought", *The British Journal of Sociology*, Vol. 32, No. 3(1981), p. 338.

面临的问题，因此上述问题在安东尼奥那是晦暗不明的。为此，我们将首先分析对内在批判的一般界定及其不足之处，其次指明一种对内在批判的更好解释，并指出阿多尔诺的否定方法就是此种版本的内在批判。

一、内在批判与内部批判

普遍认为，首先是黑格尔把内在批判引入了哲学批判中，马克思发展了内在批判，法兰克福学派（特别是阿多尔诺）则进一步完善了它。[1]例如，马丁·杰在其名著《辩证的想象》中较早指出，"如果说批判理论有一个真理理论，它就出现在它对资产阶级社会的内在批判中，即比较资产阶级意识形态的伪装与其社会条件的现实。真理不在社会之外，而是包含在社会自身的主张中"[2]。当然，法兰克福学派内部的诸多学者对内在批判的理解并不一致，学派内部最早是本雅明在其博士论文中使用这个概念来分析浪漫派的艺术批判，他并没有用这个概念指涉批判理论的独特批判方法，哈贝马斯曾表述过内在批判在当代资本主义已经不能被视作批判理论的有效方法了，而霍耐特却仍然坚持认为内在批判是批判理论区分于其他理论传统的独特标志。[3]尽管如此，学派外部对内在批判的理解却相当的一致，对内在批判的一般界定是："根据它们自身的标准，来判断

---

[1]　Robert J. Antonio, "Immanent Critique as the Core of Critical Theory: Its Origins and Developments in Hegel, Marx and Contemporary Thought", *The British Journal of Sociology*, 1981, 32 (3): pp. 330–345; Karin de Boer, "Hegel's Conception of Immanent Critique: Its Sources, Extent, and Limit", *Conceptions of Critique in Modern and Contemporary Philosophy*, Ruth Sonderegger and Karin de Boer(ed.), Palgrave Macmillan, pp. 83–101; Titus Stahl, *Immanente Kritik: Elemente einer Theorie sozialer Praktiken*, Campus, 2013. 当然也有异议的观点，比如布赫瓦尔特就认为马克思并没有进一步发展，反而是简化了黑格尔的内在批判，参见 Andrews Buchwalter, "Hegel, Marx, and the Concept of Immanent Critique", *Journal of the History of Philosophy*, 1991, 29(2): pp. 253–279。

[2]　Martin Jay, *The Dialectical Magination*, University of California Press, 1973, p. 63.

[3]　详细的分析参见周爱民：《内在批判与规范的矛盾：对批判理论批判方法的反思》，载《哲学分析》2019 年第 3 期。

历史时期、文化、文学作品，等等。"[1] 换言之，内在批判的标准总是属于或者内在于批判的对象之中。

内在批判方法针对的是"外部批判"（external critique）。[2] 与内在批判相反，外部批判总是利用某些规范要求衡量特定现实，这些要求完全超出特定现实中的原则或完全否定该原则。所谓的"从外部"批判，包括以下几个方面：批判者从其他完全不同的社会系统中找出某些标准，来衡量被批判的社会；或者批判者声称自身的立场完全中立，与自身所处的社会环境毫不相关，如托马斯·内格尔所说的，批判者从"无特殊视角"出发；[3] 或者从某种人类学的普遍假设出发，声称这些假设应当放之四海而皆准，无需考虑某些特殊的社会结构和它的历史。[4] 很明显，如霍耐特指出的，这种批判在运用其批判的标准时，总会造成批判者的视角"对被批判的社会来说是陌生的，是外在的"[5]。例如，用商品交换价值来衡量艺术作品的做法就是如此。由于批判的标准外在于批判的对象，外在批判总会遭遇到为自身"辩护"（Rechtfertigung）的难题，即人们为何要接受对他们来说完全陌生或无法理解的规范。针对外部批判的缺陷，内在批判的优势非常明显。由于内在批判的标准内在于所批判的对象之中，内在批判无需为批判的标准辩护。即便如此，它仍具有很强的说服力。例如，中国共产党把全心全意为人民服务确立为自己的行动宗旨（规范性要求）。当党员干部从一己私利出发，或挪用公

---

[1]　Joachim Ritter, Gründer Karlfried und Gabriel, Gottfried(ed.), *Historisches Wörterbuch der Philosophie*, Schwabe Verlag, 2007, Bd. 4, S. 1292.

[2]　外部批判一般被指与内部批判（internal critique）相对立（Michael Walzer, *Interpretation and Social Criticism*, Harvard university Press, 1993）。在一般意义上，人们并没有仔细区分内在批判与内部批判，故笔者在此首先介绍内在批判与外部批判的对立。

[3]　Thomas Nagel, *The Limits of Objectivity*, in: *The Tanner Lectures on Human Values*, Vol. I, University of Utah Press; Cambridge University Press, 1980, p. 83.

[4]　Rahel Jaeggi, *Kritik von Lebensformen*, Suhrkamp, 2014, S. 261–262.

[5]　Axel Honneth, "Über die Möglichkeit einer erschließenden Kritik: Die Dialektik der Aufklärung im Horizont gegenwärtiger Debatten über Sozialkritik", *Das Andere der Gerechtigkeit*, Suhrkamp, 2000, S. 71–72.

款，或贪污受贿时，不管是党内人士还是党外人士都能从党的这条宗旨出发，去有效批判这类行为。

黑格尔曾经类似地批判过外部批判的哲学方法，他强调"驳斥一定不要从外面来，即不要从那些在所驳斥的体系以外的、与它不相应的假定出发。……真的驳斥必须在对手方强有力的范围内，和他角力较量；在他以外的地方去攻击他，在他不在的地方去主张权利，对于事情是没有进益的"[1]。那么，如何在对手方强有力的范围内和他角力较量呢？就如迈克尔·福斯特所述，黑格尔的方法是"一种揭示的方法，每个范畴在其中相应地被表明为内部自我矛盾，并必然地发展到下一个环节"[2]。最高的环节就是黑格尔所谓的"绝对观念"。范畴的内部自我矛盾是指被视为对象的范畴本身，与其自身所包含的前提（规范标准）相互矛盾。鉴于黑格尔的这些论述，诸多学者便认为黑格尔是内在批判的创立者。[3] 当然，也有学者指出，黑格尔的辩证法其实也包含着超越性因素，例如在黑格尔那里，否定总是产生着积极的结果，所谓的对异化的扬弃不过是迈向大全式真理的环节，因此不能完全把黑格尔的辩证法等同于内在批判。[4] 其实，马克思早在《1844年经济学哲学手稿》中对此就作过相应的批判。通过否定黑格尔所假设的最终和解状态，马克思揭示了黑格

---

[1] Theodor W. Adorno, *Zur Metakritik der Erkenntnistheorie. Studien über Husserl und die phänomenologischen Antinomien*, in: Adorno, *Gesammelte Schriften* Bd. 5, Suhrkamp, 1973, S. 14. （译文参见黑格尔：《逻辑学》下卷，杨一之译，商务印书馆2001年版，第244页。）

[2] Michael Forster, "Hegel's Dialectical Method", *The Cambridge Companion to Hegel*, F. C. Beiser(ed.), Cambridge University Press, 1993, p. 132.

[3] Robert J. Antonio, "Immanent Critique as the Core of Critical Theory: Its Origins and Developments in Hegel, Marx and Contemporary Thought", *The British Journal of Sociology*, 32 (1981) No. 3: 330–345; Andrews Buchwalter, "Hegel, Marx, and the Concept of Immanent Critique", *Journal of the History of Philosophy*, 1991, 29(2): pp. 253–279.

[4] Karin de Boer, "Hegel's Conception of Immanent Critique: Its Sources, Extent, and Limit", *Conceptions of Critique in Modern and Contemporary Philosophy*, Ruth Sonderegger and Karin de Boer(ed.), Palgrave Macmillan, 2004, pp. 83–101; James Gordon Finlayson, "Hegel, Adorno and the Origins of Immanent Criticism", *British Journal for the History of Philosophy*, 2015, 22(6): pp. 1–25.

尔辩证方法的非批判性，在马克思看来，黑格尔所谓的需要扬弃的异化，只不过是重新通过外化的世界来确证自我意识，因此"在扬弃例如宗教之后，在承认宗教是自我外化的产物之后，他仍然在作为宗教的宗教中找到自身的确证……他那只是虚有其表的批判主义的根源就在于此"[1]。

如果黑格尔所假设的外在标准（绝对精神）不成立，那么否定的运动过程如何生发？换言之，当对象与其自身所要求的规范相矛盾时，是应该转化对象，还是转化规范？在此情形下，人们似乎无法确定转化的方向。内在批判的一般界定尽管很好回答了本节开始处提出的第一个问题，即没有规范标准的批判如何具有批判性的问题，但却无法回答后面两个问题。这其实反映了人们对内在批判的一般界定存在不足。根据上述一般界定，人们无法清楚地区分内在批判与"内部批判"（internal critique）的差异。[2] 通常认为，内部批判也是利用内在于社会实践中的规范要求去批判该实践。[3] 对于批判的方向问题——是批判社会实践，还是批判社会实践所蕴含的规范性要求，内部批判者很明确：社会实践。批判者的分析过程分为两步，首先找出相应社会实践中所包含的规范性要求，其次说明该社会实践与其所包含的规范要求其实并非一致。当然，这种不一致的方式多种多样，也需要批判者去仔细甄别。[4] 批判的主要目的是修正社会实践，使其与它所包含的规范性要求相一致。就此而言，内部批判与内在批判一般界定之间的区分模糊不清。两者都是利用

---

[1]　马克思：《1844 年经济学哲学手稿》，人民出版社 2000 年版，第 109 页。

[2]　已有作者注意到这两者的差异，参见 Craig Browne, "The End of Immanent Critique", *European Journal of Social Theory*, 2008, 11(1): pp. 5–24；Dan Sabia, "Defending Immanent Critique", *Political theory*, 2010, 38(5): pp. 684–711。

[3]　Michael Walzer, *Interpretation and Social Criticism*, Harvard university Press, 1993, pp. 38–40.

[4]　霍耐特辨别了四种不一致的形式，参见 Axel Honneth und Ferdinand Sutterlüty, "Normative Paradoxien der Gegenwart: eine Forschungsperspektive", *WestEnd*, 2011, Heft1, S. 67–85。

社会实践中所蕴含的规范要求对之进行批判。

由于两者之间界限的模糊性，内在批判常遭受到不应有的指责，这些指责其实只针对内部批判才有效。对内在批判的主要指责是：它是一种约定论，因此它信奉的是相对主义；它具有固有的保守性；它具有主观性，并且具有不确定的特征。[1] 首先，根据内在批判的一般界定，规范是否有效，不在于它是否曾来自普遍的同意、传统的伦理教条、宗教律令，而在于它是否事实上被社会成员接受并付诸实践。很明显，这就是一种约定论，因为约定论者对社会实践的正名，也是诉诸它们是否符合或服务于当下主流的规范与理想。其次，由于内在批判的目的仅在于修正某种社会实践，使之与其相应的规范性要求相一致，它并没有更进一步去怀疑、去批判相应的规范性要求，因此它具有强烈的保守性。对此，奥诺拉·奥尼尔曾告诫那些谈论规范的理论家，不要依赖这样的观念，即"社会传统和个人取向总是包含一些原则和实践，它们能够讨论和批判，并且反思和修正它们自身的标准、实践与判断"[2]。因为根据历史经验，有些传统中包含着贬低特定行动者的规范性因素，倘若再依赖这些因素批判与之相对的社会实践，那么该批判显然具有顽固的保守主义倾向。最后，一方面社会实践中的规范与理想就像文本一样，不同的解释者对之会作出不同的解释，另一方面对同一种社会实践，人们也会采用不同的规范或理想去解释，因此内在批判就具有很强的主观性与不确定性。在面对相互冲突的解释时，如果没有外在的客观标准，人们便无法确定哪种解释更优。由此，内在批判仍然面临着何种标准更为可取的问题，它相对于外部批判的优势也就丧失了。

---

[1]　Dan Sabia, "Defending Immanent Critique", *Political theory*, 2010, 38(5), pp. 684–711.

[2]　Onora O'Neil, *Towards Justice and Virtue*, Cambridge University Press, 1996, pp. 21–22.

为了避免上述指责，丹·萨比亚在《为内在批判辩护》[1]一文中把内在批判区分为"一阶内在批判"（the first order immanent critique，简称一阶批判）和"二阶内在批判"（the second order immanent critique，简称二阶批判），他认为上述指责其实只能针对一阶批判，而不是二阶批判。作者界定的一阶批判就是上文指出的内部批判，该批判总是对其所运用的前提、信念、原则不加批判，并认为理所当然。与之相反，二阶批判并不对传统的认识与标准进行辩护，而是"通过诉诸内在于社会或文化的资源，对传统的认识和标准的合理性与价值进行（批判性）评估"。在萨比亚看来，这个批判的评估过程属于哲学解释学的实践，它把"某些人或文化当作它们的文本"，通过"对它们的自身的认同、真实性、意义、连贯性与含义作出更好的解释"，从而达到批判的目的。

虽然萨比亚向前迈出了一步，清楚地区分了内在批判（二阶批判）与内部批判（一阶批判），但他对内在批判的辩护并不成功。即便真正的内在批判是二阶批判——从而可以摆脱约定论的束缚与保守主义的倾向，它也无法最终消除主观性与不确定性的缺陷，其主要原因在于萨比亚把（二阶）内在批判仅仅理解成哲学解释学的实践。对此，蒂图斯·斯塔尔曾明确指出，作为哲学解释学的内在批判，仍然无法回答一个令人困惑的问题，"人们如何证明其中一个可能性解释，即对统摄实践行为的自我理解的解释，必须被人们接受为具有规范性的约束力呢？"[2]之所以会有该问题，是因为社会事实不像"原始事实"（brute facts）那样无需解释，社会事实特别是"制度性事实"（institutional facts），依赖于集体意向，"包含集体意向的

---

[1]　Dan Sabia, "Defending Immanent Critique", *Political theory*, 2010, 38(5), pp. 684–711.
[2]　Titus Stahl, "What is Immanent Critique?", SSRN Working Papers, URL: http://ssrn.com/abstract=2357957, doi: 10.2139/ssrn.2357957.

任何事实，应被视为社会事实"。社会事实的存在方式可被表述为"X 在 K 语境中被认作 Y"[1]。很明显，社会事实的存在方式决定了它的不确定性。面对相同的社会事实，人们可能会作出不同的解释，即"X 在 K 语境中，可能会被认为 Y 或者 R 或者 Z……"。如果内在批判是通过更好的解释驳斥较差的解释，那么判断更好解释的标准是什么？这需要假设共同体中早已认定某种规范标准，它能区分出何种解释更符合人们早已固有的规范性信念。很显然，这仍然无法摆脱约定论的嫌疑。其次，在当今社会，这种社会共同体只有单一信念的假设，很难成立。当今社会已不再是传统的封闭型社会，它具有高度的流动性。一个共同体内部可能存在完全不同的价值观和道德规范，这些价值观和道德规范之间，随着流动性的持续发展，会相互融合或冲突。在融合的过程中，人们无法区分共同体的内与外，毋宁说，此时的批判既是外在批判又是内在批判。而在冲突的过程中，解决冲突的更好解释，只能来源于各共同体已有的共同的基本信念，但由于传统封闭型共同体的分化，人们已无法找到这种共享的基本信念。

鉴于哲学解释学的内在批判面临着上述难题，斯塔尔主张内在批判应当是一种承认—理论性的批判。借用 R. 布兰登（Brandom）对规范模型的界定，斯塔尔阐明了内在批判所依赖的规范的性质。布兰登认为，当某个共同体成员之间处于这种关系时：每个成员 A 承认其他成员被赋予了批判（惩罚）A 的资格，当 A 的行为没有遵守规范 N 时，人们可说存在规范 N。借此模型，斯塔尔主张内在批判的基础模型是：当共同体中存在一些权威关系，这些权威关系规定了人们对一些规范的解释时，与此同时这些规范又调节着人们在

---

[1] John R.Searle, *Die konstruktion der Gesellschaftliche Wirklichkeit: Zur Ontologie sozialer Tatsachen*, Suhrkamp, 2011, S. 40ff.

一定的实践中对行为作出适当的规范性反应，这种实践就可以说具有内在的规范。这种权威关系是人们集体授权的结果，社会共同体的"集体意向"（kollektive Intentionalität）保障了人们对这种权威关系的获知。[1] 这种模型的优势在于它允许观察者的视角，它并不依赖解释学的自我理解。不但如此，它还解释了社会规范的存在方式（集体相互授权）。尽管如此，斯塔尔的主张仍然存在问题。集体意向的存在可能使得它与个人解释之间存在一定张力，这为批判留下了空间，但是集体授权通过何种方式达成？是在既定的社会条件之下，还是在某种人为构建的理想情境中？如果是前者，它便失去了对既定条件的批判力量；如果是后者，它就有可能滑向外在批判。

总而言之，对内在批判界定的最大困难来源于这样的两难：既要说明这种批判依赖某种内在于社会的规范，从而区别于外在批判；同时又要说明这种批判可以超越对社会规范的既有理解，能超越它所依赖的规范标准，从而区别于内部批判。

二、阿多尔诺与内在批判

阿多尔诺所使用的内在批判究竟是何种内在批判呢？他是否能够摆脱内在批判的两难处境？由于阿多尔诺常常是直接使用内在批判，或是偶然提及内在批判的优点，他从未详细地阐述过内在批判的内涵。因此，在回答上述问题前，我们将首先介绍一种对内在批判更好的解读模式，该模式能够解决上述问题。其次，我们将阐明阿多尔诺的内在批判符合该模式。拉埃尔·耶吉曾详细地阐述了该模式，我们的介绍将先围绕她的论述展开。

耶吉认为，内在批判不属于规范主义（外在批判），但它的批

---

[1] Titus Stahl, *Immanent Kritik. Elemente einer Theorie sozialer Praktiken*, Campus, 2013, S. 325ff.

判却是规范性的。她把内在批判的方法纲领性地概括为："内在批判……从生活形式所设立的要求与条件出发，对从中出现的问题与危机作出反应，并从中获得'转化的潜能'（transformative Potential），该潜能超越了那些成问题的实践，并致力于改变这些实践。"[1] 这段概括涵盖了内在批判的主要方面：内在批判所依据的规范的性质、批判的对象和批判的目的。

第一，与内部批判一样，内在批判所利用的规范内在于社会之中，但与内部批判不同的是，内在批判所利用的规范是"构成性的规范"，并非一般的信念或规则。[2] 对这种关联的发现，既要依赖于哲学解释学的自我理解，同时也要依赖于客观的观察者视角。因此，批判者需要好的理论去发现这种规范，不能像内部批判那样仅仅简单地依赖于共同体成员的自我理解。[3] 例如，马克思曾批判资本主义社会中总是存在着形式平等与社会不平等的矛盾。马克思对这种矛盾的揭示，并不仅是简单地依赖于资本主义社会的自我理解（形式平等）与现实状况（社会不平等）之间的对立，而是通过对劳动价值理论的分析，揭示了这两者之间的必然关联。

第二，内在批判所发现的矛盾不是偶然性的，而是系统性的，该矛盾涉及"现实与其构成性的规范之间的内在矛盾"[4]。对内在矛盾的指认构成内在批判的主要对象。矛盾的存在不是个体任意解释的结果，也不是共同体自我理解的结果，矛盾以一种实际的危机方式存在于现实当中。换句话说，某种内在性规范构成了相应的实

---

　　[1] Rahel Jaeggi, *Kritik von Lebensformen*, Suhrkamp, 2014, S. 258.

　　[2] 关于一般规则与构成性规则的区分，参见 John R.Searle, *Speak Act: An Essay in the Philosophy of Language*, Cambridge University Press, 1969。作者虽然准确抓住了构成性规则依赖于主体的建构，仍然并没有关注到它存在的必然性一面，换句话说，他没有关注构成性规则为何如此这般存在，这造成了他的分析仅注重内在的解释者视角，而忽视了外在的观察者视角。

　　[3] Rahel Jaeggi, *Kritik von Lebensformen*, Suhrkamp, 2014, S. 300.

　　[4] Rahel Jaeggi, *Kritik von Lebensformen*, Suhrkamp, 2014, S. 291.

践行为，同时又使得该行为问题重重，就如耶吉所说，"某物无法正常运作，同时当它正常运作时，也是不好的"[1]。危机的存在已说明，必须要改变这一状况。改变的方向是什么？批判者首先并不提供一个对规范更好的解释。例如，资本主义社会的平等只是形式平等，批判者并非首先提供一个更加丰富的平等概念，比如平等还包括物质层面的平等。这种解释当然更全面，内涵更丰富，但是，为什么它就是更好的？为什么物质上的普遍平等比仅仅是形式上的平等更好？

第三，发现危机后，批判者的任务在于指出危机的内在原因。既然某种原因必然导致危机，对原因的发现就成为消除危机的重要因素。内在批判主张，此原因内在于构成性的规范之中。批判的目的就是改变这种规范，由于规范是构成性的，改变规范也意味着改变实践。对内在批判者来说，危机既是问题又是机会，它不但使人们认识到规范的问题，也为变革打开了窗口。

从耶吉的阐述来看，可以说，内在批判是一种寻找并分析"规范性危机"的过程。该过程分为三步：首先指出特定实践活动的构成性规范；其次指出该规范与其所构成的实践相互矛盾，这种矛盾造成了实践活动的危机；最后指出超越危机的方向。对内在批判作如是规定，仍然面对这样的问题：如何发现危机？又如何超越危机？

针对第一个疑问，耶吉提出了"生活形式的合理性"的标准，针对第二个疑问，她则把危机的解决视为对"学习过程"（Lernprozess）的恢复。根据耶吉对这两个方面的说明，可以看出，它们是合二为一的。生活形式被视为"问题解决的机关"（Instanzen

---

[1]　Rahel Jaeggi, *Kritik von Lebensformen*, Suhrkamp, 2014, S. 306.

von Problemlösungen）[1]。对生活形式的问题解决史便成为判断生活形式合理性的标准，"合理性是这样的一种转化，它不依赖于某种'外在'的规范参照点，而……它描述了一种可理解的经验与学习过程，人们可以把这种过程理解为对缺陷与危机克服的历史"[2]。对生活形式的批判不是针对个人是否成功，而是生活形式的历史转变。因此，这种历史转变的形式结构必须被澄清。在耶吉看来，成功的转变就是学习过程的继续，失败的转变则会造成"学习障碍"（Lernblockade），"对生活形式的批判自此成为一种对历史—社会过程的元批判"[3]。最后值得强调的是，对学习障碍的指出，并不依赖于目的论假设。生活形式的学习过程是开放的，有可能进步，也有可能退步。

耶吉对内在批判的上述阐述极具启发性，可以说，阿多尔诺对内在批判理解的很多方面都与上述的解读相同。不过，上述解读也有不足之处。一种对历史—社会过程的元批判可能会遮蔽道德本身的判断标准问题，换言之，如果道德本身的判断标准被完全置入社会整体的自我学习过程中，那么人们便无法从道德标准本身出发去评价各种道德体系。此外，道德的存在虽然客观上能促进特定社会问题的解决，但道德行为者之所以遵循某种道德，主观上并不一定是为了解决某种社会问题。道德的功能主义解释，忽视了道德判断中的绝对因素。在这方面，阿多尔诺对内在批判的理解与运用，无疑是不同于耶吉的，他始终主张道德批判不能完全否定道德自身的真理要求。

根据以上论述，批判理论似乎走进了死胡同。一方面，批判理

---

[1] Rahel Jaeggi, *Kritik von Lebensformen*, Suhrkamp, 2014, S. 200.
[2] Rahel Jaeggi, *Kritik von Lebensformen*, Suhrkamp, 2014, S. 314.
[3] Rahel Jaeggi, *Kritik von Lebensformen*, Suhrkamp, 2014, S. 315.

论不能首先依赖规范性基础研究，另一方面它又不能直接诉诸日常的否定性经验，那么批判理论的出路何在？不能从一种极端走向另一种极端，干脆否认规范性基础研究的作用。与法比安·弗赖恩哈根的观点不同，笔者并不认为只有放弃规范性基础的研究，直接转向否定性经验，批判理论才能保持合适的批判向度。[1] 即使从受压迫者的视角出发，把"废除社会不公正、苦难和不自由"视为批判理论的唯一标准，能够释放批判理论的批判潜能，但是基于个人受难视角的要求一旦被上升为普遍化要求后（普遍化是批判理论的必然要求，因为它追求普遍的人的解放），它仍然要直面规范性基础问题，即人们为何要普遍接受这种规范要求？它的合理性何在？直接以"社会不公正、苦难和不自由"的事实作为批判的根据，无法回应这种质疑。这些事实必须与一定的规范事实相关联时，才有可能成为批判的有效依据。以弗赖恩哈根举出的"刑讯逼供"为例。他认为，刑讯逼供之所以是错误的，是因为它带来了严重的、不必要的痛苦，人们根据这种不必要的痛苦，就足以能谴责刑讯逼供的做法。且撇开必要痛苦与不必要痛苦的程度难以区分外，在与其他规范相关联的情况下，忍受过度痛苦甚至被视作君子的必要德行，就如"忍辱负重"这一成语所传达的价值取向一样。因此，与弗赖恩哈根的观点相反，笔者认为放弃对规范基础的澄清与揭示，不仅无法让批判起作用，而且可能遮蔽批判理论的批判维度。无规范根据的批判可能会走向盲目的否定。

相比较于耶吉的内在批判模型，克里斯托夫·门克对规范的形式分析所阐发的内在批判，即规范的矛盾模型，一方面能继承耶吉模型的优势，同时能弥补其上述缺陷。该模型既重视批判理论对

---

[1] Fabian Freyenhagen, "Was ist orthodoxe Kritische Theorie?" *Deutsche Zeitschrift für Philosophie*, 2017, 65 (3), S. 456–469.

批判的规范性基础的关注，同时也密切关注现实的批判性实践，能够从这两个方面同时发挥批判理论的批判作用。在进一步阐述这条路径之前，有必要澄清一个容易产生的误解。规范的矛盾的解决路径主张放弃寻找元规范，承认矛盾的不可消解性，进而把保持矛盾状态本身视为一种规范要求，并非为"理性多元论"提供辩护。在《政治自由主义》中，罗尔斯明确指出，人们在日常生活中总有各自信奉的教义，这些不同的教义（如宗教、哲学、道德等，罗尔斯称之为"综合性学说"）在人们的合理的论争中难分伯仲。因此，如果某种教义妄图"唯我独尊"，它就只能诉诸国家暴力"排斥异己"，即便是经典的自由主义学说（如康德、密尔、边沁等人的）也是如此。罗尔斯称这样的事实为"压迫的事实"[1]。为了避免该事实的出现，他强调，对正义的构想必须要限定在"政治"领域，即是说，相对于那些具有形而上学基础的教义，政治的正义原则必须保持中立。只有这样，在以政治正义原则为基础的社会中，多元论的事实才能受到保护，得到尊重。生活于其中的人们，一方面在非政治领域中能够坚守自己信奉的综合性学说，另一方面在政治领域中能够相信和认同背后的正义原则，两个方面并行不悖。如果在社会的基本建构方面，在公民的个人德行方面，能够同时坚持这种"二元论"，那么社会就达到了黑格尔意义上的"和解"状态。

与罗尔斯的主张不同，规范的矛盾的解决路径主张矛盾的不可消解性，并非要不加反思地承认矛盾状态，然后把它视为一种具有规范要求的事实，而是要对矛盾再次进行反思。[2] 在此，矛盾并非指，当两种不同的主张声称自己是绝对真理时，就会陷入相互否定

---

[1] John Rawls, *Political Liberalism*, Columbia University Press, 1993, p. 40.

[2] 对罗尔斯的这方面批判，详见 Christoph Menke, *Spieglungen der Gleichheit*, Suhrkamp, 2004, S. 253ff。

的冲突状态中，比如同时声称存在最锐利的矛与最坚固的盾，而是指某种普遍规范内部就已存在与之对立的"他者"，规范与规范的他者，相互区分又不可区分。规范的矛盾是"自我矛盾"，对矛盾的批判是规范的自我批判与自我反思。那么，如何具体理解这种"规范的矛盾"思想呢？

从门克对法的规范的论述中，可以挖掘出对"规范的矛盾"的广义解释，这种解释能够重新厘定内在批判的方式。[1] 该解释是：规范的确立过程是与事实的分离过程，是对事实施加外在影响的过程，在该过程中，存在着双重区分，即规范话语内部的正确与错误的区分（即符合规范与不符合规范的规定），以及规范话语与非规范话语的外部区分。规范的矛盾主要体现在，一方面，两种区分相互依赖，不可分离，另一方面，它们又不可统一，相互排斥，从而构成规范的内在矛盾。它们相互依赖，不可分离是指，规范的形成不仅依赖规范话语内部正确与错误标准的确立，也依赖规范话语与非规范话语的区分，因为这种区分是对规范话语的自我指认过程。它们不可统一，相互排斥，则是指规范话语总是要否定和排斥非规范话语。对非规范话语来说，这就是规范的暴力。尽管规范话语本身反对暴力，即主张要从规范的正确与错误层面，区分规范话语与非规范话语，反对对规范话语与非规范话语的外在区分，然而从规范话语层面作出的反对，是建立在规范区分上的反对，它还是无法消除规范话语对非规范话语施加的暴力，因为在规范话语与非规范话语之间没有共同的理解基础，不存在沟通的可能性。两个方面的同

---

[1]　在其专著《权利批判》（*Kritik der Rechte*）中，门克主要论述了法的规范的矛盾，笔者认为他的论述能够推广解释所有的规范。文中的广义解释是对该书与其他两篇论文的综合总结，两篇文章分别是："Distanz und Urteil: Das Paradox der Norm", *Deutsche Zeitschrift für Philosophie*, 2016, 64(2): S. 299–306; "Die Kritik des Rechts und das Recht der Kritik", *Deutsche Zeitschrift für Philosophie*, 2018, 66(2): S. 143–161。

时存在，意味着不能单纯从纯粹规范层面去理解规范，也不能单纯从暴力层面理解规范。对重解内在批判来说，这种对规范的矛盾的理解意味着什么？它为何仍然是一种内在批判？

首先，它对具体规范或实践的批判，并非以某种超越情境的元规范为批判标准。相反，它对规范的批判是对规范的内部矛盾的揭示。它所指出的矛盾，并非两种规范主张之间外在的矛盾，也并非某种规范要求与其在现实中未实现之间的矛盾，而是规范中的"他者"与规范既统一又互相反对的矛盾。

其次，它的批判性体现在：既能指出规范主义对自身规范暴力的遗忘，又能指出非规范主义对规范的反暴力面向的遗忘。因而，它既能批判规范的理想主义，又能批判无规范的现实主义。

最后，它承认直接性的否定经验，但并不认为这些经验是规范的外部因素，相反，这些经验对规范的反对是规范内部矛盾的体现。对这些否定性经验的体认，是规范自我反思的结果。因此，它们对于规范正确认识自身具有构成性意义。对矛盾的正确认识，能够导向确立"反规范的权利"，该权利在规范内部具有超越规范的力量，它是一种针对暴力的"解放的暴力"[1]。

这三个方面综合起来，能够说明超越性的内在批判为何是自洽的，即它既能够保持批判的内在性，又能够一以贯之地坚持批判的内在超越性。在运用方面，利用规范的内在矛盾思想作出的内在批判，具有广阔的前景。它既能内在地批判当代的法律体系，也能内在地批判当代的道德原则以及社会规范。阿多尔诺虽然没有明确阐明过内在批判的上述模型，但是他对上述模型有着自觉的运用，这主要表现为他把内在批判视为一种辩证法，而这种辩证法就是对上

---

[1]　Christoph Menke, *Kritik der Rechte*, Suhrkamp Verlag, 2015, S. 407.

述模型的集中概括。下文将首先指出，阿多尔诺对内在批判的论述深受黑格尔辩证法的影响，这种影响使得规范被视为构成性的而非普通的外在规则。其次，出于对黑格尔辩证法超越部分的不满，阿多尔诺修正了黑格尔的辩证法，这种修正使得"危机"，也就是规范与非规范内容之间的根本性冲突，在其方法中具有中心地位。最后，内在批判不能放弃一种消极意义上的乌托邦理想，即在自我反思的层面使得内在的矛盾得到公正的对待。

阿多尔诺认为，黑格尔的辩证法就是内在批判。在《认识论元批判》导言中，阿多尔诺在阐述辩证法与现象学方法的对立时强调："辩证法的方法本身是内在批判。它反对现象学的方式与其说是通过这些外在的和陌生的某种方法或'筹划'，不如说是用现象学自己的力量推动现象学到达它自己绝对不想到达的地方，并逼迫其通过承认自己的谎言来说出真相。"[1] 为了强调辩证法就是内在批判，阿多尔诺在此句后面紧接着就引用了黑格尔的一段话，即："真正的反驳必须进入对手的力量中，并站在他的力量范围内；站在他自己之外攻击他，并在他不存在的地方坚持正确，并不能推进事业。"在其他文本中，阿多尔诺也反复陈述了该判断，并为之辩护。例如，在《文化批判与社会》中，阿多尔诺就为这样的观点辩护，即"文化批判的内在性（批判）步骤更须是辩证的"，他把这样的内在批判等同于黑格尔的辩证法。[2] 而在《最低限度的道德》中，阿多尔诺则干脆声称自身的方法受教于黑格尔。[3] 对黑格尔辩证法的吸收，使阿

---

[1] Theodor W. Adorno, *Zur Metakritik der Erkenntnistheorie: Studien über Husserl und die phänomenologischen Antinomien*, in: Adorno, *Gesammelte Schriften* Bd. 5, Suhrkamp, 1973, S. 14.

[2] Theodor W. Adorno, *Kulturkritik und Gesellschaft*, in: Adorno, *Gesammelte Schriften* Bd. 10.I, S. 27.

[3] Theodor W. Adorno, *Minima Moralia: Reflexionen aus dem beschädigten Leben*, Suhrkamp, 1996, S. 8.

多尔诺一开始就摆脱了对内在批判的一般理解。因为在黑格尔那里，思想或者规范不再仅仅是外在于现实的主观规定，而是积极建构现实本身（构成性的规范），"客体性被理解为一种合理性的、为思想所贯穿的客体性，意识与对象性之间的分离，从而还有意识对这种对象性的依赖，就一并被克服"[1]。当然，在黑格尔那里，自然意识要达到这样的理解（绝对知识），需经历一段辩证的发展过程。

清楚了阿多尔诺对内在批判的理解首先是从黑格尔辩证法角度出发的，便不难理解这段看似是否定内在批判的论述："只能从外部以某种意识形态的普遍概念质疑整个文化，或者只能拿该文化与在其中成型的规范相比较，这种非此即彼的选择都无法被批判理论接受。坚持在内在（immanence）与超越（transcendence）之间作出选择的做法已倒退到了黑格尔逻辑学所批判的传统逻辑中了。"[2] 很明显，如果内在性与超越性是完全对立的话，那么不论选择何种方法，都只是在外部批判与内部批判之间摇摆，都会面临这两者所遭遇的困难。要破除这种非此即彼的逻辑，内在性必需同时也包含一定的超越性因素。这是如何可能的？究竟如何理解内在的超越因素呢？又如何发现这种内在的超越因素呢？在对黑格尔辩证法的批判性解读中，阿多尔诺阐述了内在与超越的张力关系。[3]

其次，虽然阿多尔诺的批判方法深受黑格尔辩证法的影响，但是他并不满意黑格尔辩证法中的超越因素，尤其是否定之否定就是肯定的逻辑进程。阿多尔诺认为这样的必然性进程其实是以假定主

[1] 维尔纳·马克思：《黑格尔的〈精神现象学〉——"序言"和"导论"中对其理念的规定》，谢永康译，人民出版社 2014 年版，第 19 页。

[2] Theodor W. Adorno, *Prisms*, trans. Samuel and Shierry Weber, MIT Press, 1981, p. 31.

[3] 当然，从黑格尔早期承认理论中也能发现内在与超越的张力关系。该理论所提供的社会批判完全是内在批判，前提是必须首先去掉黑格尔哲学中的形而上学因素。参见霍耐特所做出的辩护：Axel Honneth, "Die Normativität der Sittlichkeit. Hegels Lehre als Alternative zur Ethik Kants", *Deutsche Zeitschrift für Philosophie*, De Gruyter, 2014, 62(5), S. 787–800。

体与客体的同一性为前提的。出于对此前提假定的不满，他改造了
黑格尔的辩证法。[1] 当然，也有学者根据阿多尔诺的那些论述，认
为他的内在批判就是黑格尔意义上的辩证法。[2] 该观点显然是片面
的。虽然阿多尔诺承认自身的方法受教于黑格尔的辩证法，但是他
并不同意黑格尔辩证法重整体轻个体的倾向。他认为黑格尔对辩证
法的阐述已背离了自身的初衷，这个初衷是要求"在事物之中，绝
不超出它之外，而是进入事物的内在内容中去"[3]。与黑格尔相反，
阿多尔诺坚持聚焦于辩证法的否定方面："精神的生命只有在它处于
绝对的分裂中，才获得自身的真理。它不是这样一种从否定转移到
肯定的力量，就像人们说，这什么也不是或者这是错误的，然后就
以为能够顺利转移到某个其他的事物中去；它仅仅是这样一种力量，
即通过看清否定物，并驻足于否定物。"[4] 如何看清否定物？阿多尔
诺认为只能"通过实行内在批判，即它在其中不但把诸概念与它们
的对象相对比，而且还把诸对象与它们的概念相对比"[5]。具体到道
德批判中，就是"在真正的批判道德那里，批判同时也是积极的，
只要在它的否定中包含着对于更好的指示；不能够停留于，仅仅指
责或者废除某种道德，然后用其他的道德来代替它，而是人们要把
它与它自身的概念相对照，然后提出这样的问题：道德是道德的吗，
它符合它自身所包含的原则吗？"[6]

很显然，只有当对象与概念是相互构成的关系，这种对比才是

[1]　关于阿多尔诺对黑格尔辩证法的批判，参见周爱民：《终结逻辑的重叙——从卢卡奇到阿多尔诺的辩证历程》，《安徽大学学报》2014 年第 3 期。

[2]　James Gordon Finlayson，"Hegel, Adorno and the Origins of Immanent Criticism"，*British Journal for the History of Philosophy*，2014, 22(6).

[3]　Theodor W. Adorno, *Minima Moralia: Reflexionen aus dem beschädigten Leben*, Suhrkamp, 1996, S. 9.

[4]　Theodor W. Adorno, *Minima Moralia: Reflexionen aus dem beschädigten Leben*, Suhrkamp, 1996, S. 9.

[5]　Theodor W. Adorno, *Vorlesungen über Negative Dialektik*, Suhrkamp, 2006, S. 44.

[6]　Ulrich Kohlmann, *Dialektik der Moral. Untersuchungen zur Moralphilosophie Adornos*, zu Klampen, 1997, S. 102.

内在批判。在阿多尔诺看来，概念与对象的相互矛盾，在理论层面体现为概念对非概念因素的压制。在现实社会层面，这种矛盾展现为社会系统本身始终存在着非理性的冲突。正是这种冲突使得批判者既能持有理解者视角，也能持有观察者视角。与拉埃尔·耶吉不同的是，阿多尔诺认为内在批判中的解放潜能，并不存在于社会整体（生活方式）学习能力的自我恢复，而在于非概念内容的抵制，在这方面他与门克阐述的内在批判模型相一致。之所以产生这样的区别，在于前者实质上采用一种功能主义的真理观，后者始终主张一种辩证的真理观：真理的有效性与它的起源始终结合在一起。也就是说，规范的真理是真正意识到它在其起源之初就已经蕴含对非规范的排斥，因此规范的纯粹真理性总是内在包含了非真理性内容，即暴力。该方面内容，我们将在第四章第二节展开。

第三，内在批判需要一种乌托邦的向往。在《否定辩证法》中，阿多尔诺明确指出，辩证法虽然否定概念与对象能够完全同一，但并不放弃思维与它无法包容的非概念内容能够最终取得和解。[1] 这样的乌托邦要求，也是哲学之所以是可能的前提。当然，该乌托邦的具体规定是什么，阿多尔诺没有给出答案，他认为这样的问法本身就是非法的。[2] 那么究竟如何理解这种和解呢？维特根斯坦主张，对于那些不可说的（如道德），人们应该保持沉默，只需努力践行，与他相反，阿多尔诺主张，哲学反思的目的，就在于说出那些不可说的。盲目的实践，只会取消实践本身。通过上述门克的内在批判模型，阿多尔诺强调的反思性和解并非意味着矛盾的最终消解，而是意味着正视矛盾的不可消解性，从而公正地对待非同一物。

---

[1] Theodor W. Adorno, *Negative Dialektik*, in: Adorno, *Gesammelte Schriften* Bd. 6, Suhrkamp, 1973, S. 21.

[2] Theodor W. Adorno, *Minima Moralia: Reflexionen aus dem beschädigten Leben*, Suhrkamp, 1996, S. 206.

正是通过上述的内在批判方法，阿多尔诺不但分析了古希腊道德哲学家，也分析了近代道德哲学家康德的道德哲学。在阿多尔诺的视域中，道德哲学在康德那里得到真正的完成，此后道德哲学的发展，要么是对康德计划的补充和完善，要么是对他的否定。对康德道德哲学的批判性分析，成为内在批判的一个基本模型。在下一章中，我们将展开阿多尔诺对该模型的剖析。

第三章　道德哲学的矛盾性

在解释阿多尔诺对战后联邦德国的文化影响时，阿尔布莱希特·韦尔默（Albrecht Wellmer）曾说："阿多尔诺不只是一位受人尊敬的批评家和哲学评论家，他还是在反动政治的损害后恢复德国文化传统的本真性，并使之进入在道德上受到困扰、其认同被动摇的战后一代人意识之中的第一人。"[1] 与简单的辩护不同，阿多尔诺对德国文化传统辩护首先要求清除那些掩埋德国文化传统的"瓦砾"，包括反动的、压迫性的和敌视文化的方面，以及导致法西斯主义的方面。韦尔默认为，以阿多尔诺和霍克海默为代表的批判理论立场，"是战后德国能够想象的与法西斯主义彻底决裂，而又不必与德国的文化传统，也就是一个人自身的文化传统类似地彻底决裂的唯一理论立场。"[2]

在对道德哲学的论述中，阿多尔诺清楚地表达了上述立场。一

---

[1]　阿尔布莱希特·韦尔默：《后形而上学现代性》，应奇、罗亚玲编译，上海译文出版社 2007 年版，第 290 页。

[2]　阿尔布莱希特·韦尔默：《后形而上学现代性》，应奇、罗亚玲编译，上海译文出版社 2007 年版，第 291 页。

方面，他试图表明，由于伦理实体的丧失，传统道德哲学的没落无法逆转；另一方面他又试图论证，道德哲学的实质恰恰只有在它的没落时刻才能被把握。在《道德哲学的问题》《历史与自由》和《否定辩证法》中，阿多尔诺详细地阐发了该理论立场并运用到了对康德道德哲学的分析中。康德的道德哲学在整体上被视作试图调和启蒙的认识论批判与拯救形而上学传统的产物。在阿多尔诺的视域中，这种尝试充满矛盾，并不成功。可是他认为，对康德道德哲学的理解恰恰依赖于对这些矛盾的分析，并且这种分析能够让人们发现当今真正的道德行为及其可能性。对阿多尔诺来说，康德的道德哲学是其哲学批判的"模型"之一，他的分析没有局限在单纯的文本解读层面，而是以自身的道德哲学为基点重构康德的道德哲学。因此，本章分析的出发点和目的，不是以康德的道德哲学体系为参照点评论阿多尔诺的重构是否合适，而是以阿多尔诺的重构为参照点，批判性地评论他的道德哲学，简言之，紧随阿多尔诺评论阿多尔诺。

第一节　拯救道德形而上学：出自自由的因果性

本书第一章曾根据阿多尔诺的哲学分别批判了道德普遍主义和相对主义，但是道德普遍主义并非仅包括康德的道德哲学，为何阿多尔诺在阐述自身的道德哲学思想时，仅选择康德的道德哲学作为批判的主要对象？对此问题的回答，不仅涉及阿多尔诺对待资本主义文化的态度，也涉及他对康德道德哲学的整体评价，而这样的整体评价是理解阿多尔诺批判性解读康德道德哲学视角的关键。

一、启蒙的认识论批判和对形而上学的拯救

阿多尔诺与早期批判理论家共同持有这种洞见：资本主义社会的进步和病态特征与启蒙运动密不可分。在法兰克福学派的基础文献《启蒙辩证法》中，阿多尔诺和霍克海默进一步深化与拓展了此洞见。他们认为欧洲的法西斯主义运动与一种广义上的启蒙运动相关。这种广义的启蒙运动是指从古希腊以来整个欧洲历史中发生的去神秘化运动。[1]

该运动肇始于希腊哲人色诺芬的神人同形同性论批判，即诸神的形象被视作人类按照自身形象捏造的产物。神人同形同性论批判为进一步的激进批判奠定了基础，这种激进的批判不仅否定诸神，而且也否定统摄整个宇宙的唯一创造者，即作为整个宇宙的唯一造物主也被视作人类的创造物。这种对超越性存在的否定在经验哲学中就已经以唯名论的面貌出现了。唯名论的思潮在启蒙运动中获得了更加充分的养料。启蒙运动在近代的深入发展，最终使得一切客观的绝对存在进一步被还原为人的产物。世界背后不再有什么本质，也没有什么最终的意义可言，世界只不过是诸多现象的集合体。那些诸多的崇高概念，如理念、本质、绝对等，只不过是空洞的名词而已，并没有真实的存在物与之对应。例如，在《纯粹理性批判》中，传统形而上学的遗产（上帝、灵魂、自由）就被康德视为人类理性犯下谬误的产物。它们的存在只是人类理性为了确保道德世界的持存而作出的合理预设。在《历史哲学》中，黑格尔则干脆宣称："这个时代是我们的时代。"[2] 不过，在黑格尔的哲学体系中，形而上学的因素仍然占有重要位置，这表现为他仍然试图调和现实与精神

---

[1] Theodor W. Adorno, *Kant's Critique of Pure Reason*, trans Rodney Livingstone, Stanford University Press, 2001, p. 65.

[2] 黑格尔：《历史哲学》，王造时译，上海书店出版社 2001 年版，第 436 页。

的存在，可到了费尔巴哈那里，一切精神性存在就遭到彻底涤荡，套用尼采的话来说，上帝等一切超越性的东西都被宣布死亡了，人的感性存在被视作最高的存在形式。

在阿多尔诺看来，由于启蒙的这种激进性，它也葬送了自身的诸多原则，用霍克海默的话来说，启蒙的激进批判瓦解了"客观理性"，使得理性仅成为"主观理性"[1]。简言之，理性不再具有实体性内容，它仅仅是主体的抽象思维规则。这种规则就是因果律。既然世界的联系都符合某种因果律，某个现象都可以通过上溯到它的上个现象被解释，那么精细的观察和归纳，就是发现这种联系的途径。一旦发现这些自然的联系，人们便可根据它们改造和控制自然了。这种主观理性的实质，是一种掌握自然的技术。技术成为了"启蒙的本质"[2]。启蒙由此成为中性的。很显然，这种中性的启蒙，无法主张人的自主性和人的尊严。同时，面对社会中的权力结构，它也无法作出合理的批判。就像韦伯所道破的那样，面对生活世界中的价值观之争，启蒙理性无法做出孰优孰劣的判断。阿多尔诺比韦伯更进一步，认为这种理性不但无法批判权力，而且也是权力的同谋。[3]

可以说，阿多尔诺晚年的著作，如《否定辩证法》，就是对上述基本观点的进一步阐述。这并不是说他陷入了彻底的悲观主义作家之列。在其著作中，我们还是能倾听到"救赎"之音，它们总是像不期而遇的思想火花，突然闪现于读者面前。[4] 阿多尔诺的哲学始

---

[1]　Max Horkheimer und Theodor W. Adorno, *Dialektik der Aufklärung*, in: Adornos, *Gesammelte Schriften* Bd. 3, Suhrkamp, 1981, S. 10; S. 28.

[2]　Max Horkheimer und Theodor W. Adorno, *Dialektik der Aufklärung*, in: Adornos, *Gesammelte Schriften* Bd. 3, Suhrkamp, 1981, S. 10.

[3]　霍克海默和阿多尔诺在《启蒙辩证法》中详细论述了这种关系，参见张双利：《理性何以沦为权力的纯粹工具？——论〈启蒙辩证法〉对自我保存理性的批判》，载《学术月刊》2014 年第 3 期。

[4]　对阿多尔诺作品中乌托邦精神的考察，参见谢永康：《形而上学的批判与拯救——阿多尔诺否定辩证法的逻辑和影响》，江苏人民出版社 2008 年版，第 252—263 页。

终向往着人类的解放，乌托邦的向度被视作哲学批判不可或缺的前提之一。[1] 诚如霍克海默晚年所承认的那样，批判理论谨慎地谈论他者，更准确地说是"渴望"（Sehnsucht）他者，确实受到犹太教遗产"禁止谈论上帝之名"思想的影响。[2] 对不公正的批判和对他者的渴望几乎充斥在阿多尔诺的所有著作中。

当上述张力关系，即对启蒙的批判与拯救，成为阿多尔诺思想的核心旋律时，康德哲学便自然应声登场。不过，一般主张理性启蒙的论者认为，康德是启蒙的集大成者，代表了启蒙运动思想的高峰。在德语世界，康德的名字甚至就等同于启蒙。他对启蒙的经典界定——"启蒙就是人类摆脱自我招致的不成熟"（Aufklärung ist der Ausgang des Menschen aus seiner selbstverschuldeten Unmündigkeit）——是必背的经典名句之一。启蒙精神在康德哲学中得到近乎完美的表达。启蒙精神首先被明确表达为理性批判，即一切思想主张只有通过理性的检验后，方可算作科学的主张。与批判精神同受高扬的是人的自主性。抽象的独立人格被从各种束缚中解放了出来。人格在任何情况下，不应成为满足某种特殊感性欲望的工具和手段，它应当成为目的自身，应当为自身立法。[3] 而一般反对理性启蒙的论者，则认为启蒙在康德那里走向了终结，认为康德过度依赖理性，忽视了它的负面影响，使得启蒙可能对人类产生灾难性后果。

与这两种主张相反对的是，阿多尔诺既主张康德哲学是启蒙

---

[1] 进一步论述可参见第四章最后一节。

[2] Himmel, Ewigkeit und Schönheit, "Interview Mit Max Horkheimer zum Tode Theodor W. Adornos", *Spiegel*, 1969/33.

[3] 当然，整个欧洲启蒙运动，尤其是法国，并非只主张理性的解放，同时也主张感情的解放，后者甚至以色情文学的面貌出现，在法国启蒙运动的浪潮中发挥了重要作用，参见罗伯特·达恩顿：《法国大革命前的畅销禁书》，郑国强译，华东师范大学出版社2012年版。

的产物，是启蒙精神的完成，又主张康德哲学也是反思启蒙局限性的产物。换言之，启蒙的认识论批判与对形而上学的拯救是康德哲学肩负的双重任务。一方面，康德继承着启蒙的认识论批判，认为一切知识都必须经受理性的批判性考验。启蒙是使人们从自身招致的不成熟状态中摆脱出来的过程，即人类理性不但要不受任何权威的指导，反而要成为评判一切知识的标准。"要敢于求知"（Sapere aude）成为启蒙的主题。这种批判的结果是：脱离经验的形而上学应该排除在理性的理论应用之外。形而上学似乎遭受到启蒙理性批判的毁灭性打击；另一方面，康德同时指出，如果不对理性加以限制，它必定会陷入各种谬误中，因此理性在对待形而上学的对象时要保持谦虚的态度。如果理性一味地大胆冒进，试图通过自身就能证明上帝、灵魂、自由的实在性，使它们成为人类可供利用的知识，那么它反而"是一切阻碍道德的无信仰的真正根源"[1]。形而上学的对象根本不是理性认识的对象，它自有特殊的用途，这种用途正是哲学所要捍卫的。从这方面来说，康德的批判哲学又是对形而上学的拯救。阿多尔诺认为，康德哲学的这种双重角色，使得他区别于之后德国观念论的代表人物莱茵霍尔德、费希特、谢林、黑格尔。

对康德哲学上述双重角色的澄清并非阿多尔诺首创。通过对当时雅各比与门德尔松泛神论争论及其发展的考察，早已有学者作出了上述类似判断。不过，对康德批判哲学性质的判断，至今莫衷一是，众说纷纭。[2] 在此，笔者倾向于阿多尔诺的分析，他的分析建立在康德自身论述的基础上。在《纯粹理性批判》第二版中，康德对该书消极部分和积极部分的划分，就足以证明阿多尔诺对康德哲

---

[1]　康德：《纯粹理性批判》，邓晓芒译，人民出版社 2004 年版，第 22 页。
[2]　Karl Ameriks, *Kant and the Fate of Autonomy*, Cambridge University Press, 2000, pp. 41–42; pp. 64–66.

学双重任务的界定有着大量的文本支撑。按照康德的说法，纯粹理性批判的第一个部分是消极的，即限制理论理性处理形而上学的对象，这些对象对于理论理性来说是不可知的；但同时它的第二个部分又是积极的，"只要我们确信纯粹理性有一个完全必要的实践运用（道德运用），它在其中不可避免地要扩展到感性的界限之外，为此它虽然不需要从思辨理性那里得到任何帮助，但却必须抵抗它的反作用而使自己得到保障，以便不陷入自相矛盾"[1]。也就是说，在其他领域比如道德领域，理性超出了理论理性的范围，而且这种超出又是必要的，理性还必须要合理地证明这种超出并不会自相矛盾。另外，康德还明确提出，"哲学的最初的和最重要的事务就是通过堵塞这一错误的根源（理性独断论——笔者注）而一劳永逸地消除对形而上学的一切不利影响"[2]。

当然，阿多尔诺对康德批判哲学的界定并非简单因袭前人的研究成果。他的判定同时也有别于康德的正统阐释者对待该问题所形成的一致看法，即康德是启蒙的完成者和终结者。与这种正统看法相反，阿多尔诺认为康德哲学并没有超越启蒙，而是"启蒙思想的模糊性在其中达到顶峰并且处于一种二律背反的状态"[3]。即是说，康德的哲学最终没有做到同时完成启蒙的认识论批判和对形而上学的拯救。康德的哲学是这种失败尝试的产物，它表现为康德哲学中的某种二律背反。

在此要区分两种意义上的启蒙，即阿多尔诺所批判的传统启蒙观和他自身主张的新启蒙观。阿多尔诺的上述总体评价可作出如下表述：一种新的启蒙观已在康德哲学那里萌芽，但是由于康德仍然

---

[1] 康德：《纯粹理性批判》，邓晓芒译，人民出版社2004年版，第19—20页。

[2] 康德：《纯粹理性批判》，邓晓芒译，人民出版社2004年版，第23页。

[3] Theodor W. Adorno, *Kant's Critique of Pure Reason*, trans. Rodney Livingstone, Stanford University Press, 2001, p. 73.

局限在传统的启蒙观中，这种新的启蒙观在康德哲学中以一种模糊的形态出现，它表现为一种二律背反。也就是说，康德哲学已经接近了某种新的启蒙思想，但这种意义上的启蒙在康德那里仍然表达得模糊不清。当然，阿多尔诺认为这种模糊不清不是康德有意为之，相反，恰恰是他作为伟大哲学家的诚实表现。这种二律背反不是纯粹思维的产物，它受其时代发展的局限，二律背反恰恰以最抽象的形式表达了这种时代的局限。对康德哲学二律背反的分析，同时也就间接分析了整个社会存在的冲突特征。

因此，对康德哲学二律背反的分析，不但为真正理解康德哲学为何如此伟大提供了钥匙，也为阿多尔诺分析和批判启蒙运动传统提供了思想资源。对康德的批判性反思，意味着对启蒙的批判性反思的再反思，即反思康德在完成上述双重任务时的可借鉴与不足之处。可以说，它是一种新的启蒙观形成的前奏曲。正是在这样的背景下，阿多尔诺强调，康德的道德哲学处在这样的一个制高点上，即"完全成为了道德哲学。通过这样的方式，即它排除出去了经验因素，或者说恰恰通过这样的分离，即道德领域与自然领域的极端分离，一种完善的和完全一致的道德哲学才真正可能"[1]。康德的后继者，要么使这样的哲学继续完善化，如费希特，要么完全否认这样的分离，试图使之相融合，如黑格尔。换言之，由于康德对道德行为深刻的阐述，康德之后的道德哲学整体上面临着这样的困境：一方面道德哲学理论无法直接源于经验，因为道德判断不完全是经验判断，另一方面它又无法完全脱离经验，因为道德判断的对象总是针对具体的经验行为。当然，这不仅是康德之后道德哲学发展所遇到的难题，也是康德道德哲学本身遇到的难题。然而，在何种意

---

[1] Theodor W. Adorno, *Probleme der Moralphilosophie*, Suhrkamp, 1996, S. 158.

义上，阿多尔诺能够断言康德对自身的启蒙观未加反思？又是在何种意义上，这种未反思导致了康德哲学本身的二律背反？

上文只粗略地指出了康德哲学中所包含的启蒙的认识论批判和对形而上学的拯救，并没有以他的道德哲学内容为依据展开对上述命题的进一步论述。下文将从阿多尔诺对康德的"出自自由的法则"的分析来进一步充分论证上述主题。

二、出自自由的因果性

阿多尔诺认为，理解"出自自由的因果性"（Kausalität aus Freiheit）这一悖谬式的表达，是理解康德道德哲学的出发点。阿多尔诺的这一理解与他自身所坚持的批判方式相关。如前文所述，批判是对对象本身进行内在批判，也就是理解其矛盾产生的必然性，而非简单否定矛盾或用某种看似无矛盾的论断代替它。上述表达之所以具有悖谬性是因为：康德曾明确把自由理解为"否定的"（negativ），即对自然法则（因果性）的否定。[1] 值得注意的是，康德的因果性概念完全与近代物理学中的因果性概念相符合，简单表示就是：作为 F（结果），必定是一个先在的 U（原因）造成的，这个 U 如果不是 U_1，便是 U_2 或 U_3……作为原因的 U，必定造成了一个时间上后于它的 F（结果），这个 F（结果）如果不是 F_1，便是 F_2 或 F_3……另外，阿多尔诺同时强调，这里的原因与结果的关系仅仅是外在的。如果因果律（如唯理论所主张那样）是内在的话，即如果它是事物本身之间关系的表达，与认识主体无关，用康德的话说就是，因果性范畴运用到了物自体领域，那么它就会导致二律背反。阿多尔诺由此断定康德与整个实证科学和实证主义在对待因果律的

---

[1] 为了区别于 I. 伯林的消极自由概念，笔者把上述自由表述为否定的自由。

态度上是相同的。[1]

按照上述理解，如果存在一种不受因果律支配的意志的自发性，那么自然法则也就是因果律便遭到了否定，就如阿多尔诺所说的，"如果经验主体真的可以自由行动，那么，由于它们本身就是自然的一部分，建立在范畴之上的康德式自然统一体将被破坏。自然就会有一个鸿沟，而这个鸿沟会违背我们对自然的统一认识……这种认识是自然科学所渴望的"[2]。因此，自由与自然法则之间不可能存在连接点，两者非此即彼。康德对自由的这种理解与其同时代人对自由的理解保持一致。[3]那么，康德为何还要提出上述矛盾式的表达以及如何理解它呢？

阿多尔诺的回答可分为以下三个步骤：1. "道德的问题在康德那里就是自由"[4]，自由意志的问题是道德哲学的首要问题，没有自由，道德便不可能；2. 从非批判的哲学立场出发谈论自由必然陷入二律背反；3. 康德意识到这种矛盾的必然性，并对之进行了反思，"出自自由的因果性"便是对上述二律背反的解决。

第一，道德的可能性在于自由意志。只有当人能够作出自由选择时，人才能够为自己的行为选择负责任。例如，在刑法中，一个罪犯如果身患精神病，那么他就不需要为自己的行为承担刑事责任，因为精神病患者的行为不是自由意志抉择的结果。而在民法中，如果民事行为主体由于受不可抗原因违反了某项合同，那么该行为也是被认定为非自由意志的体现，可免除违约惩罚。因此，道德判断的"应当"是建立在我们"能够"这种自由意志的基础上；同样，

---

[1]　Theodor W. Adorno, *Probleme der Moralphilosophie*, Suhrkamp, 1996, S. 78.

[2]　Theodor W. Adorno, *Probleme der Moralphilosophie*, Suhrkamp, 1996, S. 101.

[3]　例如掀起泛神论争论的雅各比就认为以门德尔松为代表的启蒙论者最终会陷入虚无主义，陷入对道德的否定中，详细分析参见 Frederick C. Beiser, *The Fate of Reason: German Philosophy from Kant to Fichte*, Harvard University Press, 1993, pp. 83–89。

[4]　Theodor W. Adorno, *Probleme der Moralphilosophie*, Suhrkamp, 1996, S. 47.

对他人进行道德谴责时，我们也假设了他"本来能够"不那样做。既然自由是道德判断的前提条件，那么对自由的可能性论证就是道德哲学首先需要解决的问题。

当然，阿多尔诺的上述断言只有在义务论伦理学的框架中才能成立。只有道德规范被认作是一种可供选择的义务时，自由才是道德行为的前提条件。如果道德行为不是对道德规范的选择，而是人自身某种品格的体现，或是某种情感（追求幸福）的体现，那么道德哲学的前提就不是直接涉及探讨自由意志的可能性问题了，而是首先涉及探讨相应品格或情感反应是否能够在道德层面被理解。例如，西季威克就说："在日常生活中，确定我的自由意识选择我可能断定为合理的东西的形而上学根据与伦理学的思考是不相干的。"[1]因此，当阿多尔诺认为，存在某种对恶的自发反抗，这种自发行为无法完全被理性所把握，但它是道德的却毫无疑问，他的这个观点便与他的上述断言相互矛盾了。限于主题，我们在此无法进一步展开论述，在此只能强调，阿多尔诺认为自由问题是康德的道德哲学的首要问题是完全成立的，因为康德的伦理学是义务论伦理学。

第二，从非批判的哲学立场出发，提出自由问题会陷入二律背反。在此，阿多尔诺只剖析了《纯粹理性批判》中康德提出的纯粹理性四个二律背反中的第三个，因为他认为第四个二律背反与第三个在本质上是相同的，只要第三个被阐明，第四个同时也会清楚明了。第三个二律背反是：（正论）"并不是世界的全部现象都能够按照自然的因果性派生出来，自然的因果性不是唯一因果性，为了解释这些现象，还有必要假定一种出自自由的因果性。"[2]（反论）"没有

---

[1] 亨利·西季威克：《伦理学方法》，廖申白译，中国社会科学出版社 1997 年版，第90 页。

[2] 康德：《纯粹理性批判》，邓晓芒译，人民出版社 2004 年版，第 374 页。

任何自由，相反，世界上的一切都仅仅按照自然规律发生。"[1]

康德采用反证法来论证上述两个命题能够同时成立。通过证伪反论，康德间接地论证了正论的正确性，相反，通过证伪正论，他又同时间接地论证了反论的正确性。相对于正论，如果人们假定（反论）"没有任何自由，世界上的一切都仅仅按照自然规律发生"是正确的话，那么针对一切原因，都存在一个先前的原因，以此类推可至无穷。这意味着，永远没有第一个，仅有一个从属的开端（subalterne Anfänge）。按照康德的看法，一切因果律发生的前提是：原因必定是充分的，不充分的原因无法造成一个结果。因此，必须"假定有一种因果性，某物通过它发生，而无需对它的原因再通过别的先行的原因按照必然律加以规定，也就是要假定原因的一种绝对自发性"[2]。相对于反论，如果人们假定正论是正确的话，即"按照自然律的因果性，并不是世界的全部现象都能够由之派生出来的唯一因果性，为了解释这些现象，还有必要假定一种出自自由的因果性"[3]，那么因果律的普遍性就被打破了。如果存在一个外在于自然法则的自由，那么整个有序的经验世界就会瓦解，这个自由就不能被理解为取代了自然法则而重新开始了一个自由的法则，因为"假如按照规律来规定自由的话，自由就将不是自由、而本身无非就是自然了"[4]。通过证伪正论，反论间接得到了证明。

按照阿多尔诺的观点，正论和反论的矛盾结果是因果律本身展开后必然遭遇到的矛盾。一方面，按照因果律的要求，我们必须要设定一个最终的原因，但如果设定它，必然又违反了该规律本身，因为它要求对原因再次进行追问，不允许因果链条发生断裂；另一

[1] 康德：《纯粹理性批判》，邓晓芒译，人民出版社 2004 年版，第 374 页。
[2] 康德：《纯粹理性批判》，邓晓芒译，人民出版社 2004 年版，第 375 页。
[3] 康德：《纯粹理性批判》，邓晓芒译，人民出版社 2004 年版，第 374 页。
[4] 康德：《纯粹理性批判》，邓晓芒译，人民出版社 2004 年版，第 37 页。

方面，如果不设定最终原因，那么因果链条又是不完整的，因为按照康德对因果律的界定，只有充分存在一个原因，才能引起一个结果，因此不设定最终原因也违反了因果律概念本身的要求。

阿多尔诺认为，上述二律背反正论部分代表对形而上学的拯救，而反论部分则代表启蒙的认识论批判。因为前者明确肯定除了因果性法则之外，仍存在自由；而后者只承认因果性法则。按照康德给出的论证，两者都能同时成立，但这种同时成立的状态恰恰说明它是矛盾的。因为互不相容的对立命令必有一假，如果双方都真，必定存在问题。康德自由学说的所有困难就体现在对这个矛盾的解决上，即一方面认为自由的非存在性，另一方面又主张需要自由。[1]

在《纯粹理性批判》中，康德主要通过区分现象与物自体来解决上述问题。简言之，康德的思路是：自然科学宣称自然界由因果律支配，不存在逸出该法则之外的自由，康德赞同这一观点；但他同时主张，自然科学的认识范围仅限于现象界。除了现象之外，还存在着某种人们无法知晓的自在世界。人们的认识只触及现象，对于自在世界，人们仅能想到它的存在是可能的，至于它的属性，人们完全不可知。既然如此，适用于现象界的因果律并不必然适用自在世界，因此在该世界中，自由的存在是可设想的。通过对现象和物自体的区分，康德有理由认为，上述二律背反的原因在于：理性未加批判地把属于现象界的因果律运用到自在之物的世界中去了。因此，消除矛盾的办法就是使这两个命题正确地归属于各自的领域。正论部分对自由的假定，涉及自在之物的世界；而反论部分对自由的否定只涉及现象界。为了避免上述二律背反，康德强调理性应该保持谦虚，避免僭越自身的界限。

---

[1] Theodor W. Adorno, *History and Freedom: lectures 1964–1965*, ed. Rolf Tiedemann, trans. Rodney Livingstone, Polity, 2006, p. 178.

需要注意的是：上述论证过程只证明了先验自由的可能性，它存在的必然性并未得到证明。[1] 此外，康德还提及先验自由与实践自由存在差别。先验自由与自然因果律的关系主要是否定的，即它是原初的绝对，脱离于因果链条之外的存在，而实践自由主要是指人的行动不唯独由感性冲动所驱使，它也可能受理性提出的要求而驱动，而至于"理性本身在它由以制定规律的这些行动中是否又是由别的方面的影响所规定的，而那在感性冲动方面是否又会是自然，这点在实践中与我们毫不相干，我们在实践中首先只向理性求得行为的规范，而那个问题只是一个思辨性的问题"[2]。也就是说，实践自由是否在根本上是先验自由，这与道德实践无关，"对于理性的实践运用来说这个问题是不该提出的"[3]。但是，康德同时也断定先验自由是实践自由的前提，如果先验自由无法得以证明，那么实践自由也将不可能，"在取消先验自由的同时就会把一切实践的自由也根除了。因为实践自由的前提在于，虽然某物并没有发生，但它本来应当发生，因而它的原因在现象中并没有如此地确定，以至于在我们的任意中不存在某种因果性，这种因果性独立于那些自然原因，甚至违抗自然的强制力和影响而产生某种在时间秩序中按照经验性法则被规定的东西，而完全自行开始一个事件序列"[4]。很显然，康德的第一个论述不成立。如果实践自由在根本上是否是先验自由的体现对实践哲学无关紧要的话，那么康德就没有必要进一步论证先验自由是实践自由的前提，另外如果实践自由在根本上又隶属于自然因果律，那么这种自由就是假象。无论如何，只有先验自由成立，

[1] Otfried Höffe, *Kants Kritik der praktischen Vernunft: Eine Philosophie der Freiheit*, Verlag C.H.Beck, 2012, S. 131–135.
[2] 康德：《纯粹理性批判》，邓晓芒译，人民出版社 2004 年版，第 610 页。
[3] 康德：《纯粹理性批判》，邓晓芒译，人民出版社 2004 年版，第 611 页。
[4] 康德：《纯粹理性批判》，邓晓芒译，人民出版社 2004 年版，第 434 页。

实践自由才有可能。但如何理解这个前提性条件？它是实践自由可能性的充分条件还是仅是必要条件，抑或是充分必要条件？

由于阿多尔诺在此并没有注意到先验自由与实践自由的微妙差异，而是将先验自由直接等同于实践自由，所以为了论述方便，我们在下文中暂且不再仔细对二者进行区分，而是将实践自由等同于先验自由。当然，阿多尔诺将两者等同也有一定的依据，因为在《道德形而上学奠基》中，康德就把先验自由等同于实践自由。[1]

阿多尔诺虽然承认康德对自由的二律背反的提出和证明才识过人，但他并不赞同康德的解决方案。他认为康德的解决方式完全是传统思维的体现。传统思维与辩证思维的区别体现在：前者把矛盾的两个方面分别归入两个不同的领域，试图解决矛盾；后者则试图通过解决矛盾进而深入事态之中。[2] 阿多尔诺认为，康德把二律背反产生的根源归结为理性的错误运用，违背了他的深刻洞见。上文已指出，在阿多尔诺看来，该二律背反是因果性概念本身展开后的结果，它体现了存在于概念自身中的必然矛盾。阿多尔诺赞同黑格尔对康德的批判，即如果这里涉及的矛盾是不可避免的话，那么它就不仅仅是个错误，而是涉及矛盾之中的必然性，换言之，它是事物本身的展现。[3] 他明确指出："康德从理性和自然中得出矛盾的必然性质这一母题（但后来他在处理矛盾时未能严格执行），我绝不会说是最微不足道的母题之一，它构成哲学辩证法概念的起点。也就是说，辩证法作为思想的媒介和发现客观真理的方式，只有在理性必然陷入矛盾，只有在解决矛盾的过程中取得进展，而不是将它们一劳永逸地视为逻辑错误，才会获得充足的动力。"[4]

---

[1] 参见本章第二节第二小部分。
[2] Theodor W. Adorno, *Probleme der Moralphilosophie*, Suhrkamp, 1996, S. 72.
[3] Theodor W. Adorno, *Probleme der Moralphilosophie*, Suhrkamp, 1996, S. 73.
[4] Theodor W. Adorno, *Probleme der Moralphilosophie*, Suhrkamp, 1996, S. 51.

第三，阿多尔诺也同时断言，康德已意识到矛盾的必然性，并尝试用出自自由的因果性来解决这个矛盾。在此，阿多尔诺特意强调《纯粹理性批判》第二部分"先验方法"中的"纯粹理性的法规"一章的重要性，他还认为该章对于道德哲学奠基的重要意义在以往的康德研究中遭到了低估。[1] 为此，他专门引用了康德的一段话："理性被其本性中某种倾向驱使着超出经验的运用之外，在其纯粹的运用中并借助于单纯的理念冒险冲破一切知识的最终界限，只有在完成自己的圆圈时，即在一个独立存在的系统整体中，它才会安息。"[2] 这段话明显表明康德已意识到二律背反是理性的必然要求，因为它是理性被自己的本性所驱使而造成的结果。因此，阿多尔诺认为康德通过让理性保持谦虚的做法，并没有遵循事物本身的要求，而是对其进行了强制。他俏皮地把康德对待理性的这种做法形容为："你就待在乡下，并老老实实地养活你自己吧！"[3] 理性本身的要求在于追求真理，康德阻止理性继续追问，就等于在追求真理的道路上人为地设置了一个障碍，很显然，这种做法与理性的本性是不一致的。

对康德的解决办法进行单纯的否定，并非阿多尔诺的目的。他对上述强制的揭露，旨在表明问题本身的复杂性。一方面，坚持启蒙思想的康德坚决批判理性的独断论，他认为独断论非但无法成功守护传统形而上学的各种理念，反而会最终葬送这些理念，使得道德不再可能；另一方面，他又认为，如果坚持彻底的启蒙原则，例如坚持自然的因果律是唯一的法则，那么道德同样也不再可能。因此，康德不得不作出上述切分。通过把事物切分为现象和物自体，

---

[1] Theodor W. Adorno, *Probleme der Moralphilosophie*, Suhrkamp, 1996, S. 89.
[2] 康德：《纯粹理性批判》，邓晓芒译，人民出版社 2004 年版，第 607 页。
[3] Theodor W. Adorno, *Probleme der Moralphilosophie*, Suhrkamp, 1996, S. 91.

进而让启蒙的理性原则只在现象界有效，而在自在世界则保存形而上学的理念，康德似乎同时坚守了启蒙的认识论批判和对形而上学的拯救，但阿多尔诺认为，这种做法遗留了该难题：作为自在世界的自由如何实现？

如果自由存在于现实世界，即康德意义上的现象界，那么它便失去了先验的特征，必然遵循现象界的因果律，它便由此不再是自由。然而，如果自由不存在于现象界，只存在于自在世界，那么它与日常经验世界便没有关系，自由由此仅是空洞的理念，没有任何实在性，换言之，理论理性与实践理性是完全分离的。因此，阿多尔诺认为康德并没有彻底解决自由的二律背反，尽管它成功地表述了这种二律背反，并试图通过对理性的强制来解决它。当然，康德可能反驳说，理论理性和实践理性并非完全相互分离的两种不同的理性，而是同一个理性的不同运用。[1] 但问题是：当实践理性作用于理论理性的领域，实践理性便丧失了自身的自由本质，而完全服从于后者的原则，因为如果自由现实地存在，那么因果律的严格性将被打破，这与康德对因果律的界定相矛盾；如果实践理性无法作用于理论理性领域，那么它便不是实践性的理性，因为人类所有的实践行为都与现实的经验世界相关涉。因此阿多尔诺认为，在坚持先验自由与自然因果律相分离的前提下，如果实践理性得以可能的话，就必须寻找一个中间领域，它能够链接先验自由与现象界。出自自由的因果性就是这种设想的产物。

通过上述三个步骤的分析，我们基本澄清了在阿多尔诺视域中

---

[1] 康德通过阐发它们是同一个理性的不同运用从而试图构建体系，但它们不是从一个统一的最高原则推论出来，而是分属不同领域，这点有别于他之后的费希特、谢林，具体分析可参见 Dieter Henrich, "Systemform und Abschlussgedanke: Methode und Metaphysik als Problem in Kants Denken", *Akten IX.Internationalen Kant-Kongresses*, Walter de Gruyter, 2001, S. 94ff.。

"出自自由的因果性"这一表达的全部理论意义，下文将勾勒这个表达所欲澄清的对象以及阿多尔诺的批判。

三、作为动机的自由

一般认为，康德所表述的因果性概念是外在性的因果性，即因与果的关系是两个现象的外在联系。康德反对独断论把因果性当成事物本身的内在联系，同时也反对彻底的怀疑论者把它当作主观联想的产物。他独辟蹊径，认为因果性概念是我们的知性范畴，这样他既可避免把因果性赋予物自身，同时也能避免把它引入主体内部后所造成的主观性困难，也就是说，因果律虽被引入主体内部，但它作为范畴却仍具客观性。然而，阿多尔诺断言，康德的因果性概念仍为一种"内在性"的理解留下了空间。"动机"（Motivation）就体现为这种内在性，出自自由的因果性表达的就是动机概念。

阿多尔诺所使用的动机概念有别于人们对该词的通常理解。人们一般倾向于把动机理解为对某种对象的欲望，它是指"一项行为的被预见到的后果——就它们被视为行为者欲求的对象而言——或对这些后果的欲望"[1]。阿多尔诺对动机的表述，更多与"能动性"（agent）相关，它主要指行动者在某种场合能够自发地发起某种行动。在此意义上，阿多尔诺认为动机其实是主体或多或少所具有的"自发性"（Spontaneität）。如果把自由归为这种自发性，那么出自自由的因果性就不难理解了。很显然，即使我们肯定了主体具有某种自发性，即具有一定的自由，但是实践活动本身却依赖于经验世界。也就是说，虽然我们能够自发地发起或开始某种行为，但是行为过程本身却必须遵守自然的因果律，否则该活动不可能被预期或被完

---

[1]　亨利·西季威克：《伦理学方法》，廖申白译，中国社会科学出版社1993年版，第221页。

成。例如，倘若某人突然想砸破车窗玻璃，那么他就必须使用某种物体，并使它具有一定的运行速度撞击玻璃，该过程必须按照自然的因果律发生，否则砸破玻璃的想法就仅仅停留在观念领域。成功的实践活动一定由主体的自发性和对自然律某种程度的遵循所构成。因此，阿多尔诺可以断定，从动机层面来考察人的实践行为，其实表达的就是出自自由的因果性。虽然人类的实践行为必须符合经验的因果律，但在人们能重新发起某种行为活动层面，人类又是自由的。在此，自由和因果律并不彻底对立。

阿多尔诺同时意识到，对自由作上述理解，必定立刻招致这种反驳：通过对动机的进一步追问，它是否仅是某种先前因的结果？比如上文的例子，我们仍可追问，突然想砸车窗玻璃的想法真是完全自发的吗？尽管表面看来，该行为是自发行为，并重新造成一系列的因果反应，但通过仔细观察后，这种自发行为完全有可能是某种先前原因决定的后果，例如，它完全有可能是该人遭遇某种不公而想泄愤的结果。因此，如果拓宽上述因果序列，我们就不能再称该行为是自发的。康德确实承认这种反驳，他曾明确表述："人在现象中的一切出自经验性的品格和其他共同起作用的原因的行动都是按照自然秩序而被规定的，并且如果我们有可能把人的任意之一切现象一直探索到底，那就决不会有任何单独的人的行动是我们不能肯定地预言并从其先行的诸条件中作为必然的来认识的。"[1] 尽管如此，阿多尔诺认为，康德所采用的现象学处理方式可以反驳上述指责。

按照阿多尔诺的理解，这种处理方式就是对当下意识事实的直接肯定，而不去进一步追问该事实是否可以在更广泛的序列中被推

---

[1] 康德：《纯粹理性批判》，邓晓芒译，人民出版社 2004 年版，第 444 页。

论出来。例如，"我在此刻能够砸破车窗玻璃"，这是我们能够直接意识到的事实，至于这种被给定的事实是否可以被囊括在更广泛的因果链条中，对于此刻的意识来说是无所谓的。

当然，如果不仔细推敲，阿多尔诺的说明可能会诱导一种错误的阐释，这种阐释一直是传统哲学中考察自我意识的主流观点。根据该观点，首先必须存在一个意识着的我，然后才有可能观察到我的行为活动。换言之，自我被分为"意识着的我"（下文简称为我$_1$）和"被意识到的我的各种活动和意识状态"（下文简称为我$_2$）。自发性表达的就是：我$_1$通过"观察"或"看"到我$_2$后的直接确证。根据这种观点，上述例子中所表达的自由就可以被阐述为：我$_1$观察到作为我$_2$的我砸破车窗玻璃，而且这种"看"是如此清楚明白，以至于我$_1$做出了直接的确证，即我$_2$的活动确实是我的自发活动。然而，这种解读方式遭遇到现代语言哲学发展成果的否定。图根哈特认为，谈论作为观察者的我$_1$至少遭遇到来自三个方面的反驳：1. 这种内在的观察无法被确定；2. 这种观察也无法从外部被确定；3. 它可能会导致无限的循环。例如，如果我们问："你是怎么知道我$_2$的活动？"持上述观点的人会回答："我$_1$通过观察或看到我$_2$而确切知道的。"然而，我们仍能继续追问："你怎么知道我$_1$看到我$_2$了？"以此可无限追溯。[1]此外，我们还认为，它会导致自我指涉的逻辑困境。由于我$_2$无法观察自身几乎是个常识，就如看东西的眼睛无法看到自己在看东西一样，那么倘若存在作为观察者的我$_1$观察着我$_2$，那么我$_1$是否观察自身呢？如果我$_1$观察自身，那么我$_1$就首先能够作为被观察的我$_2$，但我$_2$不能观察自身，所以我$_1$又不能观察自身；如果我$_1$无法观察自身，那么我$_1$就相当于

---

[1]　Ernst Tugendhat, *Egozentrizität und Mystik: Eine anthropologische Studie*, Verlag C.H. Beck, 2006, S. 24–25.

我₂了，那么我₁就必须对我₁进行观察。不管我₁能否观察自身，它都陷入了相互矛盾的境地。因此，我₁的存在是值得怀疑的。那么究竟怎么看待我们对我₂活动的确证呢？

恩斯特·图根哈特认为语言哲学的新发展对此形成了一致意见：1.作为代词的"我"不是指代一个存在于人之身中（作为观察者的我₁——笔者注）的某物。对我₂进行确证的仅仅是说话者；2.作为代词的"我"指涉的是说话者，也就是说，它代表着这个人，但它不"指认"（identifiziert）他。[1] 我们知道，在向他人指认某物时，我们必须能够把该物置入一个客观的时空位置中，否则他人根本无法重新确认我所指的对象。例如，在行驶的船上，当我想向身边的同伴指认一座在远处被我发现的灯塔时，我通过描述视线的方向和仰角的位置，他就完全可以通过我的指认来准确地寻找到这座灯塔的位置。但面对那个抽象的我₁，我们根本无法像指认某物那样指认它，因为无法把它定位在相对于现实的我的时空中。在图根哈特看来，作为代词的"我"的功能仅仅是"指涉"（referiert）说话者，因此他主张用"说我者"（Ich-Sager）来代替那个抽象的我₁。因此，当我们说，"我很确定是我主动砸破车窗玻璃的"，前者的我只不过是"说我者"把后者的活动"指涉"为"说我者"的行为。同时，他认为，我们对我₂活动的确证是"直接的"（unmittelbar），根本无需一个先验的我作为观察者来指认我的某种活动，引入这个先验的我反而会陷入上述各种矛盾中。可以说，言语哲学通过"说我者"或者能动者来代替近代哲学中的抽象的我思，完成了一场认识论革命。

从卢卡奇到阿多尔诺的西方马克思主义学者完全懂得这场认

---

[1] Ernst Tugendhat, *Egozentrizität und Mystik: Eine anthropologische Studie*, Verlag C.H. Beck, 2006, S. 27–28.

识论革命，因为马克思早在《关于费尔巴哈的提纲》中就已经初步描画了这场认识论革命的方向，而在《德意志意识形态》中，通过对"现实的个人"的阐述，则初步完成了这场革命。从语言哲学的角度阐发马克思的"现实的个人"以及整个历史唯物主义，能够极大地丰富马克思的哲学革命内涵，但限于主题，我们无法详细展开。在此，我们只想强调，阿多尔诺的表述，"我能够直接确定我当下的行为活动"，是建立在上述哲学革命的基础上，决不能把前者的我认作为先验的我。哈贝马斯在再度评价阿多尔诺哲学的现实性时，已经认识到阿多尔诺这方面的贡献。在纪念阿多尔诺诞辰100周年的会议文章中，他从阿多尔诺道德哲学的角度详细阐发了其介入当代争论的可能性。这种可能性在哈贝马斯看来就是阿多尔诺对自由的独特讨论。他指出，阿多尔诺对康德先验自我的去先验化始于"区分判断和行动之间的差异"[1]。在判断层面，理性的意志可以判断出好的理由，但是道德的正确行动还依赖超过理由层面的东西，而这种东西就不是普遍意义上理由，而是个体的独特性，就如哈贝马斯指出的，"如果不是一个单纯的'好'，即无效的意志，从好的理由中产生出来，而是正确的行动从好的理由中产生出来，那么就必须在纯粹的意志中'添加某种东西'"[2]。他在此背景中引用了阿多尔诺在《否定辩证法》中所指出的，即"实践还需要一些其他的东西，一些不会在意识中耗尽自己的东西，某种身体性的东西（Leibhaften），经过理性调解，但在性质上与理性不同"[3]。这种超越了充分的理由，超越了理论因素的实践因素就是阿多尔诺所称的源于身体和个体独特生活经历而产生的自发性冲动。在此意义上，阿

---

[1] Jürgen Habermas, *Between Naturalism and Religion*, trans. Ciaran Cronin, Polity, p. 187.
[2] Jürgen Habermas, *Between Naturalism and Religion*, trans. Ciaran Cronin, Polity, p. 187.
[3] Theoder W. Adorno, *Negative Dialektik*, in: Adorno, *Gesammelte Schriften* Bd. 6, Suhrkamp, 1996, S. 228.

多尔诺批判康德把问题倒转了过来，因为无论怎么升华意志概念，"如果反应的运动形式被完全消除，如果手不再抽搐，那么就没有意志"[1]。作为自由行动的我的参照点不是理性意志而是主体的自然，主体自然的身体存在。

综上所述，可以肯定地推断，阿多尔诺所表述的动机概念其实就是能动性。但是，康德对出自自由的因果性的阐述是否也能从上述角度展开的呢？答案显然是否定的。我们知道，康德明显承认先验自我的存在。他认为，尽管我们的实践活动完全可以通过自然的因果律得以解释，但这种解释并不完备，我们也可以在完全肯定这种解释的情况下再作补充，即是说，同一个实践结果可以从两个方面加以解释。康德所作补充是：同一个实践活动也可以从先验自我的角度加以解释，即可以被解释为由先验自我活动所造成的结果。在康德看来，这个先验自我具有一种促发实践行为的能力，他称为"本源行动"（ursprüngliche Handlung）[2]。很明显，康德对这种自发性的认识有别于阿多尔诺和现代语言哲学家的认识。阿多尔诺曾断定，他所阐述的动机概念在康德哲学中是阙如的。[3]可是，他也特意指出，康德对出自自由的因果性的理解也包含了上述动机概念，康德在对正题的注释部分中就举出了这样的例子，"如果我现在（例如说）完全自由地、不受自然原因的必然规定影响从椅子上站起来，那么在这个事件中，连同其无限的自然后果一起，就会绝对地开始一个新的序列"[4]。很明显，这个新的因果序列的开始因是经验的我。这种自由所表达的，其实就是阿多尔诺所理解的动机。

---

[1] Theoder W. Adorno, *Negative Dialektik*, in: Adorno, *Gesammelte Schriften* Bd. 6, Suhrkamp,1996, S. 229.

[2] 康德：《纯粹理性批判》，邓晓芒译，人民出版社 2004 年版，第 440 页。

[3] Theoder W. Adorno, *Probleme der Moralphilosophie*, Suhrkamp, 1996, S. 79.

[4] 康德：《纯粹理性批判》，邓晓芒译，人民出版社 2004 年版，第 378—379 页。

人们必定会问，阿多尔诺的论述如何是不矛盾的？即一方面认为康德的出自自由的因果性不是对上述动机概念的表述，另一方面又认为它为这种动机概念保留了空间。

阿多尔诺的论述确实是矛盾的，然而却又合理。他只不过是重新表述了康德哲学中包含的矛盾。这种矛盾是康德对先验自由和实践自由含糊论述所造成的结果。一方面，康德认为先验自由是实践自由的前提，取消先验自由，实践自由也会变得不可能；另一方面，康德又认为在实践当中，不需要探讨先验自由的可能性，他认为，"对于理性的实践运用来说，先验自由的问题是不该提出的，它只是一个思辨的问题，我们在此可以把它置之不顾"，由此康德进一步认为，"我们在纯粹理性的法规中只涉及两个与纯粹理性的实践兴趣相关的问题……这就是：有一个上帝吗？有来世吗？"[1] 按照第一种理解，自由的实践行为必须依赖一个超越于现象界的我，康德称为理智的品格，因此"出自自由的因果性"中的自由就是这个先验自我的原初行动。很显然，它与阿多尔诺的动机概念大相径庭。如果仅仅局限于实践自由领域，那么只需经验的我就足够，就如康德所说，这种自由能够通过经验来证明。[2] 这种经验的证明方式就是，我们能够直接意识到理性对于感性冲动的制约。由于在实践自由层面，是否存在先验自我的讨论是被禁止的，所以我们对于理性能够制约感性冲动的意识，不是通过先验的我来确证的，而是如图根哈特所说那样，是直接的。实践的自由由此就可以被理解为阿多尔诺意义上的动机概念。因此，阿多尔诺对康德看似矛盾的解读，其实与康德对先验自由和实践自由的两种论述密切相关。那么康德最终采取的是何种立场呢？

---

[1]　康德：《纯粹理性批判》，邓晓芒译，人民出版社 2004 年版，第 610—611 页。
[2]　康德：《纯粹理性批判》，邓晓芒译，人民出版社 2004 年版，第 610 页。

上文已指出，在《纯粹理性批判》中，康德曾明确认为先验自由是实践自由的前提，因此它首先论证的是先验自由的可能性，即从先验自由的角度论证出自自由的因果性如何可能。但阿多尔诺认为，康德最终并未选择此路径去拯救道德，而是采取了另一种方式，即通过对"既定性"（Gegebenheit）给予充分的尊重，来拯救道德。阿多尔诺所意指的是，实践自由最终被康德看作是"理性的事实"，而无需到先验的自由那里寻找论证的根据。[1]

行文至此，我们澄清了阿多尔诺对康德道德哲学的总体评价。他以出自自由的因果性为具体分析对象，阐述了康德对启蒙认识论的批判和对形而上学的拯救。他在指责康德对自由二律背反的解决是武断的同时，也指出了康德对出自自由的因果性的阐述为解决该二律背反留下了空间。我们将在下一节进一步深入探讨阿多尔诺如何批判这种解决方案。

第二节　实践自由中的不自由：自然的强制

一、道德法则的"既定性"

在《实践理性批判》中，康德一反在《道德形而上学奠基》中的做法，即试图先天地演绎定言命令的可能性，首次把定言命令认作是"纯粹理性的惟一事实"[2]。康德断言，定言命令能够成为意志的规定根据，这是我们直接意识到的一个事实，根本不需要再为它

---

[1]　阿多尔诺的这个论点，直接牵涉康德的思想转向问题，即从《道德形而上学奠基》到《实践理性批判》，康德是否放弃了对绝对命令的奠基。学界对此问题没有统一看法，相互反对的观点都具有强有力的说服力，进一步论证何种观点更具合理性已超出本文范围之外，对于该问题的研究可参见 Otfried Höffe, *Immanuel Kant: Kritik der praktischen Vernunft*, Akademie Verlag, 2002。

[2]　Immanuel Kant, *Kritik der praktischen Vernunft*, in: *Werkausgabe* VII, Suhrkamp, 2014, S. 141–142.

的规范性寻找根据。

自康德把道德法则当作是"纯粹理性的事实"（das Faktum der reinen Vernunft）以来，学界对其可谓毁誉参半。批评者普遍认为，康德在此相互矛盾，甚至为浪漫主义打开了方便之门。叔本华就曾刻薄地批评道："这种实践理性的学说，一经被接受为，或更确切地说，以诡计加挑衅被提出为一直接的、直观的事实，不久便不幸地也扩展到理论理性……于是，所有冒充的哲学家及好散布幻想的人，以 F. H. 雅可比为首，簇拥地来到他们根本料想不到给他们开的方便之门。"[1]

它之所以显得矛盾重重，是因为与康德对道德原则的论述直接相关。按照康德在《道德形而上学奠基》中的论述，道德哲学的原则必须是纯粹先天的和纯粹形式的，不能包含任何质料性因素，也就是说，它不依赖于任何经验因素，不论它是外在世界中的某物，还是内在于主体意识中的主观感受，诸如情感、爱好、冲动等。因此它不能通过经验的方式被证明，即使经验世界中某种实践行为能够说明道德法则的存在，也不构成对它的证明。"我们将必须完全先天地去研究一种定言命令的可能性，因为我们在这里并没有这样的优势，即定言命令的现实性已经在经验中被给予，从而无需去确立它的可能性，只需去说明。"[2] 另外，按照康德的批判哲学，理性是先天的认知能力，它区别于通过感性直观得来的事实经验，因此它不能被当作经验事实。

该论断的辩护者认为，康德提出该论断与其对道德本质的运思相关。迪特·亨利希通过考察康德道德思想的发展历程曾明确指出，

---

[1] 叔本华：《伦理学的两个基本问题》，任立、孟庆时译，商务印书馆 2004 年版，第 168—169 页。

[2] Immanuel Kant, *Grundlegung zur Metaphysik der Sitten*, in: *Werkausgabe* VII, Suhrkamp, 2014, S. 49–50.

该论断的提出与康德对"道德洞见"（moral insight）的觉察密切相关。[1] 按照亨利希的理解，道德认识与其他理论认识的本质区别在于它的形式结构中诸要素的特殊性。[2] 正是对这些要素的逐步洞察，康德才提出了理性事实的观点。不过，亨利希通过对道德洞见概念的阐述，仅为善的既定性作出了成功的辩护，并没有回答为何这个善必须恰恰是上述命令形式。[3] 阿多尔诺尽管没有对该论断提出有力的辩护，但也明确指出只有正确理解康德为什么必须提出该论断，才能理解康德的《道德形而上学奠基》和《实践理性批判》。他甚至认为这个论断是康德道德哲学中最重要的关节点。[4]

为了充分澄清康德出于何种理论考虑而提出了上述论断，以及为了充分理解阿多尔诺对该论断的评价，在此有必要先行阐明康德所指认的道德行为与其他实践行为究竟存在何种本质区别。康德对道德行为的界定决定了道德法则只能被认作是理性的事实，才能摆脱相应的理论困境。在《道德形而上学奠基》中，康德从三个方面考察了人类的实践行为：

第一，"技巧"（Geschicklichkeit）行为，指为了达到某种明确的目的而产生的实践行为。这种实践行为在日常生活中最为常见，比如公司为了达到年度利润的最大化，就必须根据这样的目标制定相应的行为，增产扩大规模、裁撤冗员、精简机构等等都是这种意义上的实践行为。在个体层面，比如某人为了达成某种具体目的而选择相应的手段也是这种技巧行为。理性在该类实践行为中的作用是：只需考虑如何更好地达到目的，无需考虑目的是否合理。所以，这

---

[1]　Dieter Henrich, "The Concept of Moral Insight and Kant's Doctrine of the Fact of Reason", *The Unity of Reason*, Harvard University Press, 1994, p. 65.

[2]　Dieter Henrich, "The Concept of Moral Insight and Kant's Doctrine of the Fact of Reason", *The Unity of Reason*, Harvard University Press, 1994, pp. 61–67.

[3]　Ernst Tugendhat, *Vorlesungen über Ethik*, Suhrkamp, 2012, S. 128–130.

[4]　Theodor W. Adorno, *Probleme der Moralphilosophie*, Suhrkamp, 1996, S. 112.

里的合理性仅仅是指手段相对于既定目的的合理性，康德因此认为，"医生为了彻底治愈患者而开的处方，与投毒者为了万无一失地置他于死地的处方，就它服务于完全实现他们的意图而言，具有同样的价值"[1]。很显然，该类实践行为的好只是相对的，即只是相对于所达成的目的而言的。

第二，"明智"（Klugheit）行为，主要指人类为追求幸福而采取的行为。虽然幸福是人类所共同追求的目标，但是对什么是幸福的回答却千差万别，根本无法形成统一认识，因为这种理解带有强烈的个人色彩。因此，为追求幸福而采取的实践行为的善也不是绝对的，它只相对于个人的幸福观才是善的。就该类行为服务于特定目的而言，它们又与技巧行为没有本质差别。康德由此把这两类行为都界定为"假言的"（hypothetisch），即它们的善总是相对于一定目的而言的，如果目的并不存在或者发生改变，它们的善就会同时消失。

第三，道德行为。康德认为道德行为与前两者根本的区别在于，道德行为的善不相对于任何其他目的才成为善，而是本身就是善的，因此它们是绝对的善，康德又称为"定言的"（categorisch）。通过康德的界定，我们可得知他所谓的道德行为具有两个特征：普遍性和自律性。如果道德行为不具普遍性，那么它们的善便无法成为绝对的。它的绝对性又要求道德行为的善一定是人们直接接受的，即直接把这种行为接受为绝对的善。如果人们考虑其他外在的目的而决定采取该行为，那么它的善的绝对性将消失，就会降低为相对的了，因此道德行为又必定是自律行为，即自己为自己立法，或者说仅仅是出于道德义务的行为。

对于前两种行为中的规范性要求，人们比较好理解。只要行为

---

[1] Immanuel Kant, *Grundlegung zur Metaphysik der Sitten*, in: *Werkausgabe* VII, Suhrkamp, 2014, S. 44.

的目的被给定，对行为的规范就是使之更好地成为达成目的的手段。人们对达成相应目的的认同构成了这些规范之所以具有规范约束力的主要原因和来源。如果相应的规范不易于达成相应目的，或者相应目的被取消，那么规范这些行为的规范之约束力也就很快会消失。但是，针对一种没有预设任何目的的规范性要求，人们则会觉得无法理解。既然人的合理性行为都具有一定的目的性，一种未预设任何目的的规范性要求又是如何可能的呢？这种要求难道不是一种非理性的要求吗？

日常生活中的行为都是具体的，当人们把某种行为界定为是善的时，作为具体的行为者可能会反问，为什么这种特定的行为就是善的？显然，人们不能简单地回答，不这样做就是恶的。道德行为是用善和恶来区分的，不是善就是恶，不存在中立立场，中立立场不属于道德评价领域。当寻找某种行为之为道德行为的依据时，人们实质上是在追问，何种标准或原则规定了该行为是道德行为。如果严格按照康德对道德行为的界定，人们则要小心翼翼地回答。例如，当人们反问，为什么不能说谎是道德要求的时候，如果有人以"不能说谎能够有助于人们今后的发展"作为解释根据，那么他的行为就不属于康德所认为的道德行为了。显然，这种回答是把"促进自身利益的实现"当作道德的评判标准。按照康德的界定，这是他律而不是自律，因为该行为是相对于一个外在于它的目标而言才具有道德价值。另外，如果人们脱离康德对道德行为的界定，进一步反思该回答的话，人们仍能继续追问，为什么促进自身利益实现的行为就是善的？针对任何对善的这种界定，人们必定能够无穷追溯。[1]

---

[1] 这就是摩尔针对善的不可定义性而提出的"未决问题论证法"。

当把自由设定为评判道德的标准时，同样也会遭遇上述追问，为什么自由就是善的？因此，把自由直接当作道德的评价标准，也会最终造成行为的他律现象，从而与最初把道德行为设定为自律的意图相互矛盾。根据亨利希的考察，康德在不同时期曾分别试图通过理性、情感、自由来论证道德的善，但这些尝试最终都导致了与他最初对道德行为的界定相互矛盾，即最终会导致他律的结果。[1]当然，上述理论困难仅仅是哲学层面探讨的结果，它并不是意味着个体在日常生活中总会深陷上述矛盾中。相反，对于日常的道德行为，康德深信，"人类理性甚至在最普通的知性那里也能够轻而易举地达到重大的正确性和详尽性"[2]。尽管如此，一旦普通人遭受质疑，便会陷入自然的辩证法，即借助玄想反对义务的那些严格法则，怀疑它们的有效性，或者至少怀疑它们的纯粹性和严格性，并尽可能使它们顺应我们的各种愿望和偏好。这时，普遍的知性很难应付这些反对。[3]

通过上述简要说明，"理性的事实"所具有的理论意义就清晰可见了。由于评判道德行为的道德法则是作为"事实"直接给予我们的，因此我们无需再去追问它为什么会是道德的，这样就解决了无穷追溯的问题，套用摩尔的话就是，解决了善作为"未决问题"的争论。当人们追问为什么说谎就是恶的时候，他们可以直接得到这样的回答："它不符合道德法则。"如果人们继续追问，为什么这样的法则就是善的时，他们仍会得到确定的答复："因为它是理性的事实"。但它会不会导致他律呢？不会，因为该法则直接蕴含在该行为

---

[1] Dieter Henrich, "The Concept of Moral Insight and Kant's Doctrine of the Fact of Reason", *The Unity of Reason*, Harvard University Press, 1994, pp. 73–82.

[2] 康德：《道德形而上学的奠基》，李秋零译，《康德著作全集》第 4 卷，中国人民大学出版社 2005 年版，第 398 页。

[3] 康德：《道德形而上学的奠基》，李秋零译，《康德著作全集》第 4 卷，中国人民大学出版社 2005 年版，第 412 页。

中，而不是外在于该行为。[1] 另外，这个法则是理性自身的一个事实，它的存在完全不依赖于任何先在的经验事实或超验的实存。但是，仅把道德法则作为事实来回避对善的无穷追溯，是否能同时回避休谟对实然与应然的区分，或者摩尔对"自然主义谬误"的指责呢？答案是肯定的。理性的事实与自然事实完全不同。自然事物的属性作为事实，仅表达认识关系。通过这种关系，人们无法推出规范性的命令。但康德所表述的这个事实并不是自然事实，它本身包含着规范性要求。只要人们确实能意识到这个事实，那么一种规范性要求也就同时被意识到。康德认为，人们对该事实的意识，"正如同我们意识到纯粹的理论原理一样，是由于我们注意到理性用来给我们颁布它们的那种必然性，又注意到理性向我们指出的对一切经验性条件的剥离"[2]。道德的规范性要求的可能性问题由此也被康德巧妙地回答了。

阿多尔诺完全洞察到了康德的上述理论意图。在《康德的纯粹理性批判》中，他已指出了，康德的《纯粹理性批判》中存在着同一性与非同一性的辩证法：康德的《纯粹理性批判》，一方面可以被看作是同一性思维的产物，因为它试图把先天综合判断，以及一切客观有效的经验都归为对主体意识进行分析的结果，换言之，任何知识都是经由主体的思维中介才被认知的；另一方面它又试图去掉这种思维方式的神秘性和假象，认为在思维中总存在无法通过理性推演出来的内容，也存在那些无法通过理性证明的绝对观念（道

---

[1] 当然，这里也存在着争论，有论者指出，特定的道德行为无法通过道德法则推论出来，比如康德在《实践理性批判》中所举出的著名的存款的例子。针对康德的论述，克拉默就认为只有通过后果主义的解释，康德的结论才成立。（Konrad Cramer, "Depositum: Zur logischen Struktur eines kantischen Beispiels für moralisches Argumentieren", *Akten IX. Internationalen Kant-Kongresses*, Walter de Gruyter, 2001, S. 116–131）笔者在此赞同韦尔默的解释，他认为通过区分弱和强的定言命令能够推论出具体的道德行为（Albrecht Wellmer, *Ethik und Dialog: Elemente des moralischen Urteils bei kant und in der Diskursethik*, Suhrkamp, 1999）。

[2] 康德：《实践理性批判》，邓晓芒译，人民出版社 2003 年版，第 38 页。

德法则）。[1] 在论述康德的理性的事实时，阿多尔诺明确指出："他（康德）既不能从理性中推论出这个法则，否则他又会成为一个理性主义者，同时该法则也不能从经验中得来。"[2] 如果不了解康德的上述理论努力，人们便很容易忽视阿多尔诺的这句简短的概括。这句高度浓缩的话其实阐明了康德在建构道德哲学时的努力方向：一方面，他试图确定道德原则的普遍性，按照他的批判哲学，这个原则无法从经验获得，道德法则绝对不是经验的事实，不是任何经验实在的属性，若不然的话，它便丧失了普遍性；另一方面，他又试图避免沃尔夫的独断的理性论，即从绝对的理性秩序中推出道德性。若不然的话，道德行为必然与对世界的认识相关，在此情形下，所谓的"学者"在道德层面就要高于普通大众，这个结论与康德的哲学努力恰恰相反。受卢梭影响的康德，试图确立最普通的人的尊严，他认为在道德行为层面，人们并不需要聪明才智和明锐的逻辑推断能力。[3] 理性事实的提出，正是试图同时扬弃这两个方面：一方面，道德法则是纯粹理性的形式法则，道德行为仅仅是出于此法则而行动的实践行为，因而它具有普遍性；另一方面，它是人类理性的一个事实，任何具备理性能力的普通大众，都能意识到的既定性事实，人们根本不需要任何对世界的认识和敏锐的逻辑推断能力，就能拥有这种意识。

对道德法则既定性的承认并非是向任意性妥协，康德通过把既定性本身界定为理性的，同时也保持了思维的同一性要素，即纯粹理性的普遍性。正是在这种奇特的张力关系中，康德构建了道德哲

---

[1]　参见 Theodor W. Adorno, *Kant's Critique of Pure Reason*, trans. Rodney Livingstone, Stanford University Press, 2001，第 2、第 6、第 21 讲。

[2]　Theodor W. Adorno, *Probleme der Moralphilosophie*, Suhrkamp, 1996, S. 112.

[3]　卢梭对康德的影响，可参见 Schneewind, J.B., *The Invention of Autonomy: A History of Modern Moral Philosophy*, Cambridge University Press, 1998, pp. 487–492。

学的基础。因此，阿多尔诺断言，把道德法则作为既定的理性事实，是康德整个道德哲学建构中最重要的"枢纽"[1]。它的作用不仅体现在试图对道德行为的确定性提供支撑，而且也体现在试图保障人们谈论超验理念时的"合法性"。

对于后一个功能，阿多尔诺干脆地否定了它。他认为，康德试图从道德法则的确定性推论出上帝和灵魂的存在，其实是关于上帝的本体论证明，康德在此重新"陷入了理性主义哲学传统中去了"[2]。我们知道，康德早就通过论证"存在不是一个谓词"，否定了关于上帝的本体论证明，从而主张"人们相信上帝的存在是绝对必要的，但人们证明上帝的存在却并不同样必要"[3]。那么，阿多尔诺在何种意义上能说，康德又重新陷入了理性主义哲学传统中去了呢？他的推断是建立在这样的认知上：既然道德法则是既定的，那么为了保证它的有效性，就必须假定上帝和灵魂的存在，若不然，道德法则的既定性就不可能是清楚明白的，而这与道德法则的既定性是相互矛盾的，因此必须假定上帝和灵魂的存在。阿多尔诺的这个推论并不完全准确。就如叔本华所说，康德假设上帝、灵魂的目的是在于确保德行和幸福在最终的意义上是一致的。对此，他曾挖苦康德这上述做法，"它已经被康德视为一个擅入者郑重其事地从他的体系前门推出去了，反而以最高善的名义又让它从后门爬进来"[4]。叔本华同时也反对康德把道德法则看作是既定的。他认为，这是康德道德神学玩的变戏法："他使那应该是他的第一原则或假定的东西（即神学）成为结论，而把那应该推演为结论的东西（即定

---

[1] Theodor W. Adorno, *Probleme der Moralphilosophie*, Suhrkamp, 1996, S. 112.

[2] Theodor W. Adorno, *Probleme der Moralphilosophie*, Suhrkamp, 1996, S. 113.

[3] 康德：《证明上帝存在唯一可能的证据》，李秋零译，《康德著作全集》第2卷，中国人民大学出版社2004年版，第167页。

[4] 叔本华：《伦理学的两个基本问题》，任立、孟庆时译，商务印书馆2004年版，第145页。

言命令）当做他的假定。"[1]

对于前一个功能，阿多尔诺并不像叔本华那样持完全的否定态度。他之所以对此并未完全否定，并不是因为康德的上述论断不存在理论困难，而是因为与他自身对"既定性"的认识相关。[2] 在《否定辩证法》中，阿多尔诺曾提出了一个新的定言命令，并反对对它进行任何论证的企图，他主张："希特勒向那些身处不自由境况中的人强加了一条新的定言命令：如此安排你们的思维和行动，让奥斯维辛不再重演，以及诸如此类之事不再发生。该命令就像康德的既定性一样，倔强地反对着它的奠基。用推理的方式处理它是一种亵渎……"[3] 另外，阿多尔诺对既定性的称赞也与他对理论和实践关系的阐述相关。我们在第一章中已指出，阿多尔诺认为实践中总包含着理论无法把握的因素，人们无法通过理论推论来为之寻找根据，对思维来说，它们就是一种既定性。因此，在阿多尔诺看来，康德把道德法则视作一种既定性也是对理性推论的反对，是对非同一性的承认。尽管如此，阿多尔诺的赞同也仅仅到此为止，在对既定性内容的界定上，阿多尔诺与康德其实是分道扬镳的。

无论是对康德还是阿多尔诺而言，自由都是道德哲学中一个至关重要的问题。所有的道德判断都是对某种"应当"行为的表述。"应当"的前提是我们拥有"能够"，也就是我们具有能够重新开始一个新的因果序列的能力。如果我们的存在不具备这种"能够"，而仅仅表达自然因果律中的"必须"（müssen），那么道德判断中的"应当"就毫无意义。这种"能够"就是自由。阿多尔诺对此推论并不

---

[1] 叔本华：《伦理学的两个基本问题》，任立、孟庆时译，商务印书馆 2004 年版，第147 页。

[2] 在《哲学的现实性》中，阿多尔诺甚至认为胡塞尔现象学的最伟大贡献就是对既定性的承认。

[3] Theodor W. Adorno, *Negative Dialektik*, in: Adorno, *Gesammelte Schriften* Bd. 6, Suhrkamp, 1973, S. 358.

反对，但他异议的是，康德把这个"能够"直接界定为纯粹理性的检验能力，即我们能够按照理性的普遍性对我们的实践行为进行第二次检验，只有顺利通过检验的规范，才是道德性的"应该"，否则这个"应该"就不具有道德性。[1] 在康德看来，正是这种检验能力才是真正的实践自由，才是理性的一个事实。阿多尔诺对此作出了这样的反驳：既然这个能够是纯粹理性，那么我们如何知道这个能够？要么通过某种理智直观，要么通过经验直观，既然康德否定了前者的可能性，那么就只剩下后者。[2] 但问题是，按照康德对先验和经验的严格区分，我们无法通过经验认识先验。因此，阿多尔诺调侃康德掉进了他自己挖的陷阱中去了：康德一方面认为道德法则完全是纯粹理性的法则，它排除了任何经验内容，它不是我们经验的对象；另一方面他又认为，它是我们经验的对象。[3] 因此，道德法则就不是理性的事实，反而却是一个经验的事实。

阿多尔诺对这种经验的事实进一步展开了批判，他认为这种经验其实是对"强制"（Zwang）的体验。对道德既定性的承认就是对这种强制事实的承认。该强制的具体内容就是对人类各种感性冲动的强制。阿多尔诺认为，尽管康德与之前的理性主义和经验主义在道德奠基方面具有实质性的差别，但是在这一点上却殊途同归，即都把人类的自然本能当作他律的因素加以拒斥。因此，阿多尔诺指责康德虽然发现了既定性的重要性，但由于把"能够"意义上的自由等同于纯粹理性，他由此陷入统治（内在和外在）自然的思维模式中。康德道德哲学所体现的矛盾就是：作为一种对自然进行统治

---

[1] 有研究者甚至指出上述意义上的"能够"被康德进一步界定为"本真性的自我"（das eigentliche Selbst），并认为这种自我概念在康德为道德奠基的论证过程中发挥着重要作用，参见 Georg Römpp, *Ethik des Selbstbewusstseins*, Duncker und Humblot GmbH, 1999, S. 73–84。

[2] 康德对此的论述也显得晦涩难懂，模糊不清，踌躇不定，参见刘易斯·贝克：《〈实践理性批判〉通释》，黄涛译，华东师范大学出版社 2011 年版，第 202—205 页。

[3] Theodor W. Adorno, *Probleme der Moralphilosophie*, Suhrkamp, 1996, S. 122–124.

的自律主体，最终又陷入盲目的"自然强制"（Naturzwang）中。

当然，针对阿多尔诺的这个批判，其间有诸多环节需要澄清，只有了解这些环节，我们才能把握这种看似是"外在"的批判。在此，我们暂且先行指明，对康德道德哲学奠基的整个论证结构来说，阿多尔诺的这个反驳是致命的。很明显，康德为了论证他所界定的道德行为的可能性，即先天地证明定言命令是有理性的存在者的意志的规定根据，必须依赖一种"出自自由的内在立法能力"，但如果这种内在立法能力最终被证明不是出自自由，而是自然强制的产物，套用康德的话，如果自律在最终的意义上是他律的话，那么康德道德哲学的整个论证枢纽就此会被切断。

二、自律中的他律：自然的强制

自律（Autonomie）概念最初发端于古希腊。从词源上看，它由"autos"和"nomos"构成，前者对应于"自身"（Selbst），后者对应于"法则"（Gesetz），表示一种自身立法的要求。它在古希腊是一个核心的政治概念，它显示了古希腊城邦对"自立"（Selbstständigkeit）的要求。[1] 当然，由于古希腊城邦仍然建立在神谕宣示制和奴隶制基础上，自律概念并没有在古希腊哲学中得到弘扬。[2] 自近代以来，自律概念在政治讨论中才被广泛使用。近代以来各种学科的发展在某种程度上都是追求自律的体现，例如马基雅维利使得政治学独立于道德，伽利略使得自然科学独立于哲学，格劳秀斯使得自然法理论独立于神学，而康德则使得道德独立于对上帝的信仰。

康德在道德哲学中论述的自律概念与人们的日常理解存在一

---

[1] Giovanni B. Sale, *Kants Kritik der Praktischen Vernunft: Ein Kommentar*, Wissenschaftliche Buchgesellschaft, 2004, S. 111.

[2] 有关该话题的进一步讨论参见阿尔布雷希特·韦尔默：《后形而上学现代性》，应奇、罗亚玲编译，上海译文出版社 2007 年版，第 196—199 页。

定差异。人们往往对康德的自律概念形成这样的错误理解：它表示个体的自立要求，表示个体能不受他人限制做自己想做的事，或实现自我。已有研究者指出，康德从未说过"自律的我""自律的人""自律的个体"，而是说"自律的理性""自律的伦理学""自律的原则""自律的意志"。[1]

康德在道德哲学层面谈论自律概念，主要是指意志自身的普遍立法理念，即"每个理性存在者的意志是作为普遍立法的意志"[2]。也就是说，意志对普遍法则服从的首要条件是，它也是普遍立法的主体，"意志不是仅仅服从法则，而是这样来服从法则，即它也必须被视为自己立法的，并且正是因此缘故才服从法则"[3]。很显然，它与纯粹服从自然因果律的"任意"（Willkür）不同之处在于：自律的意志不仅是法则的客体，而且也是其主体。从共同服从法则方面来看，任意与自律的意志并无区别。之所以前者被康德看作是不自由，而后者是自由的体现，正是因为后者所服从的法则是其自身所立。有了自律的概念，康德就能够宣称，虽然从服从的角度来说定言命令是对主体意志的一种强制，但是从制定者的角度来看，这种强制正是意志自身所施加的，因而它体现了主体的自由，而不是不自由。

显然，正如霍耐特所说，康德对自律的阐述是以两个步骤展开的。首先，他认为只有我们能够按照合理的理由，而不是按照自然的冲动，来规定我们的行为时，我们的行为才算是真正自由的。其次，可普遍化原则。康德试图证明，这种合理的理由必须要经过所

---

[1] Onora O'Neill, *Autonomy and Trust in Bioethics*, Cambridge University Press, 2002, p. 83.

[2] 康德：《道德形而上学的奠基》，李秋零译，《康德著作全集》第 4 卷，中国人民大学出版社 2005 年版，第 439 页。

[3] 康德：《道德形而上学的奠基》，李秋零译，《康德著作全集》第 4 卷，中国人民大学出版社 2005 年版，第 439 页。

有人的同意，并且他人也会按此理由而行事。[1]套用康德的话说，道德实践的主观准则要具有普遍法则的特征。

但在第一个步骤中不清楚的是：自律与自由的具体关系是什么？在上文中我们已指出，康德在《纯粹理性批判》中区分了两种自由即先验自由和实践自由。前者指意志能摆脱自然法则的束缚，并能重新开始一个因果序列，后者指人们能够按照理性的要求，克制感性欲望的冲动而行动，即这里的意志自律。在此，先验自由是实践自由的前提条件。按照康德的论述，这里的前提条件是必要条件，但先验自由是否也是实践自由的充分条件？至少在《纯粹理性批判》中，它没有得到明确说明。在《道德形而上学奠基》中，康德给予了此问题以明确的答复。在此，康德反问道："然而，除了自律之外，亦即除了意志对于自己来说就是一个法则的那种属性之外，意志的自由还能够是什么东西呢？"[2]他认为"'意志在一切行为中都对自己是一个法则'这一命题仅仅表示如下的原则：除了能够也把自己视为一个普遍法则的准则之外，不要按照任何别的准则去行动"，因此，"一个自由意志和一个服从道德法则的意志是一回事"[3]。在康德的其他著作中，也能找到把意志自由直接等同于意志自律的论述。[4]

然而在一些论者看来，例如西季威克，这种等同可能会取消道德责任或道德非难的概念。道德责任和道德非难建立在我们具有选择善或恶的自由基础上，如果把这种自由直接等同于意志自律，那

---

[1]　Axel Honneth, *Das Recht der Freihet: Grundriß einer demokratischen Sittlichkeit*, Suhrkamp, 2011, S. 63—64.

[2]　康德：《道德形而上学的奠基》，李秋零译，《康德著作全集》第4卷，中国人民大学出版社2005年版，第454页。

[3]　康德：《道德形而上学的奠基》，李秋零译，《康德著作全集》第4卷，中国人民大学出版社2005年版，第454—455页。

[4]　亨利·西季威克：《伦理学方法》，廖申白译，中国社会科学出版社1997年版，第522—523页。

么不道德的行为就会被认为是主体缺乏自律的表现，也就是说，主体无法在追求满足情感和欲望之前，首先利用无利害关系的普遍法则来审查它们。既然主体作恶是自律意义上的自由的匮乏，是不自由的表现，那么我们如何能对此进行道德非难呢？当然，西季威克并没有指责康德犯了上述错误，他认为康德那里明显存在两种自由观，一种是选择善和恶的自由，另一种则是自律的自由，他也称之为"理性的自由"。他主张，当康德把自由同道德责任或道德非难的概念联系起来时，自由一词主要指选择善或选择恶的自由；另一方面，当他不得不证明道德行为是不受感觉冲动的挟制而主动地遵守道德，当他想表明理性在影响选择方面的独立性时，他就在许多表述中明确地把自由等同于理性的独立性，即意志自律。[1] 西季威克虽然试图通过区分两种自由来回避上述困难，但他并没有说明这两种自由在康德思想中究竟呈现为怎样的关系。保罗·盖耶令人信服地回答了该问题。他并不认为把先验自由等同于意志自律是康德道德哲学思想发展的最终版本。他主张，在《纯然理性界限内的宗教》中，康德抛弃了之前把两者等同的做法，先验自由在此仅仅是意志自律的必要条件不再同时也是充分条件了，也就是说，先验自由仅为意志自律提供了可能性条件，但并不保证主体确实按自律原则行事。[2]

如果行动者能够克服自然的冲动，按照合理的原因来行动的话，这不就已经说明行动者是自由的吗？那么在道德实践领域重要的是：这种自由对个体意味着什么？而不是这种自由是如何可能的。因此，也就没有必要再为实践自由添加一个可能性保障，似乎只有在先验

---

[1] 亨利·西季威克：《伦理学方法》，廖申白译，中国社会科学出版社 1997 年版，第 519 页。

[2] Paul Guyer, "Kant on the Theory and Practice of Autonomy", *Social Philosophy and Policy Foundation*, 2003, 20(7), pp. 79–80.

自由是可能的情况下，实践自由才能被我们正确地理解。之所以会追问实践自由的可能性条件，是因为人们放弃了实践的立场，从实践活动中抽身而出，采取了一种静观的认识论立场。这种静观的立场使得人们不再以行动者的角色，而是以纯粹认知者的角色处理实践问题。当人们采取的是纯粹的认识者角色时，此时的提问方式就从"如何'能够'完成或做好某件事"，转变为"'能够'的行动是否是某种自然性因素刺激的产物？"很显然，在第一个问题中，我们是以第一人称的角色提出问题，我们所达成目的的手段（自然物）被我们运用着，在这种运用中，自我明显体验到自身的能动性，这种能动性就是自由意识。而在第二个问题中，我们却以第三人称的方式观察行动，这种视角已经远离了实践。在康德看来，这种脱离了实践而进行的纯粹思辨活动，与实践问题格格不入，它不应当是实践哲学关注的领域。在《实践理性批判》中，康德因而放弃了为实践自由奠基的尝试，直接宣称这种自由是"理性的事实"。正是通过这种事实，一种先验意义上的自由才被人们认识。

通过第二个步骤，我们很清楚地看到，在道德行动领域中，康德并不排除感性因素。因为被所有人都能接受的东西，也可以是我们感性欲求的对象。把康德的道德哲学看作"存天理，灭人欲"的道德说教其实是对他的严重误解。康德当然不否认任何行为都是由一定目的构成，"倘若不与目的发生任何关系，人就根本不能作出任何意志规定，因为意志规定不可能没有任何结果，而结果的观念必然能够被接受，虽然不是作为任性的规定根据和在意图中先行的目的……"[1]康德只是要求，任何意图本身若要被承认为道德的，就必须经过普遍同意，这种同意包含两个方面：他人如果处于这个情境，

---

[1]　康德：《纯然理性界限内的宗教》，李秋零译，《康德著作全集》第 6 卷，中国人民大学出版社 2007 年版，第 5 页。

也会希望如此行动；所有人在此情境中这样行动，不会使得该行为变得不可能。只要满足了这种要求，那么某种特定行为原则就被认作是道德的。因此，道德行为并不是首先要清除任何目的，而是仅仅对这种目的进行规定。

康德的道德严格主义真正体现在：他排除了人们出于自身的喜好而去遵循道德法则。套用孟子的话说，康德虽然赞同"生是我所欲"，但绝不赞同"义亦是我所欲"，我们绝不"欲""舍生取义"，也就是说，道德行为绝不是"发乎情"的产物。比如，某人以不准撒谎的原则行事。按康德的要求，只有行为者在反思的基础上确实认为这个原则可以普遍化，然后去按此原则行事，它才是道德行为。如果某个人根本没有对此进行过任何反思，而只按自己朴素的爱好坚守此原则，那么这个行为尽管值得人们赞赏，但是仍然是非道德行为。正是这种严格主义，即否认人们可以出于情感的自发性而遵守道德法则，使康德遭受广泛批评，例如席勒就曾提出"游戏冲动"（Spieltrieb）的概念试图补充道德法则与情感间的裂痕。[1]

阿多尔诺对康德的批判虽然吸收了席勒的洞见，但是更多地受到尼采的影响。在《道德哲学的问题》中，他甚至宣称尼采的影响要超过黑格尔。[2] 因此，要真正理解阿多尔诺的批判，有必要首先简要勾勒尼采对道德的谱系学批判。[3] 尼采对传统道德规范的批判以两个方面的思考为出发点：一方面，道德规范与自然规律不同的是，它是人的产物。既然是人的产物并服务于人，那么它必定具有某种价值；另一方面，它对什么有价值的问题（for what）其实就是

[1] 弗里德里希·席勒：《审美教育书简》，冯至、范大灿译，上海人民出版社2003年版。
[2] Theodor W. Adorno, *Probleme der Moralphilosophie*, Suhrkamp, 1996, S. 255.
[3] 以下概述主要参考了 C. 门克恰如其分的论述（Christoph Menke, *Reflections of Equality*, Stanford University Press, 2006, pp. 51–54）。

对哪些人有价值（for whom）。对道德价值的质疑，就是追问遵循这种道德规范对人们来说究竟意味着什么。换句话说，如果这些道德规范对这些人来说具有某种价值，那么他们必须是些什么样的人？因此，对道德的批判就是"对这些价值的价值提出疑问"[1]。

该疑问以两个步骤展开：首先考察"这些情感和价值的发源史"，它主要澄清"人在什么条件下为自身构造了善与恶的价值判断？这些价值判断本身又有什么价值？"；其次"批判伦理体系"，它主要澄清"迄今为止它们是阻碍还是促进了人的发展？"。通过谱系学考察，尼采发现，传统道德都是对那些"更渺小、更低微"的人来说具有价值，而对那些"高贵"的人来说则是强制，并无裨益。因而传统道德的发端和形成过程，就是一场低微者心怀诡异地诱导、欺骗和降低高贵者思想观念的反叛运动。尼采由此宣称，传统道德的价值不是促进而是阻碍了人类向更高和更强盛的方向发展，这些价值因而是不合理的，必须进行价值重估，重新树立新的价值。

阿多尔诺分享了尼采的前一种判断，即传统道德不是促进而是阻碍了人类的发展。但是，阿多尔诺并没有完全沿着尼采道德谱系学的方法去重构道德发展的历史性条件，并没有像尼采那样再给出某种积极的道德，而是从两个维度发掘道德的"不道德"来源。[2] 首先，阿多尔诺与尼采一样，批判当下的文化条件，这种批判的目的在于：由于文化条件的限制，真正的道德生活不可能实现；[3] 其次，内在地指出自律的道德本身包含着他律的因素。在此，笔者仅分析第二个维度。

---

[1] 尼采：《论道德的谱系》，周红译，生活·读书·新知三联书店 1992 年版，第 3—9 页。

[2] 阿多尔诺并未完全否定尼采的积极道德，他的批判更多是黑格尔式的，即这些积极的道德，缺少"客观精神的实体性"，参见 Theodor W. Adorno, *Probleme der Moralphilosophie*, Suhrkamp, 1996, S. 256。

[3] 具体分析参见第四章第三节。

在第一部分中，笔者廓清了阿多尔诺对康德理性事实概念中矛盾方面的剖析。阿多尔诺主张，一方面，该概念体现了康德对非同一性因素的承认；另一方面，由于康德把这种非同一性因素仍然局限在理性层面，因而它仍然是一种强制，这体现为理性事实的经验性特征，即它是主体对理性强制的切实感受。但是，为什么理性强制不是自由的体现呢？按照康德的自律概念，它不是一种自我立法吗？阿多尔诺之所以能够宣称它是非理性的强制，是不自由的体现，在于他认为这种理性的强制最终体现的是盲目的自然强制，"理性……越不受约束地成为自然的绝对对立面，并在自身内部忘记自然，顽固自立的理性就越退化为自然"[1]。

若要成功地指出康德的自律概念其实是盲目的自然强制，并非真正的自由，就必须完成三个论证步骤。[2] 第一，自然与纯粹意志在起源上是相互关联的；第二，论证自然与纯粹意志的不可分离性，即如果完全排除自然，纯粹意志也是不可被思维的；最后，否定这种关联性会导致一种盲目的自然强制。下文逐一对此进行详细分析。

第一，与康德的做法相反，即把纯粹意志与感性欲求能力的任意区分开来，并把它们绝对化地区分为两个完全不同的世界（经验世界和理智世界），阿多尔诺认为，如果纯粹意志不关涉经验世界，便无法被思维。如若如此，那么通过区分两个世界来保障自由的做法就难以成立了。就如克劳斯·贡特尔（Klaus Günther）准确地指出的那样，阿多尔诺的论证策略是：理性虽不同于自然，但同时总是自然的一部分。阿多尔诺在阐述一种非强制的自由时，总是

---

[1] Theodor W. Adorno, *Negative Dialektik*, in: Adorno, *Gesammelte Schriften* Bd. 6, Suhrkamp, 1973, S. 285.

[2] 对于这三个论证步骤的澄清和论述，笔者受惠于 K. 贡特尔，参见 Klaus Günther, "Dialektik der Aufklärung in der Idee der Freiheit", *Negative Dialektik*, Axel Honneth und Christoph Menke(Hg.), Akademie Verlag, 2006, S. 125–131。

不断地强调理性的自然史来源，"超越于自然的东西就是蕴含在自然本身中的自然"[1]。当然，就如贡特尔准确指出的那样，阿多尔诺并非在"一元论"（Monismus），而是在"历史与起源的中介过程"（historisch-genetisch Vermittlungsprozess）意义上强调理性是自然的一部分。它主要是指经验世界与理智世界的分离仅是中介过程的停止，强调理性与自然在起源意义上的关联性旨在重新开启这种中介过程。

阿多尔诺主要从两个方面论证这两者间的关联性，首先，他认为在意志的概念本身中就包含了自然的因素，该因素就是意志的"自发性"（Spontaneität），即我们身体所具有的，无法通过自然因果性来解释的"冲动"因素。它作为一种冲动参与到意志的规定中，并使之在经验层面能够实现。如果没有这种自发性，意志便无法被设想，"如果这个附加物（自发性——笔者注）越来越被有意地加以纯粹化，如果意志的概念由此变成一个实体性的和一致性的概念，那么一种具有动力的反应形式就会被根除，如果双手不再晃动，就不再有意志"[2]。其次，利用心理分析的成果，他认为"理性从起源的意义上来说是由跟它不同的本能发展出来的"[3]。通过这两个方面，阿多尔诺就能够宣称纯粹意志在起源上与理性是相互关联的。当然，这只是从经验层面论证意志与自然的关联性，它并不能完全否定在本体论层面上两者的可分离性。因此，阿多尔诺还必须进一步从"起源"和"有效性"的角度论证两者间的关联性。

第二，与理性与自然在经验起源上是相互关联的观点相反的观点却认为，即使人们在经验层面能够证明这一点，也并没有在逻辑

---

[1] Theodor W. Adorno, *Probleme der Moralphilosophie*, Suhrkamp, 1996, S. 155.
[2] Theodor W. Adorno, *Negative Dialektik*, in: Adorno, *Gesammelte Schriften* Bd. 6, Suhrkamp, 1973, S. 229.
[3] Theodor W. Adorno, *Negative Dialektik*, in: Adorno, *Gesammelte Schriften* Bd. 6, Suhrkamp, 1973, S. 229.

层面否定"起源"和"有效性"之间的可分离性。换言之，概念的有效性可以独立于该概念得以形成的历史背景。因此，为了支撑在起源上的经验性批判，阿多尔诺必须在概念层面论证起源和有效性之间的不可彻底分离性。

根据尚未发表的阿多尔诺的《认识论导论讲演录》，贡特尔断定，起源与有效性可以在间接的意义上被证成。就像解释学的理解必须立足于尚未被主题化的前理解一样，思想必须依赖于时间要素，时间是真理的内核。[1] 其实，阿多尔诺的该观点早在《自然历史观念》一文中就已出现。在该文中，阿多尔诺主要说明与现象相对的永恒不变的本质领域（就像自然规律的不变性），其实是历史的产物，而历史又呈现为自然史。在阿多尔诺看来，自然与历史并不是相互对立的范畴，而是相互辩证的一对范畴。"自然"概念指涉的是卢卡奇的"第二自然"。社会的规则体系在资本主义世界中已经像自然规律那样变得牢不可破，它就像自然那样是人们不得不遵循的对象。但是，这种被内化的社会法则其实是历史的产物，它的真理性只有在历史的视域中才显现出来。彻底清除历史因素的"第二自然"其实是资本主义社会物化关系的表达。后来，通过对胡塞尔先验现象学的批判，阿多尔诺把起源与有效性的辩证法关系进一步推进到了纯粹的概念领域，"纯粹的意识——'逻辑学'——本身是生成物和它的起源已进入其中的有效物"[2]。也就是说，在概念判断中，意识的感性活动就参与其中了。判断命题的综合过程就是意识主体的设定过程。这种自发的设定过程，无法再上溯到某种合理的根据中。同时，这种经验的设定也必须依赖于对事态的描述，它同时也必须

---

[1] Klaus Günther, "Dialektik der Aufklärung in der Idee der Freiheit", *Negative Dialektik*, Axel Honneth und Christoph Menke(Hg.), Akademie Verlag, 2006, S. 129.
[2] Theodor W. Adorno, *Negative Dialektik*, in: Adorno, *Gesammelte Schriften* Bd. 6, Suhrkamp, 1973, S. 229.

具有有效性，这两者是相互中介的。

第三，在本体论层面论证起源和有效性，支撑了阿多尔诺在起源上对纯粹意志概念的经验性批判。首先，康德所强调的意志自律，其实在本体论层面忽视了有效性与起源的相互中介，或者说完全切断了这两者的相互中介性，使之完全分属两个领域。与康德强调理性要谦虚相反，这完全是理性本身的一种强制。其次，这种强制可以进一步在经验层面被解读。由此，康德自律概念被阿多尔诺解读为自然的强制就不难理解了。这里的自然强制不是自然科学意义上的自然，不是说理性在最终的意义上也是受自然因果律限制的自然因素，而是作为"第二自然"的社会关系。在此，作为自律的纯粹意志就是这种自然的体现，换言之，自律意志的功能就是为了维持这种社会关系。这种社会关系被阿多尔诺看作自然史的继续。就像人们曾完全盲目服从外在的自然法则一样，处于资本主义社会中的人们也盲目服从第二自然的法则，该法则就是普遍的商品交换法则。

通过上述三个步骤，阿多尔诺就完全可以断定康德的自律其实是一种他律。在经验层面，它表现为对普遍商品交换原则的盲目服从。该原则被当作了普遍必然性的法则。阿多尔诺认为，这种必然性的因素必定会吞噬掉合理的自由，主体所持有的就仅仅是一种非理性的行动自由，就像每个经济行为体在经济活动中具有一种抽身而出的非理性行动自由一样。不过，这种自由是以牺牲生存的可能性为代价的。在此，康德主义道德偷偷地对之进行了转换，反而把对这些法则的遵循当作了自由。道德自律就此被阿多尔诺等同于自我保存。在自我保存中，理性呈现为合目的的工具理性。而工具理性在对待自然物、他人甚至是自我本身时，都以客观化的剪裁方式处理对象。这种认识方式与自由的交往方式完全不同。因此，意识自律虽然从决定权方面体现了自主性，但这种自主性却是强制性的自主，它与平等交流的自由大相径庭。阿多尔诺调侃地认为，在这种强制性的自主中，自由仅存在于我们对抽象的普遍法则的逃避，换句话说，自由空间在康德那里仅仅被限制在否定性层面，被限制在我们想成为一头猪的自由。

就此，阿多尔诺认为，以自律为出发点的康德的道德哲学，最终完全丧失了自由，康德所谓的道德自律只不过是社会法则对主体的一种强制。在这种强制下，主体拥有的仅仅是逃避强制的自由，但是这种自由也仅仅是虚幻的，因为一旦逃避，主体便无法生存。

在本节中，我们从分析康德如何解决自由的二律背反入手，阐述了阿多尔诺对康德解决方案的批判。该批判的核心观点是：通过把自由界定为意志自律，康德的道德哲学走向了自身的反面，自由最终成为自然的强制。在下节中，我们将继续展开阿多尔诺对康德道德哲学的批判，不过这里的分析将转向自由如何实现的问题。在阿多尔诺看来，康德的道德哲学纯粹是信念伦理学，它忽视了自由如何在经验世界中得以实现。因而，与康德初衷相反的是，理论哲学最终占据了实践哲学的位置。这种褫夺最终导致对自由意志的讨论重新陷入二律背反。

第三节　对信念伦理学的批判

马克斯·韦伯于1918—1919年冬季在慕尼黑作了两场著名的讲演，即《以学术为业》和《以政治为业》。在第二场演讲《以政治为业》中，韦伯首次区分了两种"极其深刻的对立"的伦理观。一种是严格恪守伦理教条，不考虑行为后果，就像宗教意义上的"基督行公正，让上帝管结果"，韦伯称之为"信念伦理学"

（Gesinnungsethik）；另一种是对于伦理教条的遵循，必须考虑到该行为所产生的可能后果，并且人们必须要对这种后果负责，他称之为"责任伦理学"（Verantwortungsethik）。当然，韦伯也注意到，"这并不是说，信念伦理学就等于不负责任，或责任伦理学就等于毫无信念的机会主义"[1]。然而，在何种意义上信念伦理学包含责任因素，而责任伦理学又在何种意义上包含信念因素？虽然韦伯认识到这两者具有互补关系，但他并没有深入阐发这种关系及其可能性条件。不管怎样，韦伯的区分确实精确地反映了两种相互对立的伦理态度。G.恩德利就认为，韦伯所指出的这种对立，"在过去 70 年中首先在德语地区一再得到了证实"[2]。

必须注意的是，韦伯不是在两种不同性质上，而是仅在人们对待某种道德信念的态度上，区分了信念伦理学和责任伦理学。在论述信念伦理学的特征之前，韦伯早已强调，对于终极价值观的选择，人们只能决断，人类无法通过理性最终评价对各种价值观的选择孰优孰劣。因此，韦伯讨论信念伦理学时，就无需深入讨论人们的信念对象，也就是说，人们应该信仰何种道德观，无需被纳入讨论的主题。因而韦伯对信念伦理学的批判，并不是对某种道德观本身进行批判，而是针对人们对待某些道德观的态度进行批判。韦伯所批判的态度是，固执地坚持某些伦理教条，不考虑它对现实世界带来的影响，即使在固执地坚持它会引起灾难后果的情况下，人们也不对自身的态度进行调整，正是在此意义上，韦伯把这种态度称为信念伦理学。

阿多尔诺利用韦伯的上述界定，曾把康德的道德哲学判断为信

---

[1] 马克斯·韦伯：《学术与政治》，冯克利译，生活·读书·新知三联书店 2010 年版，第 107 页。

[2] G.恩德利：《意图伦理与责任伦理——一种假对立》，载《国外社会科学》1998 年第 3 期，第 13 页。

念伦理学。如上所述，既然信念伦理学仅指人们对待某种道德的态度，而不涉及该道德本身，那么阿多尔诺的判断道理何在？是否误读？确实，按照韦伯的界定，人们至多只能说，在对待康德的道德思想时，人们采取了信念伦理学的态度，或采取了责任伦理学的态度，但不能说，康德的道德哲学就是信念伦理学。为回答该质疑，我们认为，可把信念伦理学划分为"强的信念伦理学"和"弱的信念伦理学"。强的信念伦理学主要指：只要某种行动符合道德规范，那么我们就应坚决完成该行动，而不应考虑它是否会引起非道德的后果。弱的信念伦理学仅仅指：坚持一切道德规范必须可普遍化，但不教条地遵守某条具体的道德规范。很显然，韦伯是从强的意义上界定信念伦理学的。

在此，我们将指出：阿多尔诺把康德的道德哲学视为信念伦理学，是从强的意义上作出的判断。但是，康德的道德哲学不能被视为强的信念伦理学，只能被视为弱的信念伦理学。尽管阿多尔诺没有注意到信念伦理学强与弱的差别，但他却准确地批判了弱的信念伦理学。[1]

一、强的信念伦理学判断

阿多尔诺断定，康德的道德哲学是典型的信念伦理学。他的依据是康德隔离开了道德的经验因素：1.对道德规范的坚持不应考虑经验后果；2.道德的判断标准本身不包含经验因素。如果仅从第一个方面来理解，就会把康德的道德哲学认作是强的信念伦理学；如果仅从第二个方面来理解，康德的道德哲学则可以被认作是弱的信念伦理学。然而，这两个方面并非相互一致，从第一个方面不能推

---

[1] 本部分内容略经修改后已发表，参见周爱民：《论阿多尔诺对康德道德哲学的批判——从信念伦理学谈起》，载《哲学动态》2016年第3期。

论出第二个方面，反之亦然。阿多尔诺曾明确地从第一个方面理解康德的道德哲学，从而把它判定为强的信念伦理学。他特地列举了这样的例子：某人落水，即便旁人不会游泳，按照康德的道德哲学，即救人的道德义务应被无条件履行，他也必须跳下去救他，哪怕耽误其他人的营救或造成共同溺死的后果。[1] 针对人们根据后果的反驳，阿多尔诺设想康德可能会做出这样的回答："这个结果，依赖于经验的条件，它本身仅是经验性的东西，它与道德事实根本没有关系，道德事实只是纯粹意志的事实。"[2]

很显然，阿多尔诺设想的回答无法令人满意，不但如此，他还没有认真对待韦伯意义上的信念伦理学。韦伯的信念伦理学主要指人们对待某种道德规范的固执态度，而不是指道德规范本身是先验或者是经验的。阿多尔诺设想的康德式回答，却从先验和经验层面相区分的角度看待道德行为。从他把康德的道德哲学界定为信念伦理学的理由中，也可以明显看出这点，"康德的道德哲学在本质上将自己称为一种信念伦理学，因为自由被规定为一种完全形式的东西，如果你们愿意，还可以说，它被规定为认识论，所以，不仅所有的具体依赖性被取消，而且任何与事实（可能对伦理学本身产生影响的事实）的关系也被取消"[3]。

我们认为，只能从上述第二个方面，即从"弱的信念伦理学"层面来理解道德原则和经验因素的分离，才能解释上述看似是张冠李戴的回答。在展开康德的道德哲学为何能被视作弱的信念伦理之前，我们将首先指出，康德的道德哲学并非强的信念伦理学。

---

[1] 为了在"强的信念伦理"意义上批判康德的道德哲学，阿多尔诺还具体分析了易卜生的作品《野鸭》(Theodor W. Adorno, *Probleme der Moralphilosophie*, Suhrkamp, 1996, S. 235–240)。

[2] Theodor W. Adorno, *Probleme der Moralphilosophie*, Suhrkamp, 1996, S. 125–126.

[3] Theodor W. Adorno, *Probleme der Moralphilosophie*, Suhrkamp, 1996, S. 218.

首先，无论是在《道德形而上学奠基》中，还是在《实践理性批判》中，康德从未主张：行动者对道德规范的遵从应不考虑任何经验后果。康德只是强调作为所有具体道德规范的共同基础不能包含经验因素，或者说，某个准则是否能够充当为道德法则，它所依据的标准不能从经验世界中寻找。那么，在何种意义上，道德行为考虑了经验后果呢？

在康德那里，对后果的考虑主要局限在行动的意图方面。人类的有意行动，都是为了实现特定的意图。为了实现意图，就必须利用某种手段。至于使用何种手段能更好地实现意图，行动者必须事先依据特定情景作综合考虑。如果某种手段能够更好地完成意图，而又不节外生枝为意图的现实增添其他的负面影响，那么在实践层面，这种手段就是好的。由此可明显看出，实践理性必然要考虑各种经验后果。

在某些情况下，意图也可能附属于另外一些意图。例如，出版好的作品的意图可能是想谋求更好生活这个意图的产物。作为实现前一种意图的手段，可能不适用于后一种意图。因此，作为手段的好，并非是绝对的好。道德行动既然是有意识的行动，它必定也是达成某种意图的手段。既然作为手段的好本身都是相对的，那么如果存在绝对的好，就不可能体现在手段上。绝对的好，只能体现在意图层面，套用康德的话，只能是"善良意志"。现在的问题是：人们如何知道当下所具有的意图，是否是绝对的好呢？它是否是满足另一种意图的手段呢？

人们在日常生活中所持有的很多意图，确实都是实现其他意图的手段。对个体来说，最终的意图是追求生活的幸福，康德对此并不否认。但是，人们无法就什么是幸福达成普遍共识，谋求幸福的手段也多种多样，因此，幸福无法成为诸多意图的普遍衡量标准。

康德的解答是：可普遍化原则，即定言命令，"你要按照这样的准则行动，通过它，你能够同时意愿它成为一条普遍的法则"。康德认为，只要人们的意图能够经得住该普遍化原则的检验，并且人们确实承认它就是规范性力量的来源，那么该意图就是绝对的好。

为了证成定言命令是衡量一切意图的标准，是规范性力量的来源，以下两个论点至关重要：第一，作为普遍化的理性本身，不能作为人类更高意图的手段，即不能作为幸福的手段，它必须是"目的自身"[1]；第二，理性存在者是人类的本质所在，它是"本真的自我"[2]，是人们追求的目标。只有成功证成这两个论点，可普遍化原则才能成为衡量一切意图的标准。有趣的是，这两个论点都是阿多尔诺攻击的对象，我将在第三和第四部分廓清他的批判。

其次，在任何道德行动中，必须坚持用定言命令来检验意图，并非意味着道德行动就不考虑任何经验后果。意图的可普遍化过程，就是对经验后果的考虑。[3] 该过程是从个体意识出发的。个体如何知道这个意图是普遍的呢？康德认为，人们只能先假设它能够普遍化，然后再看它是否引起矛盾。如果引起矛盾，就不是道德法则；如果不引起矛盾，就是道德法则。矛盾体现在两个方面：要么意图在成为法则时，无法得以实现；要么该意图的拥有者根本不想它成

---

[1]　这就解释了为何康德在论述善良意志的特征之后，突然插入了对理性不能作为达到幸福的手段的论证（康德的这段论述参见 Immanuel Kant, *Groundwork of the Metaphysics of Morals: A German-English Edition*, Cambridge University Press, 2011, pp. 16–21）。不了解康德的这种论证目的，就会觉得康德在这里的论述很突兀，脱离了上下文语境，比如图根哈特就认为它们"不构成论证本身"（Ernst Tugendhat, *Vorlesungen über Ethik*, Suhrkamp, 1995, S. 109）。

[2]　"本真的自我"是理智的自我，是理智世界（die intelligible Welt），道德行为就是发现这种自我的钥匙，具体的分析可参见 K. Konhardt, "Faktum der Vernunft? Zu Kants Frage nach dem 'eigentlichen Selbst' des Menschen", *Handlungstheorie und Transzendtalphilosophie*, G. Prauss(Hg.), 1986, S. 160–184。

[3]　J. 西尔伯的分析从另一个角度支撑了笔者的解读，他认为康德的形式主义伦理学可以被解释为一种形成道德判断的程序主义，对行动原则的道德检验就是一种"假言式的视角转换"过程，这种过程就是对他人的需求和价值的考虑（John R. Silber, "Procedural Formalism in Kant's Ethics", *Review of Metaphysics*, Vol. xxiii, Nr.2, 1974）。

为法则。很明显，这两个方面都考虑到了行动后果与意图之间的关系。康德在《道德形而上学奠基》中列举的四个著名例子中（A. 意图自杀，B. 借钱时不想还钱，但虚心假意地承诺要还钱，C. 有才华，却试图整天堕落，D. 冷漠，不愿帮助任何人），第二个和第四个之所以无法通过普遍法则的检验，原因就在于结果与原本意图的冲突。例如第二个例子，假如这个原则普遍化后，即每个人在借钱时，作出还钱的承诺都是假的，就会造成借钱意图最终无法实现。

上述简单勾勒足以说明，行动者在道德行动中确实考虑到了经验后果。那么，阿多尔诺把康德的道德哲学判定为强的信念伦理就是不准确的。康德的道德哲学虽不能被视为强的信念伦理，但却可以被认作弱的信念伦理。它之所以是弱的信念伦理，主要原因在于，它不固执坚守某种具体的道德规范，而仅仅固执坚守一切道德规范必须是可普遍化的，即必须坚持为规范进行理性奠基。

二、强与弱的信念伦理学不可混同

上述断言可能还会遭到这样的反驳：难道康德不也强调对具体的道德规范的遵守，特别是对完全义务的遵守，不能因为考虑到任何其他经验后果而改变吗？康德苛刻地要求"不准说谎"这一义务在任何情况下都有效，不就是明证吗？

康德曾列举过两个例子说明人们应该在任何情况下都"不准说谎"，其中一个尤其受到广泛诟病。该案例分析了一种特殊情况：我们是如实地回答追上门的凶手，说他所追杀的人就藏在自己的家中，还是欺骗他，说此人并没有藏在自己家中？康德认为应该不要说谎，诚实地告诉凶手实际情况。他给出的解释充满争议。他认为，如果向凶手谎称此人不在自己家中，当此人出去后恰好与凶手碰面而被杀害时，那么责任就完全在于我们了；如果我们诚实地坦白，在我们坦白的过程中，被追杀的人可能乘机逃走，或者在凶手搜查时，我们也可以求助他人，抓住凶手。[1] 对日常的道德直觉来说，康德的解释显然无法令人满意。比如，康德所说的恰好与凶手碰面是小概率事件，而诚实坦白时求助者乘机逃走也是小概率事件，求助他人的帮助也是，既然都是小概率事件，为何不能倾向于撒谎救助求助者呢？

批评者普遍认为，对于义务的盲目遵守会造成可怕的后果（强的信念伦理）。这种可怕后果显示了康德道德哲学的失败。[2] 换言之，弱的信念伦理会导致强的信念伦理。不过，要得出该结论，必须首先回答：某种道德规范，在完全符合定言命令的情况下，是否还允许有例外情况？如果答案是肯定的，那么这就说明了，康德强调对义务的教条遵守与其自身的道德哲学思想不一致，由弱的信念伦理无法直接推出强的信念伦理。

在此，韦尔默的分析为我们提供了一条解决问题的线索。[3]

第一，韦尔默区分了"强的可普遍化"和"弱的可普遍化"。强的可普遍化是指"否定不可普遍化的准则"。这种否定建立在该基础上：行动者已经拥有了与不可普遍化准则相反的准则，并认为该准则能够成为普遍的法则。很显然，对强的可普遍化原则来说，否定是第二位的。"弱的可普遍化"是指，某个准则无法成为普遍的法则，因而要消除这个准则。韦尔默作出这样的区分，主要目的在于把康德的定言命令进一步精确为两个步骤：首先是弱的普遍

---

[1] Immanuel Kant, "On a Supposed Right to Lie from Altruistic Motives", *Critique of Practical Reason and Other Writings in Moral Philosophy*, ed. and trans. Lewis White Beck, University of Chicago Press, 1949, p. 348.

[2] Christine M. Korsgaard, *Creating the Kingdom of Ends*, Cambridge University Press, 1996, p. 134.

[3] Albrecht Wellmer, *Ethik und Dialog: Elemente des moralischen Urteils bei Kant und in der Diskursethik*, Suhrkamp, 1999, S. 24–32.

化，即某个准则是否可以普遍化；其次是强的普遍化，即把否定不可普遍化的准则当作是自身的另一个准则，换句话说，把否定矛盾当作是行动的准则。只有经过第二个步骤后，或者说，只能从禁止不可普遍化的行为方式出发，定言命令才能转化为具体的道德规范。[1]

其次，上述案例所反映的，表面上看是两个道德规范之间的冲突，实质上看并非如此。一种规范要求人们，应当帮助无辜的受害者幸免于难。另一种规范则要求人们，应当不准撒谎。韦尔默主张，只要我们能够弄清这两种规范以何种方式与"否定不可普遍化的准则"相关，那么这种冲突就能消解。第一种规范是对这个准则的否定，即"只要不对我造成不好的影响，我就帮助无辜的受害者"，而第二种规范否定的则是："只要对我有益，我就撒谎"。在上述具体情境中，我们首先面对的是，是否帮助无辜的受害者。由于"只要不对我造成不好的影响，我就帮助无辜的受害者"无法普遍化，那么通过否定这个准则，我们就应当无论如何帮助无辜的受害者幸免于难。而"不准撒谎"直接否定的是"只要对我有益，我就撒谎"。很显然，这个无法普遍化的准则，没有直接关涉上述特殊情境。因而，在那个具体情形中，两个看似冲突的道德义务，其实是在不同的层面被论及的，不存在直接冲突。在康德所列举的情形中，直接涉及的是是否帮助无辜受害者，而非是否通过撒谎给个人带来益处，因此帮助受害者否定的是与之相反的不可普遍化的准则"只要不对我造成不好的影响，我就帮助无辜的受害者"，而非"只要对我有

---

[1] 韦尔默的这种解读是以道德准则"善"与"恶"的二元区分为基础，因而可以从反面论证。如果这个前提不成立，这种划分会造成逻辑混乱。在此，笔者倾向于赞同这种二元区分，有关该主题的分析可参见 Niklas Luhmann, "The Code of the Moral", *Cardozo Law Review*, 14, 1992; Christine M. Korsgaard, *Creating the Kingdom of Ends*, Cambridge University Press, 1996, p. 134。

益，我就撒谎"，因此在此情形中用来评判行为的道德义务是应当无论如何帮助无辜的受害者幸免于难。

通过以上说明，笔者认为，在康德的道德哲学中，对道德义务的遵循确实允许例外情况。康德强调对义务的盲目遵守，并非直接源于他对可普遍化原则的坚持，即并非源于他的弱的信念伦理学。弱的信念伦理学并不直接等同于强的信念伦理学。因此，该观点就不正确了：康德的道德哲学会导致对具体道德规范的盲目遵守，因而是强的信念伦理学。如果说康德的道德哲学确实是信念伦理的话，也只能是弱的信念伦理。它包含两个方面的含义：一方面，持有这种道德哲学的人都坚持认为，道德义务的规范性力量来源于可普遍化原则，任何无法通过它检验的义务，不但无法得到承认，还要被禁止；另一方面，它又主张，对可普遍化的具体义务的遵循在具体的道德情境中会导致与其他道德义务相冲突，对之僵化的坚守会导致恶的后果。

虽然阿多尔诺有时把康德的道德哲学判断为强的信念伦理学，但是更多时候又把它视作弱的信念伦理。例如，上文提及的不顾一切拯救落水者的例子，明显说明了阿多尔诺确实把康德的道德哲学视为强的信念伦理。不过，阿多尔诺的回答却又表明，康德的道德哲学在此被理解成了弱的信念伦理。他认为，康德的道德哲学之所以不考虑具体的经验因素，正是因为"它与道德事实根本没有关系，道德事实只是纯粹意志的事实"。这里所谓的纯粹意志的事实，显然是指理性的事实。很明显，阿多尔诺是在强调，康德的定言命令不考虑任何经验因素。然而，定言命令本身完全不包含任何经验事实，并不排除道德行为和对具体的道德规范的检查过程中，考虑到了经验因素。换句话说，不能从弱的信念伦理直接推出强的信念伦理。正因为没有意识到信念伦理强与弱的差别，阿多尔诺才不合理地把康德的道德哲学也视为强的信念伦理。有趣的是，阿多尔诺的批判主要针对的不是强的信念伦理，而是弱的信念伦理。虽然阿多尔诺简单地把康德的道德哲学判断为强的信念伦理，对康德的道德哲学来说有失公允，但是他对弱的信念伦理的批判却直中要害。

三、理性不是目的自身

可从两个方面看待阿多尔诺对弱的信念伦理的批判。这两个方面主要针对康德为了证成定言命令是衡量一切道德规范的标准所需要的两个论点。如上文已指出的，这两个论点是：第一，普遍化的理性是"目的自身"；第二，理性存在者是人类的本质所在，它是"本真的自我"。针对它们，阿多尔诺作出的批判是：1. 纯粹抽象的形式理性并非"目的自身"，它是人类自我保存的工具，反映了人类对自然和对自身的统治；2. 在错误的生活中，"本真的自我"无法实现。本部分将展开第一个方面的批判。

通过对形式理性"原初史"（Urgeschichte）的考察，阿多尔诺完成了对第一个方面的批判。当然，这种考察并非阿多尔诺一人之功，而是与霍克海默合作的结晶。在两人合著的《启蒙辩证法》中，现代文明的发展被视为形式理性逐步发展的过程，套用马克斯·韦伯的话，文明的发展过程是对自然进行祛魅的合理化过程。然而，其结果却是"人类堕落进一种新的野蛮方式中"。该书的主要任务是：试图澄清形式理性怎样与野蛮联系在了一起。粗略来看，作者的论证可分为两个方面。第一，从人类认知世界的角度阐明理性的形式化过程发端于人类史前时期。理性在其起源处就与人类对自然的恐惧和自我保存的"自然本能"（Naturtrieb）交织在一起。第二，从社会存在的角度阐明理性的形式化过程始终与社会权力紧密相关。通过第一个方面，作者认为形式理性是人类统治自然的手段；通过第二个方面，作者认为形式理性是社会统治的手段。很明显，这两个方面都否定了康德的理性是目的自身的观点。下文将分别展开这两个方面的分析。

第一，霍克海默和阿多尔诺的考察方式与尼采对道德的谱系学批判极为相似。像尼采一样，他们认为在人类的原初历史中，合理化过程就已开始。该过程可以被粗略地划分为四个阶段：巫术、神话、形而上学、实证主义。划分的主要依据是人与自然的"疏远"程度。

通过对原始巫术活动的考察，作者认为看似是怪异的巫术活动其实蕴含着合理性的动机。在巫术仪式中，巫师所戴的各种图案迥异的面具和手舞足蹈的动作都表达着同一个目标：试图通过这种模仿影响被模仿的对象，以达到消除对超自然力量的恐惧和自我保存的目的。尽管如此，人类在此阶段，主要通过"模仿"（Mimesis）的方式认识自然对象。因此，人类使用的语言符号（比如象形文字）跟事物相类似，具有"亲缘性"（Verwandtschaft），它们之间并没有彻底地相互分离。[1]

到了神话阶段，这种分离程度进一步深化。形态多样的古老的神话信仰，地方性的民族宗教，被统一的父权制神话体系所取代。诸神不再直接等同于相对应的各种自然现象，而是解释着这些现象。[2] 世界被分离为神的世界和现象世界，现象界获得了统一性，各种形态多样的差异，不再具有根本的重要性，它们共同成为人类统治的对象。人类成为主人，物仅仅是服务于人类自身保存的工

---

[1]　Max Horkheimer und Theodor W. Adorno, *Dialektik der Aufklärung*, in: Adorno, *Gesammelte Schriften* Bd. 3, Suhrkamp, 1981, S. 27.

[2]　Max Horkheimerund Theodor W. Adorno, *Dialektik der Aufklärung*, in: Adorno, *Gesammelte Schriften* Bd. 3, Suhrkamp, 1981, S. 24.

具。[1] 正是在此意义上，两位作者认为，相比于巫术阶段，神话是更进一步的启蒙。

以古希腊哲学为代表的形而上学，又推进了这种逻辑的发展。诸神的位置被逻各斯所取代，世界被分为本质与现象，存在与非存在，一与多，等等。概念的认识方式彻底取代了巫术时代直至神话时代还残留的模仿方式。到了实证主义时代，人与自然的远离达到了顶峰。事物仅仅被当作各种性质的集合体。个别物仅仅是其类存在中可以被任意取代的样本。人的自我保存也被割裂开来。此时宣扬的自我保存，仅仅是抽象的我。人具有的自然性质被当作无法进行科学认识的对象，而遭到了排除。此时，以数学为基础的形式理性占据了主导地位，成为认识真理的唯一方式。

霍克海默和阿多尔诺认为神话是启蒙，把"启蒙运动"扩展至人类史前史中，主要意图并非想提供一幅线性的人类历史发展画卷，[2] 而是试图打破理性主义神话，使得理性与恐惧，与对自然的控制联系在一起。在此基础上，作者进一步需指出的是：理性对自然的控制，为何没有实现最初的诺言，为何没有使人成为主人？为何会导致像奥斯维辛集中营那类惨绝人寰的野蛮现象呢？

如果作者的分析仅停留于上述框架中，那么确实很难回答这些问题，而且上述的分析，也没有清楚地揭示理性形式化历程的持续动力何在。尽管作者认为，自我保存为之提供了动力，但是如果自我保存仅仅被当作唯一的动力，而且还是人类最具决定性的自然本能，那么堕入野蛮似乎就成了人类的宿命。因此，多数学者认为，

---

[1] 霍克海默和阿多尔诺认为，《旧约·创世记》中，神让人统治世间万物，就是这种统治逻辑的典型代表（Max Horkheimer und Theodor W. Adorno, *Dialektik der Aufklärung*, in: Adorno, *Gesammelte Schriften* Bd. 3, Suhrkamp, 1981, S. 24–25）。

[2] 蒙克勒（Herfried Münkler）就错误地持有这种观点，参见 Manuel Knoll, *Theodor W. Adorno: Ethik als erste Philosophie*, Fink, 2002, S. 92–93。

霍克海默和阿多尔诺就此陷入了彻底的悲观主义。

与上述观点相反，笔者认为霍克海默和阿多尔诺并没有陷入彻底的悲观主义，他们对启蒙的批判旨在提供一种积极的启蒙概念。[1]如果这种构想是可能的，那么现代文明的主要问题就不可能被全部归因为人类的自我保存。人们之所以得出这个错误结论，主要原因在于没有意识到他们第二个方面的分析，从而把他们的批判限定在认识层面。[2]然而，霍克海默和阿多尔诺的批判并没有停留在认识层面。正是对历史唯物主义的继承，他们才能既分析形式理性与野蛮的关系，又不会堕入彻底的悲观主义。

第二，霍克海默和阿多尔诺清楚地指出："主体对客体的疏远（它是抽象的前提），建立在对物疏远的基础上，统治者通过被统治者获得了这些物……思想的普遍性，就像推理逻辑学所展示的普遍性，并且概念领域的统治，都矗立在现实统治的基础上。"[3]这段话明显是对马克思的"社会存在决定社会意识"的继承。正是在此思想基础上，作者具体分析了理性的形式化进程如何与社会的权力统治交织在一起。

在巫术阶段，祭司和巫师掌控了象征性语言。这种语言被原始人类认作是唯一能与神秘的"曼纳"（Mana）世界沟通的媒介。因此，掌握了该媒介的祭司和巫师，实际上掌握的是统治的权力，与此相对的是，其他人则必须听命于他们："反复出现、永远相同的自然过程，要么被异族，要么被本族的派系，烙刻在臣服者的心中。

---

[1] Max Horkheimer und Theodor W. Adorno, *Dialektik der Aufklärung*, in: Adorno, *Gesammelte Schriften* Bd. 3, Suhrkamp, 1981, S. 16.

[2] Y. 谢拉特就曾把启蒙辩证法的批判仅仅归为认识论批判，忽略了马克思的历史唯物主义的影响（Yvonne Sherratt, "The Dialectic of Enlightenment: A Contemporary Reading", *History of the Human Sciences*, 1999, 12）。对历史唯物主义的忽视，还会导致过分地夸大"模仿"概念的重要性。例如 Ernesto Verdeja, "Adorno's Mimesis and its Limitations for Critical Social Thought", *European Journal of Political Theory*, 2009, 8: 493。

[3] Max Horkheimer und Theodor W. Adorno, *Dialektik der Aufklärung*, in: Adorno, *Gesammelte Schriften* Bd. 3, Suhrkamp, 1981, S. 29–30.

这种过程就如同棍棒敲打所产生的劳动节奏一样，在每个鼓声，每个仪式中，都回响着这种节奏。"[1]

随着游牧部落的定居和对其他民族的征服，私有财产出现了。从此，社会权力便从巫师阶层转向了有产者。而被征服的群体，则成为无产者，成为劳动者。统治和劳动的分离，被霍克海默和阿多尔诺看作是人类历史进程至关重要的一步。与涂尔干相反的是，霍克海默和阿多尔诺认为，建立在私有财产基础上的劳动分工，不是社会团结的体现，而是社会统治的体现。他们认为，人类在摆脱盲目的自然强力试图树立自主意识的历史过程中，并非采取所有人都平等参与的方式，而总是以一部分人统治另一部分人的方式参与此过程。正是在这种统治中，产生了三个方面的"疏远"：人与外在自然的疏远、人与内在自然的疏远、人与人之间关系的疏远。在《启蒙辩证法》第一个附录中，阿多尔诺淋漓尽致地分析了这三种疏远关系。张双利教授曾把这种关系精辟地概括为："奥德修斯的思想是无内容的思想，水手们的感性劳动是无内容的感性。"[2] 奥德修斯代表的是统治阶级。水手们代表的是被统治阶级。奥德修斯远离了劳动，他的思想仅仅是抽象的自我保存，仅仅是如何控制臣服于他的水手。为了控制他们，他自身也必须努力克制自己的感性冲动。而水手为了完成劳动量，只能努力克制自己的感性冲动，无法享受劳动的意义。在形式理性与这种统治关系的相互促进中，"被统治、被压迫并且通过自我保存被消解的实体，不是任何其他东西，仅仅是活生生的东西……是应当真正被保存的东西"[3]。

---

[1] Max Horkheimer und Theodor W. Adorno, *Dialektik der Aufklärung*, in: Adorno, *Gesammelte Schriften* Bd. 3, Suhrkamp, 1981, S. 37–38.

[2] 张双利：《理性何以沦为权力的纯粹工具》，《学术月刊》2014 年第 3 期，第 70 页。

[3] Max Horkheimer und Theodor W. Adorno, *Dialektik der Aufklärung*, in: Adorno, *Gesammelte Schriften* Bd. 3, Suhrkamp, 1981, S. 73.

只有从社会统治和理性形式化过程相互交织的角度，才能很好地解释科学的合理化道路为何无法打破权力统治的魔咒。进一步分析这种关系如何最终以法西斯式的极权主义面貌出现，并非这里的主要任务。笔者在此只想指出，通过对形式理性原初史的考察，阿多尔诺可以断定康德的理性作为目的自身的观点根本无法成立。一方面，它是人类统治自然，从而达到抽象自我保存的工具；另一方面，它总是与社会权力交织在一起。在阿多尔诺看来，康德的道德哲学不但没有揭示在社会的统治关系中，自我放弃根本不会换回真正要保存的东西，或者说补偿根本无法兑现，反而掩盖了该事实，即把自我放弃变成"自在存在者"，"自在的善"，把它拜物教化了。[1]

四、正确的生活无法实现

在《最低限度的道德》中，阿多尔诺曾旗帜鲜明地宣称"在错误的生活中，没有正确的生活"[2]。这一纲领式的宣言通常被多数学者解读为：直接宣扬正确生活的道德哲学不再可能，因此无需研究道德哲学，应该转向社会批判。如果确实是这样，那么人们便无法解释，为何阿多尔诺晚年还研究康德的道德哲学，为何他要试图构思一部关于道德哲学的专著。在此，本文赞同库拉那的观点。他认为，阿多尔诺否定的道德哲学不仅指涉一种必须被否定的社会，同时指涉道德行为本身具有内在的矛盾性。[3]

---

[1] Theodor W. Adorno, *Probleme der Moralphilosophie*, Suhrkamp, 1996, S. 207.

[2] 阿多尔诺有意避免使用传统道德哲学所强调的"好生活"（das gute Leben），而改用"正确的生活"（das richtiges Leben）不再可能，暗示了他对德性伦理学的不满。阿多尔诺批判了对伦理习俗的无批判适应，它被看作是应当被否定的"第二自然"（die zweite Natur）。因此，阿多尔诺对弱的信念伦理的批判，并不意味着他就赞同责任伦理，阿多尔诺对责任伦理的批判，参见 Theodor W. Adorno, *Probleme der Moralphilosophie*, Suhrkamp, 1996, S. 245–247.

[3] Thomas Khurana, "Impuls und Reflexion: Aporien der Moralphilosophie und die Moral der Aporien nach Adorno", *Zeitschrift für Kritische Theorie*, 2013, 36, S. 60–82.

阿多尔诺否定的道德哲学内涵丰富，鉴于主题关系，下文的论述将仅限于分析阿多尔诺对康德道德哲学第二个方面的批判，即在错误的生活中，"本真的自我"根本无法实现。它包含两个方面的含义：1.清除了自然因素的本真自我，在道德行动中，总会陷入矛盾状态；2.坚持"本真的自我"会导致恶的后果。前者所指的矛盾内在于道德行动之内。这种矛盾如果无法被消除，道德哲学本身就无法成立。后者所引起的困难主要是指道德行动后果所造成的矛盾。因此，它是外在的矛盾。该矛盾并不直接导致对道德哲学的彻底否定，而是导致对如何使之可能的反思。

（1）康德所强调的本真自我，主要是指理智世界（自在世界）的存在者，即自由的行动者，并非指受现象界因果律制约的存在者。它与现象界中行动者的关系是什么呢？在阿多尔诺看来，对行动者的严格切分会导致一种矛盾状态。一方面，如果本真自我的自由行动在现象界是可能的话，那么它便失去了先验的特征，必然要遵循现象界的因果律，它便由此不再是自由行动，也就不再是纯粹的本真自我了；另一方面，假如该自由行动不存在于现象界，只存在于自在世界，那么它与日常经验世界便没有关系，自由行动由此仅是空洞的理念。换句话说，本真的自我就不具有现实性。当然，康德可能反驳说，本真的自我和现象界的自我不是两个完全不同的自我，而是人类同一个理性的不同运用。[1]但问题是：当实践理性作用于理论理性领域，实践理性便丧失了自身的自由本质，从而完全服从于后者的原则。因为自由如果现实地存在，因果律的严格性将被打

---

[1]　康德通过阐发它们是同一个理性的不同运用从而试图构建体系，但它们不是从一个统一的最高原则推论出来，而是分属不同领域，这点有别于他之后的费希特、谢林，具体分析可参见 Dieter Henrich, "Systemform und Abschlussgedanke: Methode und Metaphysik als Problem in Kants Denken", *Akten IX. Internationalen Kant-Kongresses*, Walter de Gruyter, 2001, 94ff.。

破，这与康德对因果律的界定相矛盾；如果实践理性无法作用于理论理性领域，那么它便不是实践性的理性，因为人类所有的实践行为都与现实的经验世界相关涉。

阿多尔诺的上述批评，还切中了理性主义道德传统中的动机问题。休谟曾明确地表述了该困难："道德准则既然对行为和情感有一种影响，所以当然的结果就是，这些准则不能由理性得来；是因为单有理性永不能有任何那类的影响。"[1] 尽管康德一再强调，定言命令能够引起人们的敬畏感，但是对于理性怎样引起了这种特殊的情感，康德并没有说清楚，他只是这样断言而已。阿多尔诺赞同这种指责，但没有像休谟那样滑向了道德情感主义。

（2）该方面的批判并非阿多尔诺首创，其实黑格尔在反思法国大革命时，早已意识到固执坚守某种空洞的道德理念会导致灾难性后果。在《道德哲学的问题》中，阿多尔诺继续了黑格尔的批判，还同时糅合了布莱希特的思想。[2] 阿多尔诺的观点是：在错误的社会中，坚持正确生活只会造成不道德的后果，因此正确的生活无法得到真正实现。乍看起来，阿多尔诺的观点可能危言耸听。因为即便社会再恶，个人也可能独善其身。然而这种坚守个人德性的德性伦理其实根本无法成立。康德的"本真自我"不但与现象界自我相分离，同时还蕴含着普遍主义观点，即行动者们无论在何时、何地，都必须坚持以本真的自我为目标，用康德的话来说就是，"你要如此行动，把你人格中的人性，和所有其他人人格中的人性，任何时候都同时用作目的，绝不能仅仅用作手段"[3]。但是，在恶的社会中，

---

[1]　休谟：《人性论》下册，关文运译，商务印书馆 1983 年版，第 497 页。

[2]　在戏剧《四川好人》中，布莱希特表达了这种观点：简单坚持善的生活，只会造成恶的结果。只有戴上恶人的面具，才能真正做好事。

[3]　Immanuel Kant, *Groundwork of the Metaphysics of Morals: A German-English Edition*, Cambridge University Press, 2011, p. 86.

人们互相作为手段而存在。如果某人坚持把别人视为目的，那么他的行动始终会造成自身成为别人的手段。这意味着，出于善的动机始终会对自身犯下恶的后果。另一方面，如果某人同时固执要求别人也如此这样，那么别人也会成为其他人的手段，也会造成恶的后果。正是在此意义上，阿多尔诺说："纯粹的道德要求可以由于它独特的纯粹性而过渡到恶，并且是在下面这个确切意义上，即这个要求在毁灭客体，或者必须更好地说，它在毁灭主体。正因如此，这个要求才能生效。"[1] 因此，阿多尔诺认为康德的道德哲学陷入了幼稚的乐观主义，因为"这样的问题在康德道德哲学中是阙如的，即善的理念或正确的行为，和满足它的可能性之间是否存在着矛盾的问题，或者说是否就根本不具有这种可能性"[2]。

为了解决上述两个矛盾，阿多尔诺首先引入了"自发性"概念试图解决第一个矛盾，其次把社会批判引入伦理学试图解决第二个矛盾。所谓的自发性是指主体所具有的，无法被理性清楚地认识的冲动。在冲动的驱使下，主体能够做出善的行动，例如阿多尔诺所列举的该现象：在法西斯极权统治下，人们明知反抗不可能成功，但在无法忍受那种恶的情感驱使下，仍然奋起反抗。[3] 当然，阿多尔诺并不认为，道德行动仅依赖于这种自发性的冲动就足够。他同时也强调，上述自发性之所以是道德的，并且人们之所以产生上述情感，在于人们首先认识到极权主义的恶。例如，当法西斯政府的警察敲开民众的家门进行突然检查时，如果他们对这个刚刚掌握国家机器的组织没有进一步的了解，仅仅把这个突然检查视为与其他时刻的检查毫无区别时，那么他们也就无法体验到对此有着深刻洞

---

[1] Theodor W. Adorno, *Probleme der Moralphilosophie*, Suhrkamp, 1996, S. 234.
[2] Theodor W. Adorno, *Probleme der Moralphilosophie*, Suhrkamp, 1996, S. 113–114.
[3] Theodor W. Adorno, *Probleme der Moralphilosophie*, Suhrkamp, 1996, S. 19–20.

察的人的家门被敲开时那一刻的恐惧。[1] 行动者虽然受情感的驱使，但由于行动者在反思的基础上认识到自身行动的正当性，此时行动者不但不认为受这种情感驱使的行动处于自然因果律支配之下，反而把这种情感确证为对自身自由的体验。[2] 通过把这种情感因素引入道德行动，阿多尔诺否定了本真的自我。在阿多尔诺看来，道德行动的理性自我"有别于自然，但是仍是自然的一个因素"[3]。

因此，阿多尔诺认为正确的生活不再可能，并不是指自由的道德行动在理论上讲是不可能的，这种不可能更多地是指它的现实性问题。处于统治关系的社会中，人普遍被视作手段。即使在实践活动中，坚持对恶的反抗体现的是自由，但是如果反抗成功实现的条件是，别人始终被当做手段或者始终导致别人沦为手段的后果，那么这种自由其实与恶始终相伴随，始终就不具有现实性。要使这种自由真正实现，必须首先进行批判，因为"在第二自然中，在普遍的依赖中，不存在自由，因而在宰制的世界中，也不存在伦理学"[4]。也就是说，在这种社会中，强调正确生活的伦理学不具有现实性。因此，对追求这种生活的人来说，面临的首要问题就不再是固执坚守这种生活，而是首先要反思它如何在当下成为可能。这意味着，伦理学要过渡到社会批判和政治批判，"在今天，人们还能称之为道德的东西，已经过渡到追问世界的建构，或者人们也能说，追问正确的生活可能就是追问正确的政治"[5]。

---

[1] 具体分析参见 Theodor W. Adorno, *History and Freedom: Lectures 1964–1965*, ed. Rolf Tiedemann, trans. Rodney Livingstone, Polity, 2006, pp. 19–28。

[2] 很显然，阿多尔诺此时是从参与者的视角，而不是从观察者的视角来解决自由和自然因果律的二律背反的，进一步的分析参见 Jürgen Habermas, "'Ich selber bin ja ein Stück Natur' —Adorno über die Naturverflochtenheit der Vernunft. Überlegungen zum Verhältnis von Freiheit und Unverfügbarkeit", *Dialektik der Freiheit*, Axel Honneth(Hg.), Suhrkamp, 2005, S. 13–40。

[3] Theodor W. Adorno, *Negative Dialektik*, Suhrkamp, 1975, S. 285.

[4] Theodor W. Adorno, *Probleme der Moralphilosophie*, Suhrkamp, 1996, S. 261.

[5] Theodor W. Adorno, *Probleme der Moralphilosophie*, Suhrkamp, 1996, S. 262.

　　至此，阿多尔诺对康德的道德哲学批判，可以被清楚地归结为两个部分。第一，即使是弱的信念伦理，也会导致对理性的过度抬高，这种拔高不仅会导致道德行动对感性自然的压制，还会导致道德行动本身的消解。因为这种抽象的理性是人类统治自然的工具，与社会的权力因素紧密相关。第二，即便是弱的信念伦理，在处于统治关系的社会中，也会导致恶的现象。因此，在此社会中，正确的生活无法得以实现。这意味着，对它如何得以被实现的反思成为当务之急。道德生活的真正落实必须首先依赖于社会批判。社会批判应当成为伦理学的组成部分。阿多尔诺强调，只有在整体利益与个体利益的矛盾被消解的社会中，正确的道德生活才可能。阿多尔诺道德哲学的困难恰恰也出现在此处。如果伦理学必须首先依赖于社会批判，如果正确生活的实现，必须首先建立在理论反思的基础上，那么，伦理学便被转变成了一门理论科学，便彻底丧失了作为实践哲学的本质特征。尽管存在不足，但阿多尔诺的批判对当今的启示至少是：若要真正过上正确的生活，人们既不能夸大抽象的自由行动的重要性，也不能放弃对社会统治的批判。

第四章　否定的道德哲学与社会批判

　　道德哲学的可能性，不取决于个体在私人领域是否还坚持着正确的生活，而取决于社会总体是否是正义的。因为私人领域在当代社会已蜕变成"副产品"，它依附于社会生产，被社会生产所钳制。以为试图躲入私人领域，就能够守护主体的自主性，无异于缘木求鱼。该做法实质是一种逃遁，一种无异于资产阶级主体的冷漠将被迫发展出来。这种建立在冷漠基础上的自主性，也只不过是"木偶的自主性"。真正的道德哲学是要揭示这种两难：一方面身处社会生产中的主体，感受到的是被压迫和不自由；另一方面如果主体试图脱离生产体系，那么它面对的将是更加的不自由，将是仅为生存而忧。在被商品交换普遍中介的社会中，这种逃遁是不可能的。这种两难并不仅是理论上的不一致，它是由扎根于社会系统中的非理性所致。社会整体的非理性通过商品交换的中介，体现在个体行为中。奥斯维辛现象彻底暴露了当代资本主义社会整体的非理性，也暴露了所谓的文明的社会行为中其实同时也潜藏着它的反面。道德生活的可能性，首先就在于洞察这种非理性，即进行社会批判，而不是躲入世外桃源，独善其身，也不是不假思索地拿起武器与之抗争，这两种实践本质上是非实践的。

第一节　辩证的社会概念

阿多尔诺的社会批判思想深受霍克海默的影响。不过有趣的是，霍克海默在战后返回德国后，有意识地与早年的社会批判主张保持着距离。在两卷本文集《批判理论》[1] 的前言中，霍克海默清楚地表达了他与这些早年作品之间的距离。他不再承认支撑这些作品的"经济与政治观念"可以直接运用到当下社会，并警告人们，"非反思和教条地把批判理论运用到已经变化了的历史环境中，反而只会加剧该理论所意图否定的过程"。霍克海默坦言，因考虑是否再次出版这些曾发表在《社会研究杂志》[2] 上的文章，自己还曾犹豫了很久。对待早期批判理论的这种怀疑态度是否是 1968 年学生运动负面影响的产物？事实上并非如此。自从霍克海默结束流亡生涯重返德国后，他就已持有这种态度。哈贝马斯曾回忆，当他在 20 世纪 50 年代（1956—1959）担任社会研究所研究助理期间，霍克海默曾明确制止他们阅读保留下来的《社会研究杂志》。这些杂志被全部装入木箱，封存在社会研究所的地下室。[3] 另外从保留下来的霍克海默与阿多尔诺的对话记录中，也能窥见战后霍克海默的悲观态度。与阿多尔诺对未来抱有希望的态度相反，霍克海默明确指出："从长远来看，事情无法改变。倒退的可能性总是存在

---

[1]　Max Horkheimer, *Kritische Theorie*, Vol. I und II, S. Fischer Verlag, 1968.

[2]　《社会研究杂志》（*Zeitschrift für Sozialforschung*）是霍克海默就任社会研究所所长后主持发行的杂志，是阐述和宣传批判理论的核心刊物。

[3]　Jürgen Habermas, "The Frankfurt School in New York", *Foundations of the Frankfurt School of Social Research*, Judith Marcus and Zoltan Tar(ed.), Transaction Books, 1988, p. 58.

的。这意味着我们必须同时拒绝马克思主义和本体论。好的和坏的都不会留下，但坏的更有可能存活下来。批判性思维必须摆脱马克思主义，马克思主义说只要你成为社会主义者，一切都会好起来的。我们对人类的期望不过是或多或少破旧的美国制度版本。我们之间的不同之处在于，泰迪仍然对神学保持着一定的爱好。我自己的想法倾向于说好人正在消亡。在这种情况下，计划将提供最好的前景。"[1]

　　与霍克海默的态度相反，阿多尔诺重返德国后（除了曾短暂地公开支持社会学中的经验研究外 [2]）并未日趋保守。在与社会实证主义的论争中，他继续坚守早期批判理论的基本观点。对社会实证主义不遗余力的批判，逐渐使得阿多尔诺声名大噪。终于在 1961年，当时的德国社会学协会有意邀请了阿多尔诺和波普尔参与讨论社会学的逻辑的和科学的基础。[3] 不过，会议组织者颇为失望，认为两人不但没有清楚阐释他们之间观点的对立，反而有时似乎令人吃惊地"达成一致"[4]。尽管如此，在阿多尔诺看来，他已经清楚阐释了他与实证主义之间的区别，并在社会理论的课程（《哲学与社会

---

[1]　Theodor Adorno and Max Horkheimer, *Towards a New Manifesto*, trans. Rodney Livingstone, Verso, 2011, p. 30.

[2]　著名社会学家拉扎斯菲尔德（Paul F. Lazarsfeld）（他与阿多尔诺短暂共事过），曾注意到阿多尔诺对待经验研究态度的巨大转变。他指出，在 1951 年，时任德国社会学协会主席的 L.v. 威斯（Leopold von Wiese），组织召开了有关社会经验研究地位的研讨会，阿多尔诺作了主要报告声援经验研究，可仅仅 5 年后，他便彻底否认经验研究。详细说明参见 Paul F. Lazarsfeld, "Critical Theory and Dialectics", *Foundations of the Frankfurt School of Social Research*, Judith Marcus and Zoltan Tar(ed.), *Transaction Books*, 1988, pp. 230–231。

[3]　两人的争论在当时的学术圈并未产生大的影响。直到 1963 年，哈贝马斯和 H. 艾伯特（Hans Albert）加入论战后（哈贝马斯发表《分析的科学理论与辩证法：波普尔与阿多尔诺之争的补充》，该文收录于霍克海默主编献给阿多尔诺 60 岁生日的文集中，即 *Zeugnisse. Theodor W. Adorno zum sechzigsten Geburtstag*, Frankfurt, 1963，艾伯特旋即发文回应，双方就此进行了几个回合的争论），才使得之前的争论产生了广泛影响。最终，1968 年，阿多尔诺受出版社之邀，以题为《德国社会学中的实证主义之争》编辑出版了这场争论的相关文章，并为此撰写了长篇序言。

[4]　Ralf Dahrendorf, "Remarks on the Discussion of the Papers by Karl R. Popper and Theodor W. Adorno", *The Positivist Dispute in German Sociology*, trans. Glyn Adey and David Frisby, Heinemann, 1977, pp. 123–124.

学》[1]《社会理论中的哲学因素》[2]《社会学导论》[3]）、德国社会学协会会议（《晚期资本主义社会或工业社会?》）和多部作品中，反复阐述了这种区分。在此，我们不可能详细陈述这段争论的历史，这无异于撰写战后德国社会学发展史。下文仅限于廓清阿多尔诺在这场争论中所持的基本立场，即他的社会理论的基本观点。

一、反实证主义的本质概念

阿多尔诺是在相当广泛的意义上使用实证主义概念的，这里的实证主义并非指严格意义上的维也纳学派的新实证主义。[4] 他认为所有那些持科学立场反对一种社会的辩证理论的观点，那些声称没有本质，只有现象的立场，都可称为实证主义。[5] 在理解社会概念时，这种实证主义主张社会学应放弃抽象的社会概念，社会学的研究对象应当首先是诸多的社会现象，应当首先从中"清除所有以哲学为导向的观察方式"，以便"使社会学最终可以显而易见，以下所有的这些无非是社会学，即科学地和系统地探讨社会生活的普遍秩序，它的运动与发展的法则，它与自然环境，与广义上的文化，与生活的单个领域，最后与人类的社会—文化人格的关系"[6]。所有这些社会学的探讨对象，都被归入社会现象之列。这些现象可以通过社会统计的方法，不断被整理和加工，从而形成某些解释机制，这些解释机制就构成实证主义者眼中的社会理论。一旦这种社会理论中的某种解释机制无法解释新发现的或新出现的现象，理论家的任

　　[1]　Theodor W. Adorno, *Philosophie und Soziologie*, Suhrkamp, 2011.
　　[2]　Theodor W. Adorno, *Philosophische Elemente einer Theorie der Gesellschaft*, Suhrkamp, 2008.
　　[3]　Theodor W. Adorno, *Einleitung in die Soziologie*, Suhrkamp, 1993.
　　[4]　阿多尔诺专门针对新实证主义者如罗素、怀特海和维也纳学派的总体批判，参见 Theodor W. Adorno, *Philosophie und Soziologie*, Suhrkamp, 2011, S. 158ff.。
　　[5]　Theodor W. Adorno, *Einleitung in die Soziologie*, Suhrkamp, 1993, S. 38.
　　[6]　Rene König, "Einleitung", *Soziologie. Das Fischer Lexikon* Bd. 10, R. König(Hg.), Fischer Verlag, 1958, S. 7.

务仍只限于继续完善观察方法，优化已使用的统计方法，从而使得这些另类现象可以最终被解释，或修正已有的理论解释机制。

可以说，这种理论观念是两种趋势的产物。一种趋势是逃离尼采曾经否定的传统形而上学的藩篱。该传统认为在世界现象的背后有一个隐匿的他者，即尼采所指认的"背后世界"。对它进行批判，是近代启蒙思潮的主要意图之一。另一种趋势是社会学研究越来越重视方法问题。例如，当时的社会学家埃尔温·肖伊希（Erwin K. Scheuch）就强调社会学的工作应当主要以方法研究为导向，必须研究社会学的研究方法，而不是根据对象的重要性展开相应研究。[1]方法论研究的目标是，试图能够把所发明的方法运用到不同的问题领域，运用到不同的研究对象领域中。很明显，这种社会学其实就是想把自身改造为一种运用工具，一种能够解决具体问题，完成具体任务的工具，如能够完成工厂、官僚体制中所下达的任务，而不管下达任务的工厂和官僚体制的性质是什么。只有能够解决具体问题，完成具体任务的社会学才具有实践效用，才能为社会做出有用的贡献。

实证社会学通过清除改变世界的乌托邦式向往，把自身限制在纯粹的器具之用层面。这种自我限制的社会学本质上却是对既定制度的辩护。这种社会学中所主张的思维，自始至终只被限定在既有的规则系统中，限定在社会的既定事实中，例如"资产阶级社会被组织起来的法则（如交换法则），并没有被当作是已生成的，或已产生的，并因此被视为有问题的，而是被当作实证的东西接受，即在此意义上——人们遵循着那些正是在此的东西"[2]。这种社会学理论被阿多尔诺批判为"科学的拜物教"。所谓科学的拜物教是指，"科

---

[1] Theodor W. Adorno, *Einleitung in die Soziologie*, Suhrkamp, 1993, S. 38–39.

[2] Theodor W. Adorno, *Philosophie und Soziologie*, Suhrkamp, 2011, S. 37.

学的论证结构和它的内在方法成为目的自身，并没有联系到它所必须从事的东西"[1]。在此，阿多尔诺延续了霍克海默的论证，即科学的有效性不能脱离它的社会历史起源和它所服务的目的。

正是在此背景中，阿多尔诺清楚地表达了他对法兰克福学派社会学的自我理解。法兰克福学派的批判的社会理论与社会实证主义的主要区别在于，它不屈服于这种拜物教。非拜物教特征的社会学（批判的社会理论）关系到如此这般的思想领域：尽管它具有实践的目的，即致力于改变社会的结构，但仍然无法像社会实证主义者宣称的那样能够直接转化为实践运用。也就是说，该社会理论并非把自身局限于具体的器具之用层面，而是旨在从整体上批判社会结构是否合理，并致力于改变不合理的社会结构。

针对阿多尔诺所主张的社会学，拉尔夫·达伦多夫（Ralf Dahrendorf）曾指责，涉及社会整体的社会学，无法解决社会中的具体问题，因此这种社会学其实是远离了实践，是一种寂静主义。针对该反驳，阿多尔诺阐述了他所理解的实践。他认为实证主义的实践概念才是一种寂静主义。实证主义只关注眼前的具体问题，试图通过"脚疼治脚，头疼治头"的方式逐一解决具体问题，这种不通过思考社会总体的解决问题方式，表面上看是解决了问题，但实质上是治标不治本，只会起到维护既定现状的作用。阿多尔诺认为，严格意义上的实践，关涉的是社会的总体结构，而不是个别孤立的社会现象。相对于该实践，就需要一种有关社会的总体理论，社会学应该分析现存社会中的整体趋势和权力结构。这种理论之所以给人以寂静主义的印象，是因为只要人们以总体的眼光看待社会，就会发现改变总体困难重重。

---

[1] Theodor W. Adorno, *Einleitung in die Soziologie*, Suhrkamp, 1993, S. 214.

阿多尔诺所阐述的实践观与中国人常说的标本兼治颇具相似性。只强调治标之人，偏重于对眼前问题的解决，而只强调治本之人则深挖问题的根基，偏重于从根基处着手解决问题。例如，违法事件的频发，其中一个重要原因是法律意识淡薄。通过增强法制教育，至少可以使民众知道哪些可为，哪些不可为。虽然该举措不能清除违法现象，但至少可以消除那些因无知而违法的现象。这一思路具有一定合理性。但是，如果仅仅局限于此，似乎只要在中小学的课程中增加法制教育就可以根治违法犯罪问题，那么这仅仅是形式上解决了问题。因为在当今的高考体制中，这种无关乎高考成绩的课程，必定不受中小学教师的重视。如果强行把法制课程纳入高考科目中，又会加重学生课业负担。涉及该取舍的争论，则又会导向基础教育的真正目的问题。这只是仅从增强法制教育角度考虑守法问题，如果再把问题上升到解决那些知法而犯法的现象，问题则更为复杂，它不但涉及法的内容本身是否合理，而且还涉及社会是否公正。要解决一个看似简单的守法问题，就会引出这么多错综复杂的问题链。社会问题的解决，确实不能只依赖局限于眼前事实的社会实证主义。社会实证主义强调多解决些具体问题固然不错，但问题的真正解决恐怕最终需依赖多谈些"主义"。

正是通过上述类似的反思，阿多尔诺强调社会学要研究本质的东西，不能只局限于器具之用层面。批判的社会理论"必须是对社会的洞见（Einsicht），洞见到社会的本质东西，洞见到是其所是的东西，不过在如下意义上谈论洞见的，即这种洞见是批判的，它通过把社会层面所发生的事，拿来与它自身所要求的相衡量，为了在这种矛盾中，同时发展改变社会整体理解的可能性的潜能"[1]。很明

---

[1]　Theodor W. Adorno, *Einleitung in die Soziologie*, Suhrkamp, 1993, S. 31.

显，正是在内在批判的意义上，该洞见才是批判的。上文对内在批判方法已有详细介绍，在此不再赘述。不过，仍然不清楚的是，这里指涉的社会究竟是什么意思？什么是社会的本质？究竟怎样才能对本质具有某种洞见？

阿多尔诺首先通过否定性的界定，批判了对本质的通常理解，即把本质与意义等同。本质不等同于意义，它不是某种人们不得不去追求的东西，似乎只要把捉到它，人的生命就获得了确定的向度，就获得了某种积极的慰藉。此外，本质也不是某种"特殊的实证性"（Positivität sui generis），即某种更高一级的存在物。阿多尔诺所意指的本质，仅仅是错综复杂的关联，或者说各种责任的关联。社会上所有的单个体在此关联中交织在一起，并且这种关联显示于所有这些单个体之中，更加规范的表述是，"社会的本质是社会的客观运动法则，这些运动法则决定了人类的命运，它是人类的厄运（这恰恰需要被改变），同时另一方面它又包含了一种可能性，一种潜能，即它将有所改变，社会将会停止成为强制的关联体，即人们当今身陷其中的关联体"[1]。不过，只有当客观法则显示在社会现象之中，它们才是有效的法则。如果仅仅是从纯粹的概念推演而来，它们便是无效的。对此，阿多尔诺特意提醒，他在此谈论的本质概念，并不是严格的认识论意义上的本质。本质不是一个实体概念，也不是亚里士多德意义上的潜能，即所有质料都去追求的目的，它仅仅是一种人与人发生关系时普遍性的存在，并能够体现在每个个别事件中。它们的合理与否，与人类的生存和自由休戚相关。在此，阿多尔诺认同黑格尔所说的本质显现于现象中。只有本质显现在现象中，谈论本质才是有意义的。最后，针对当时主张直接洞见本质的思想，

---

[1] Theodor W. Adorno, *Einleitung in die Soziologie*, Suhrkamp, 1993, S. 42.

阿多尔诺认为它是社会学中危险的极端。他主张，本质并不是直接通过静观得出，而是通过理论的反思。

综上所述，阿多尔诺谈论的本质包含三个方面。第一，本质涉及的是社会的运行发展，特别是那些能够表达当今社会现状怎样产生和它朝向何处的法则；第二，这些本质性的法则总是那些被修正了的法则，只有当它们能够显现于社会现象中，才是有效的；第三，社会学的任务，或者是从本质方面解释本质与现象的不一致之处，或者鼓起勇气抛弃本质的概念或一般法则，即那些与现象无法相容的法则和那些无法被辩证中介的法则。

需要指出的是，社会的批判理论关注的是社会的本质，这种观点预示着它必须反对社会实证主义，因为社会实证主义者主张只研究可观察的社会事实。他们主张应该抛弃那些宏大叙事，无法通过经验确证的概念，如社会概念本身就是应当被去除的对象。与之相反，社会概念本身构成了社会的批判理论一个重要前提，"没有社会，自然也就没有对社会的批判"[1]。阿多尔诺所理解的社会概念，是在批判与综合涂尔干与韦伯的基础上发展起来的。

二、辩证的社会概念

类比有机体理论，涂尔干认为"社会"概念并非如近代唯名论者主张的那样，可有可无。众所周知，生物有机体的特征，不能还原到组成它的单个元素中。不同元素的组合会产生新的特征，这些特征只有在组合体中才存在。例如，水的各种属性（透明性、营养性等）并不存在于合成水的碳原子和氧原子之中，而是存在于由它们结合而成的合成物之中。社会事实与此类似，它存在于产生了它

---

[1]　Theodor W. Adorno, *Philosophie und Soziologie*, Suhrkamp, 2011, S. 195.

们的社会机制本身之中，不存在于组成社会的诸多个体之中，"这些特殊的事实，正如生命的特性存在于构成生物无机物之外一样，也存在于构成社会的个人意识之外"[1]。因此，涂尔干认为，社会由这些特殊的社会事实构成，它们不同于个体的心理事实，因此不能通过反躬自省的方法来认识这些社会事实。

从社会事实的强制性特征出发，涂尔干对社会事实进行了如下界定："一切行为方式，不论它是固定的还是不固定的，凡是能从外部给予个人以约束的，或者换一句话说，普遍存在于该社会各处并具有其固有存在的，不管其在个人身上的表现如何，都叫做社会事实。"[2] 尽管在某些情况下，社会事实并未呈现为某种外在强制，而是某种对个体有益或被个体乐于接受的行为规范，但是这只不过表明它的强制力并未显现而已，只要人们反对它，它的强制力就会立刻显现。总之，一个事实，只有当它能够从外部对个人施加约束力时，它才会是一种社会事实。

既然实证社会学要模仿自然科学的方法，达到自然科学的精确性，那么它必须从观察现存的物出发。对于社会学来说，这种普遍存在于集体之中具有强制力的事实具有物的属性，它应当成为社会学研究的出发点和对象。尽管社会生活确实是某些观念的发展，但是人们不能直接获知这些观念，而只有通过表现这些观念的可感知的事实来获得，例如，"法律定在各种法典之中，日常生活的变迁记载于统计数字和历史文物之中，时尚表现于服饰之上，魅力存在于艺术作品之中"[3]。只有通过外在的观察的方式，这些观念才能被人们准确把握。该观察遵循着这样的准则："只应取一组预先根据一些

---

[1] E. 迪尔凯姆（即涂尔干），《社会学方法的准则》，狄玉明译，商务印书馆 1999 年版，第 12 页。

[2] E. 迪尔凯姆，《社会学方法的准则》，狄玉明译，商务印书馆 1999 年版，第 34 页。

[3] E. 迪尔凯姆，《社会学方法的准则》，狄玉明译，商务印书馆 1999 年版，第 50 页。

共同的外在特征而定义的现象作为研究的对象，并把符合这个定义的全部现象收在同一研究之中。"[1] 通过观察与比较，涂尔干相信社会学可以像自然科学那样达到科学的解释力。

针对涂尔干的社会实证主义方法，阿多尔诺批判它忽视了对中介进一步的探求。为何某种社会事实是以这种存在方式，而不以其他的方式强制人们？由于忽视中介的作用，涂尔干只局限于解释某种社会事实的强制性，而忽视了对其强制原因的进一步探索。例如，要想知道一个社会在政治上的结构，以及该结构的各部分是怎样构成的，各部分之间的融合程度如何，涂尔干认为不能借助于实物方面的观察和地理方面的考察，因为政治上的划分虽然有某种物质性的基础，但仍然是精神上的划分。他认为只有依靠公法才能研究这种组织，因为如同公法规定我们的家庭关系和公民关系那样，公法也规定着社会的政治组织。[2] 涂尔干的反思就到此为止，他不去关注政治结构中的权力斗争，也无意于探索作为其基础的物质生产关系。这种"半途而止"的探究在解释很多社会现象方面会捉襟见肘。例如在解释城市居民为何聚居城市，而不愿意散居乡间，涂尔干给出的解释仅是，一种舆论和集体的压力驱使人们以如此方式集中。

尽管韦伯也强调用实证的方式研究社会现象，强调科学研究要以"明见性"（Evidenz）为保证，但他并不认为社会现象不可还原到个体的行为层面。与涂尔干的从外部观察的方法相反，韦伯强调一种"从内向外"（von innen heraus）[3] 的"理解的社会学"（die verstehende Soziologie）。不过，这种理解的社会学所研究的对象，不是个体随意的心理状态，或者随意的外在举止，而是社会行为。行

---

[1] E. 迪尔凯姆，《社会学方法的准则》，狄玉明译，商务印书馆 1999 年版，第 55 页。
[2] E. 迪尔凯姆，《社会学方法的准则》，狄玉明译，商务印书馆 1999 年版，第 33 页。
[3] Max Weber, *Gesammelte Aufsaetze zur Wissenschaftslehre*, Johannes Winckelmann(Hg.), Mohr, 1988, S. 430.

为（Handeln）是指"一种易理解的行为，即一个特殊的通过某种（可察觉或不可察觉的）已拥有的或意指的意义（Sinn）而对'对象'的举止"[1]。"意义"并非指某种赋予生活以最终目标的理念，而仅仅指一般与物打交道、与人交往时，行为者持有的观念、意图等。韦伯主张，对理解的社会学来说一种特殊的行为特别重要，即一种具有主观意指的意义，关涉其他人的行为，并在这种关涉中同时也规定了自身行为过程，这种主观意指的意义能够易于理解地被解释。韦伯所指涉的这类社会行为，就是一种事关他人的合理的目的行为，即这种行为被（主观上）视为达到某种（主观上）明确目标的合适手段。这种目的行为被韦伯视作社会学研究的"理想类型"（Idealtypus）。所谓的理想类型，并非指实际生活中人们全部按照"目的合理性"（Zweckrational）来行事。它的作用仅仅是充当一个参考系。以这种理想的参考系为标准，社会学不但要标明哪些社会现象是受非理性影响而产生的偏差，而且还要致力于纠正这种偏差。[2]从这些考虑出发，韦伯对社会学做出了如下经典定义："一门想解释性地理解社会行为、并且通过这种办法在社会行动的过程和影响上说明其原因的科学。同时，'行为'应该是一种人的举止（不管外在的或内在的举止，不为或容忍都一样），如果而且只有当行为者或行为者们用一种主观的意义（Sinn）与它相联系的时候。然而，社会的行为应该是这样一种行为，根据行为者或行为者们所认为的行为的意义，它关联着别人的举止，并在行为的过程中以此为取向。"[3]

　　阿多尔诺赞同社会学应当关注社会行为，但是如果仅局限于此，

　　[1]　Max Weber, *Gesammelte Aufsaetze zur Wissenschaftslehre*, Johannes Winckelmann(Hg.), Mohr, 1988, S. 429.
　　[2]　马克斯·韦伯：《经济与社会》上卷，林荣远译，商务印书馆 1997 年版，第 41—42 页。
　　[3]　马克斯·韦伯：《经济与社会》上卷，林荣远译，商务印书馆 1997 年版，第 40 页。（译文有改动）

那么社会制度的不可理解维度将可能遭受忽视，而这些维度对于理解行为却至关重要。在某种程度上，"社会行为依赖于这些制度，并且只能从这些制度的角度才能被解释"[1]。因此，不能把社会行为作为制度最终和直接的基质，或者说社会制度能够从社会行为层面被完全解释。此外，阿多尔诺还质疑纯粹的理解立场。由于人类社会中的许多建制并非出于社会个体自由行为的结果，这些具有他律性质的制度可能比有意识行为更为古老，可能本身就是一些非理性风俗和习惯的产物。面对这些社会制度的强制力，显然无法从内在的理解立场出发，它们只能通过外在的观察视角才能被解释。在此层面，涂尔干对社会事实的强调具有一定的合理性。最后，阿多尔诺强调，必须把个体主观持有的意义与客观的意义区分开来。例如，某人参加法西斯，可能是为了使人成为主人，但实际的客观结果却是数以千计的人被杀。此外从个体行为层面，还有很多所谓的"社会行为"不能被归为一些可设想的社会目标的产物，而仅仅是反应行为，另外一些看似是纯粹主观的个人行为，却具有相当重要的社会意义，例如精神分析所揭示的一些病态行为。

在批判涂尔干与韦伯社会概念的基础上，阿多尔诺认为这两者并非完全对立，他们具有辩证的关联性。一方面，社会制度不能完全脱离个体而存在，但它并非可还原到个体行为层面获得理解；另一方面，个体的社会行为，又可以通过诉诸个体的内在理解视角获得解释。例如现代资本主义社会的发展，可以通过个体的目的合理性的增强来解释。这表现为个体对自然的开发越来越有效率，个体的商品生产和交换也更加趋于合理化，如现代企业制度建立的合理性就是源于降低交易成本的需要。但是另一方面，社会制度的发展

---

[1]　Theodor W. Adorno, *Einleitung in die Soziologie*, Suhrkamp, 1993, S. 178–179.

却在整体上又显得越来越非理性化。比如现代生产力的发展，完全可以消除世界范围的饥饿现象，可以削减过长的劳动时间。但是饥饿，长时间的劳动量等仍然不可思议地存在着。世界几乎每天都有因饥饿而引发的冲突，因挨饿而挣扎在死亡边缘的人。这种整体的非理性在国家间关系上表现得更明显。二战之后，大国将自身的安全建立在核武器的横向与纵向升级上。面对现实，罗斯福曾经的设想，即通过大国的合作以谋求世界和平，沦为不切实际的空想，取而代之的是，通过脆弱的相互核威慑，世界各国游离在毁灭的边缘。不过，它同时又能避免大战，能确保世界体系的稳定。不仅政策决策者鼓吹核武器的发展，众多知名的学者也认为核武器的发展等同于稳定。世界局势的整体稳定，就建立在这种脆弱的威慑平衡中。然而，一旦某种偶然因素使得这种平衡被打破，人类文明将可能毁于一旦。

因此，在阿多尔诺看来，社会中的理性与非理性总是交织在一起，即不能用理性来解释它们，也不能把它们完全归为非理性。这样一种社会存在状态，就必定需要一种辩证的社会观念。至于这种辩证的社会概念究竟是什么，阿多尔诺认为不能像实证主义那样，对它直接进行定义。他认为自己只是在强的意义上使用"社会化"（Vergesellschaftung）一词。谈论社会，就意味着人之间存在着功能的关系。随着历史的发展，这种功能关系也随之明显发生变化。这种功能之间的联系，使得人们无法脱离其中，它似乎具有一种自主的性质。简言之，社会既不能还原为个体，或者说个体量的关系的聚集，同时它又不是个体之间关系的实体化。社会与个体相互依存，个体不能脱离社会而存在，社会不能脱离个体而存在。

初看起来，阿多尔诺对社会的理解颇为简单。对此，汉斯·阿尔贝特曾戏谑，它只不过是这样一种陈词滥调的表达，即一切事物是普遍联系的。[1] 阿多尔诺的回答是，在已社会化了的社会中，社会化的人不仅仅是功能上的相互关系（就像阿尔贝特所指涉的那样），而是被其最基本前提——交换关系所规定。真正使得社会成为一个社会实体的东西，真正从概念和现实层面构成社会的东西，是交换关系，它无形中捆绑住了所有人参与到这种社会化过程中。这样一种抽象的社会概念，显然并不是首先从社会学家的大脑中产生出来的，然后再由他们给出某种陈词滥调的界定，即事物是普遍联系的。这里所谓的抽象问题，"实质上是交换过程的特殊形式，是基本的社会事实的特殊形式，通过该事实，社会化过程才开始"[2]。因此，仅仅把普遍的社会概念归结为一种简单的思维抽象，就会忽略它真正想要表达的东西，即存在于社会现实中的抽象关系。在此，阿多尔诺利用的是马克思的政治经济学批判。表面上平等的商品交换关系，是建立在抽象的社会劳动时间的基础上。真正抽象的劳动时间，抽取了商品的特殊性质，使得它们能够成为纯粹的量的关系，由此一种看似简单的普遍交换关系才能发生。

在此背景下，阿多尔诺再次强调了社会的辩证理论与实证主义的区别。前者要追溯位于事物之中的概念的客观性，而后者要么否定它，要么把它置于次要位置，即把概念的形成仅仅视为是观察者主观推理的产物。同时，阿多尔诺强调，深入事物背后对其概念的客观性进行分析，也蕴含了对该事物的批判。分析与批判并未分离，而是同时进行，分析就是批判，批判也必须首先是分析。[3] 比如，上述对社会概念的认知同时就包含了批判。抽象的商品交换会导致

[1]　Hans Albert, "Der Mythos der totalen Vernunft. Dialektische Ansprüche im Lichte undialektischer Kritik", *Der Positivismusstreit in der deutschen Soziologie*, Luchterhand, 1972, S. 207.

[2]　Theodor W. Adorno, *Einleitung in die Soziologie*, Suhrkamp, 1993, S. 58.

[3]　Theodor W. Adorno, *Einleitung in die Soziologie*, Suhrkamp, 1993, S. 60.

社会的毁灭。因为社会在本质上服务于人的生活的再生产，它不能被仅仅还原为抽象的商品交换。阿多尔诺没有详细展开这方面的论述。卡尔·波兰尼在此方面做出了重要的贡献。在其近几年才得到广泛关注的著作《巨变》中，他主张普遍的商品交换不能完全运用到人与自然这样的对象上，因为人与自然在本质上不具商品属性。如果强行把它们完全自由市场化，便会摧毁社会的存在，不过在此过程中，社会为了自我保护，会产生相反的抵抗运动。[1] 与波兰尼不同的是，阿多尔诺并不认为社会的这种双重倾向是社会自我保护的产物，而是社会非理性特征的表现。

为了更加清楚地阐明这种辩证的社会理论，阿多尔诺进一步阐述了弗洛伊德的心理分析理论。[2] 在阿多尔诺视域中，心理分析理论的重要性不在于它的临床诊疗效果，而在于它能为一种辩证的社会理论提供支撑。[3] 我们已指出，辩证的社会理论主张社会的本质显现于具体现象中，换言之，人们通过对具体社会现象的分析，可以通达对社会整体的认识，即通达一种具体的整体的认识。弗洛伊德的心理分析理论，恰恰从个体的心理机制层面佐证了一种辩证的社会理论。阿多尔诺认为，弗洛伊德的心理分析中的辩证主题在于，"弗洛伊德通过对他所掌握的材料的创造性分析，取得了这样的发现，即人们越是沉浸到人类的个性形成现象中，越是无保留地在个体的完整性和动力中把握个体，就会越接近个体本身中那些实质上

---

[1]　卡尔·波兰尼：《巨变：当代政治与经济的起源》，黄树民译，社会科学文献出版社2013年版，第238—243页。

[2]　"心理分析"的译法，主要参考王凤才教授的翻译，参见王凤才：《追寻马克思》，山东大学出版社2003年版。

[3]　阿多尔诺的这一观点近年来得到了关注，如 Christine Krichhoff, "Wozu noch Metapsychologie", *Journal für Psychologie*, 2010, 18。他主张更具价值的心理分析理论是一种"元心理学"，即一种辩证的理论。进一步讨论弗洛伊德对阿多尔诺社会理论的影响，参见 Christine Kirchhoff, Falko Schmieder(Hg.), *Freud und Adorno: Zur Urgeschichte der Moderne*, Kulturverlag Kadmos, 2014。

并非个体的东西"[1]。

为了解释这种辩证的心理分析理论，阿多尔诺特意阐述了在弗洛伊德的《精神分析引论》中出现的"生存匮乏"(Lebensnot) [2] 概念。弗洛伊德只是在该书中提及了这个概念，如"我们相信，文化是在'生存匮乏'的推动下，以放弃冲动的满足为代价，被创造起来"[3]，但并对此未作进一步分析。根据克里斯蒂娜·克里希霍夫的考察，弗洛伊德的这个概念既具有"自然法则"意义的上必然需要之意，如人体必然需要营养的补充，又有非自然性的匮乏之意，如因社会原因导致的食物匮乏等。[4] 阿多尔诺的解读更倾向于后者。他认为这个词指涉的是，社会有意造成的一种生活资料的匮乏，但是实际上，当今的社会财富却是能够满足所有社会成员生活必需品的需求的。通过对社会生产关系的重构，消除饥饿是有可能实现的。不过，正是在有意营造的匮乏氛围中，人们才会不得不放弃满足本能冲动的需要，强制自身去劳动。在劳动过程中，个体就必须服从劳动纪律、工作伦理等，从而塑造出一个社会自我。这种在个体心理机制中寻找社会因素的理论，在弗洛伊德的其他概念中也有所体现，如"原始遗产"、"集体无意识"等，它们共同指涉个体心理中与生俱来的观念内容，即对之前社会经验的记忆痕迹。[5]

---

[1] Theodor W. Adorno, *Einleitung in die Soziologie*, Suhrkamp, 1993, S. 192.

[2] 该词翻译颇为棘手，它由 "Leben"(生命，生活) 和 "Not"(需要，缺乏) 合成。弗洛伊德在该书中没有对它作进一步的分析。在两部中文译本中，它分别被译为 "生存竞争"(弗洛伊德：《精神分析引论》，高觉敷译，商务印书馆 1997 年，第 9 页)，"生存要求的压力"(弗洛伊德：《精神分析引论》，周泉、严泽胜、赵强海译，国家文化出版公司 2000 年版，第 10 页)，这两种译法没有准备表达 "Not" 所兼具的 "需要、必要性" 和 "缺乏、困境"之义。根据阿多尔诺的解读，他侧重于 "Not" 的 "缺少、缺乏" 方面，笔者暂译为 "生存匮乏"。

[3] 单引号是笔者所加，参见 Sigmund Freud, *Vorlesungen zur Einführung in die Psychoanalyse*, Internationaler Psychoanalystischer Verlag, 1924, S. 15。

[4] Christine Krichhoff, "Wozu noch Metapsychologie", *Politische Psychologie heute*? Jg.18.2010.

[5] 弗洛伊德：《摩西与一神教》，李展开译，生活·读书·新知三联书店 1992 年版，第 88—90 页、第 120—121 页。

正是心理分析的上述辩证特征使得阿多尔诺强调，社会理论不能遗忘对个体的主体研究。不过，他同时也指出，不能把社会理论还原为心理学，否则会丧失批判性维度。弗洛伊德的心理分析就因把社会的中介作用永恒化了，才导致了他的理论不具有社会批判的维度。例如，弗洛伊德对"生存匮乏"的描述是"一种永恒的、原始的、延续至今的生存匮乏"[1]。对社会中介的强调不是要肯定这种一般性，进而使之永恒化，压制特殊的个体性。在阿多尔诺看来，人们不得不服从的社会强制，如今已是如此的陌生与外在，以至于人们根本无法直接认同它们。因此，当今对思想的要求是，"它应当在每个时刻在事物之中并同时在事物之外"[2]。在事物之中，是要强调必须首先沉浸到对对象本身的考察中，出于事物之外是指这种考察同时要指出对象本身的中介结构并对之展开批判。

为何对中介结构也能展开批判？这源于阿多尔诺依然坚守着对乌托邦的向往："面对绝望，哲学唯一仍能够负起责任的就是，尝试如此这样观察所有的事物，就如它们从救赎的立场上对自身的陈述。"[3] 这种救赎的立场就是对人类社会取得最终和解的向往，一种对不再有统治和压迫的社会的向往。不过，不能根据这番论述，就指责阿多尔诺是"乌托邦主义者"。因为该立场不是积极建构的立场，它只是强调要确立某种视角，使得当今社会的冲突能够显现于其中，"视角必须被确立，世界被如此这般置于其中，异化于其中，并显露其裂痕与缝隙，就像总有一天它会贫乏与扭曲地矗立在弥赛亚之光下。没有任意与暴力，完全从与对象的感受出发赢得该视角，

---

[1] Sigmund Freud, *Vorlesungen zur Einführung in die Psychoanalyse*, Internationaler Psychoanalystischer Verlag, 1924, S. 322.

[2] Theodor W. Adorno, *Minima Moralia: Reflexionen aus dem beschädigten Leben*, Suhrkamp, 1996, S. 91.

[3] Theodor W. Adorno, *Minima Moralia: Reflexionen aus dem beschädigten Leben*, Suhrkamp, 1996, S. 333.

这是思想唯一关键的事"[1]。

对于传统的乌托邦主义，阿多尔诺始终保持警醒。坚守乌托邦的向往不是意味着，对冲突状态的揭示就会自动过渡到下一个环节，就如黑格尔正反合辩证法那样。以主体与客体同一性为前提和目的的辩证法，已被阿多尔诺抛弃。面对否定，他认为思想的首要任务在于抵制并洞察它。因为面对整体的否定性，最终的乌托邦理想丝毫不具现实性。此外，与传统形而上学的逻辑一样，它是对事物的压制。它最终会堕落到它所逃离的现实世界中，这种堕落可能还会带来更大的灾难性影响。为了某种没有规定的救赎，或者是没有得到积极规定的乌托邦，思想的唯一任务就是把握这种不可能性，即把握在社会中介的影响下，正确生活的不可能性。他认为，与这个要求相比，关于救赎本身是否现实或不现实的问题是无关紧要的。[2]

三、意识形态与真理

上文的论述已廓清阿多尔诺所意指的社会和社会的本质概念。随之产生一个问题，如果现代社会全部被商品交换中介的话，那么是否还有真理？这种主张是否就是一种相对主义？该问题直接涉及意识形态问题，因此有必要继续展开阿多尔诺对意识形态问题的主张。这部分的阐述同时也能批判哈贝马斯对早期批判理论的界定，即它是一种总体性的意识形态批判。

阿多尔诺首先澄清了在谈论意识形态问题时的两个误区。第一个误区是认为意识形态学说必然导致一种对相对主义的坚信。很明显，如果社会上的所有思想体系最后都可被还原为社会存在的产物，

---

[1]　Theodor W. Adorno, *Minima Moralia: Reflexionen aus dem beschädigten Leben*, Suhrkamp, 1996, S. 334.

[2]　Theodor W. Adorno, *Minima Moralia: Reflexionen aus dem beschädigten Leben*, Suhrkamp, 1996, S. 334.

那么它们自身便没有真理性可言，用曼海姆的表达就是，所有的思想都是一种"存在关联"（Seinsverbundenheit）。众所周知，随着人类历史的变迁，社会存在的结构也会随之发生变革。假如任何时代中形成的思想体系都与该时代的社会存在相连，那么该思想体系也会因时代的变迁而变化。人们在何种立场上才能说某种思想和学说是真的呢？当然，人们可以说符合时代发展潮流的思想就是真的。可是，面对千变万化的社会，此时符合社会存在的思想，可能彼时就与之相冲突。面对永恒变化的历史，思想的有效性显然就只有相对性而无绝对性可言了。

曼海姆的意识形态学说就陷入了这种误区。该学说主张存在一种总体性的意识形态，它不是个人或某些团体有意曲解某种真实状态的产物，而是涉及"这个时代或这个群体所具有的总体性精神结构的构成和特征"[1]。阿多尔诺强调，这种对意识形态的扩大化理解不但会导致相对主义，甚至还会导致极权主义。如果一切思想学说都是意识形态，那么人们便可以说，一切都是真的，同时一切也都是假的。真与假的区分，便不再依赖某种客观的真理，而是依赖于权力斗争。这种顺理成章的过渡，最典型的体现就是，持有上述意识形态学说的帕累托（Vilfredo Pareto）被早期的意大利法西斯主义者墨索里尼和德国法西斯主义者戈培尔所欢迎。[2]墨索尼里就直接认为自己是帕累托的继承者。

这种"存在关联"的意识形态学说，由于仅关注其起源问题，取消了思想的有效性。[3]例如，当时的文化批判就是如此。文化批

---

[1]　卡尔·曼海姆：《意识形态和乌托邦》，艾彦译，华夏出版社2001年版，第66页。

[2]　Theodor W. Adorno, *Philosophie und Soziologie*, Suhrkamp, 2011, S. 171–172.

[3]　阿多尔诺的批判实质上延续了霍克海默的批判，可参见霍克海默《哲学的功能》一文，霍克海默的其他批判参见俞吾金：《曼海姆与霍克海默关于新意识形态概念的论战》，载《学术月刊》1992年第6期。

判的一个核心主题就是文化是虚假的，它起到掩饰现实社会的经济基础的作用。如果把这种认识极端化，它就会蜕变成一种新的意识形态，因为它根除了所有真实的努力，即试图摆脱现实社会这种普遍的实践。[1] 另外，当社会的物质现实仍然是交换价值的世界时，仅仅是不接受该世界的统治的文化批判仍然是一种幻象。

　　有关意识形态学说的另外一个误解是，把社会的各种错误思想归结为某些个人或利益集团操纵的产物。当然，并不能排除某些学术主张或思想观点，确实是个人或团体为达到某些特殊利益杜撰的结果，但是在解释具有世界范围影响的宗教学说和各种社会思潮时，这种解释显然不可取。例如，把基督教仅仅归结为牧师集团操纵其他群体的产物，就显得荒唐可笑了。阿多尔诺认为，此类为思想和学说简单寻找特定个人或团体归属的做法，虽是强调了思想的客观性，但实质上是一种"主观的解释"，具有很强的随意性。

　　阿多尔诺捍卫的是马克思的意识形态学说。[2] 他主张，意识形态并非主体任意思维的产物，不是可以脱离社会存在得到解释的独立存在物。主张意识形态的社会起源，只是阐述意识形态的客观性，对这种客观性的强调，并不是要否定一切思想，并非要主张相对主义，而是要指明意识形态的真理前提。因此阿多尔诺主张，对意识形态学说的严格理解应当是："意识形态是这样产生的，即人们生活于其中，活动于其中的生产关系，对人来说变为第二自然，它预先构造了所有范畴，人们通过这些被构造的范畴而思考。此时，真正的真理存在于社会的生产力之中，即人类生活生产与再生产的领域，

---

[1]　Theodor W. Adorno, *Minima Moralia: Reflexionen aus dem beschädigten Leben*, Suhrkamp, 1996, S. 48.

　　[2]　可以说，曼海姆对马克思主义哲学也沦为保守的意识形态的指责，其实是误解了马克思，详细分析参见张双利：《在乌托邦与意识形态的张力中理解马克思主义哲学》，载《江西社会科学》2004 年第 3 期。

但这种活动于（社会）关系之中的社会生产反而被关系模糊化和遮盖了。"[1] 很明显，这种严格意义上的意识形态学说，就是马克思的意识形态学说。

强调意识形态与社会存在之间的关系，主要是反对绝对观念论。绝对观念论把社会存在的历史仅仅当作精神发展史，对于那些无法通过精神解释的社会存在，则被赋予偶然性，这导致似乎又存在着一种由偶然性构成的历史。马克思的意识形态学说只主张一种历史。社会的真理应该是社会存在本身的客观性表达，而不是单纯的思维抽象活动的产物。有关社会的观念体系，最终必须是对社会存在客观性的说明。脱离社会存在的客观性片面强调思维自身的独立性，进而限制社会存在的观念体系，就是一种意识形态。另外，强调意识形态是一种必然的错误，目标不在于否定真理，而是指涉人们不应在观念内部，而要在社会存在中寻找真理，从社会生产自身去寻找真理。所以阿多尔诺说："意识形态学说的严格形式——作为必然的错误意识——恰恰不是相对化真理概念，而是在错误的意识概念中，坚持一种客观的真理。"[2] 此外，面对意识形态的迷惑性的关联，不能指望只通过某种单一的影响和观点就能穿透它。由于是社会的整体产生了意识形态，因此只有通过对这个社会整体特征的理论洞见，才能清除意识形态的迷雾。

尽管如此，人们依然可以对此做出相对主义的指责。为此，阿多尔诺回应道，这是物化意识的反应。这种意识停留在非此即彼的逻辑上，以为要么是相对主义，要么是绝对的真理，以为真理只能体现为某种恒定的价值观念，否则就是无。因此，要成功说明意识形态批判的深刻性，必须同时打破这种对真理的错误理解。

---

[1] Theodor W. Adorno, *Philosophie und Soziologie*, Suhrkamp, 2011, S. 154.
[2] Theodor W. Adorno, *Philosophie und Soziologie*, Suhrkamp, 2011, S. 171.

可以从"中介"这个范畴来说明阿多尔诺对真理的理解。他首先强调，不能望文生义误解中介的含义。在德文中，"中介"（Vermittlung）一词是由词根"中间"（Mitte）变化而来，因此它很容易就被误解为一种采取中间道路的意思。为此，阿多尔诺特意强调，它不是指对绝对主义和相对主义的切分，似乎一半是绝对主义，另一半是相对主义，它们可以通过这种切分相安无事，和平共处，而是指一种辩证的关系。这种辩证的关系就是，真理在其有效性中已经包括了它的起源。解释真理有效性的起源，并非要否定它的有效性，而是指出真理是一个整体，不是某种抽象的单个命题。阿多尔诺也因而强调，真理不是仅仅在历史之中，而是历史在真理之中。[1] 阿多尔诺之所以作出这样的颠倒，主要是强调与历史主义的区分。历史主义主张真理内在于历史发展过程之中，从而否定了真理，主张相对主义。这实质上还是传统的要么永恒，要么相对主义的观念。

通过上述颠倒，阿多尔诺首先肯定了真理的有效性，不过这种有效性具有历史性的内核，或者说时间是真理的内核。为了阐释清楚它的特殊含义，阿多尔诺特意提及了他早期的认识论元批判。他认为在真理概念中总有不可分离的"起源因素"，即"判断的起源性的感性内涵"（genetische Sinnesimplikate des Urteils）[2]。对此，阿多尔诺给出了清楚的说明。比如，2 乘 2 等于 4 的判断，如果仅仅思考判断这个概念，它包含两个方面，一是主体作出的判断。另一个是作为客观事实的判断。它们两者是相互指涉的。没有主体这个综合的活动，这个判断句根本就不能产生。另一方面，没有 2 乘 2 等于 4 这个事实，主体也不能作出上述综合，因此"判断只有在这种情

[1]　这完全是对本雅明思想的承继，参见 Walter Benjamin, *Das Passagen-Werk*, in: *Gesammelte Schriften* Bd 5.1, Rolf Tiedermann(Hg.), S. 578。

[2]　Theodor W. Adorno, *Philosophie und Soziologie*, Suhrkamp, 2011, S. 274.

况下才是真的，即当它符合某个它所表达的事态。但事态也只有在这种情况下才存在，即当我说出了这个判断"[1]。因此，这两个因素明显是相互中介的。

至此，我们已阐述了阿多尔诺的社会理论的基本主张。它的内核是一种辩证的真理观。这种真理观使得社会不可能被还原为个体，同时社会又不能脱离个体而存在。承继马克思的资本主义批判，阿多尔诺认为社会的纽带在于商品交换。由交换形成的各种思想观念，最终遮蔽了社会的真正功能，即人的生活的再生产过程。因此，对社会的分析同时也具有批判的维度，即指向一种解放的可能性。

从上述基本观点出发，社会批判理论的主要目的在于揭示社会整体的不真实。揭示社会整体的不真实，不是要否定整体的视角，而是要否定其意识形态。正是通过整体的视角，才能达到对整体的洞见，才有可能揭示整体的不真实。这种不真实主要涉及建立在交换关系中的各种生活方式的悖谬特征。对这些生活方式的批判，也是打开生活方式的外壳，使之不再隶属虚假的私人领域，它实质上仅是社会交换的附属品。生活方式的种种问题，不是个人的心理问题的产物，也不是个人德性的某种缺失，这些问题可以诉诸整体的非理性。当然，对生活方式种种问题的揭示，不是整体的外在否定，即，似乎指出生活方式的某种根基处的非理性，就完成了批判。阿多尔诺认为批判必须首先从内部开始，从内部炸裂各种批判对象的虚假外壳，用术语来表达就是，必须始终坚持内在批判。坚持内在批判，意味着对社会生活方式悖谬的分析必须首先深入到对象之中。而社会批判的视角就是通过对特殊领域的研究，获知整体的社会视角。

---

[1] Theodor W. Adorno, *Philosophie und Soziologie*, Suhrkamp, 2011, S. 276.

第二节　伦理的脆弱性

首位系统研究伦理的脆弱性的哲人，当属玛莎·纳斯鲍姆。在其皇皇巨著《善的脆弱性》中，作者讨论的主题是古希腊伦理思想中对理性自足性的追求，即借助理性的掌控力量使人类的好生活得以摆脱运气的影响。[1] 该核心主题又被划分为以下三个子题：第一，人类的一些活动和关系，很容易受到偶然运气的影响，比如友谊、爱情、政治活动以及对财产和财富的依赖，那么它们在人类的好生活中究竟起到什么样的作用？第二，与什么是好生活密切相关的就是这些组成部分之间的关系。这些组成要素有可能和谐共处，也有可能相互冲突，对此人们不得不采取理性策略使冲突最小化，或不得不有所放弃。第三，与这些"外在偶然性"相对的是人的"内部的偶然性"，即所谓的"灵魂的非理性部分"，这些因素与对自主性的生活追求之间有什么关系？或者说它们具有什么样的伦理价值？[2]

纳斯鲍姆理解古希腊伦理思想的视角，与阿多尔诺理解近现代道德哲学的视角具有类似之处。阿多尔诺论述的广义启蒙运动，就是人类试图追求理性自主性，摆脱外在自然中神秘力量掌控的过程，或者说是消除人类对未知（自然）世界恐惧的过程，从而达到理性的自足生活状态。在该母题之下，与纳斯鲍姆一样，阿多尔诺也必需要讨论在人们追求自足的好生活中，那些外在因素究竟起着什么

---

[1]　玛莎·纳斯鲍姆：《善的脆弱性：古希腊悲剧和哲学中的运气与伦理》，徐向东、陆萌译，译林出版社 2007 年版，第 4 页。

[2]　玛莎·纳斯鲍姆：《善的脆弱性：古希腊悲剧和哲学中的运气与伦理》，徐向东、陆萌译，译林出版社 2007 年版，第 8 页。

样的作用，也必需要讨论这些组成要素之间的关系，以及人在追求理性生活中如何看待人自身内部的非理性（情感、欲望）部分。这些问题虽没有被明确的专题化，但实质上都以不同的方式被讨论过。例如在讨论康德的道德哲学时，阿多尔诺就认为以康德为代表的启蒙运动所追求的善的生活，不仅排斥了主体内部的非理性内容，而且还排斥了外部的现实因素。在阿多尔诺看来，这样一种坚守纯粹内在善的道德哲学，不但最终无法实现，而且还会适得其反，即对理性自主的追求，最终会导致对自主性的压制。在《启蒙辩证法》中，康德的道德哲学的实现形态甚至被视为与萨德主义无异。不过，与纳斯鲍姆不同的是，阿多尔诺的分析还要更进一步。道德的矛盾不仅是追求片面的道德理想的产物，而且也是现实发展的结果，道德的矛盾同时也是现实的矛盾。

对现实制度的悖谬性强调，使得上述第一个和第二个问题也在阿多尔诺的论述中占据重要位置。可以说，《最低限度的道德》中的多数论述就是对它们的回答。该书象是一块精致的玻璃马赛克，片段式的论述像是无数的马赛克碎片。它们被无形地镶嵌在了一起。这些被镶嵌在一起的马赛克共同构成同一个主题，即正确生活已不再可能。对这些碎片的分析，最终是要凸显把它们黏合在一起的"母题"，所以该分析在某种程度上也是一种"揭示性批判"[1]。在此，我们不可能分析阿多尔诺的每一块"马赛克"，只能选择出其中一些，用来回答该问题：为何在资本主义制度中个体的伦理生活会如此脆弱，甚至连守护单纯的正确生活都已不再可能了？为何道德哲学的可能性必须首先依赖社会批判？

在《最低限度的道德》中，阿多尔诺对现代社会作出了这样的

---

[1]　Axel Honneth, *Disrespect: The Normative Foundations of Critical Theory*, Polity, 2007, p. 57.

强判断：整体是不真实的。该论断至少面临两个反驳。上一节已指出其中一个，它来自社会实证主义者的主张。在社会实证主义者看来，真实或不真实的判断只能运用到眼前可验证的个别事实中。谈论整体的社会是否真实，无法通过经验验证，因而人们不能作出整体是真实的或不真实的判断。针对该主张，阿多尔诺强调一种辩证的社会理论与之针锋相对。在一种辩证的社会理论中，人们完全有理由做出上述整体判断。上文已有详论，在此不再赘述。

第二种反驳来自德性论传统和自由主义传统。来自德性传统的反驳是：纵然社会整体是非理性的，纵然社会上其他人无恶不作，但作为个体的我们，仍然可以坚守私人德性，仍然可以"众人皆醉我独醒"。如果人们在私人领域仍然可以坚守正确生活，那么这不也说明，事关善的道德哲学是可能的吗？或者说，道德哲学的可能性根本无需首先依赖社会批判？此时，关键的任务毋宁在于培育公民的德性，而非进行抽象的社会批判。来自自由主义传统的反驳是：近代以来以消极自由为基础的法律，为个体筑起了私人的自由空间。在此私人空间中，个体可以不受任何外部（社会、国家）的干预和道德的束缚，自由地反思与行动。这样的私人空间使得个体可以进行"伦理的自我探询"（die ethische Selbstbefragung），并自主确立真正想要的伦理生活。[1]

为了揭示第二种反驳的虚假性，阿多尔诺在《最低限度的道德》一书序言中已简要指出，私人生活已蜕变成"消费领域"，它没有"自主性"（Autonomie），没有自身的"实体"（Substanz），它被社会

---

[1]　Axel Honneth, *Das Recht der Freiheit: Grundriß einer demokratischen Sittlichkeit*, Suhrkamp, 2013, S. 138–139. 霍耐特指出，消极自由仅仅是保证了上述伦理自我探询的可能性，但个体是否能够进行这样的自主反思，还需要世界观多元化的先行存在。缺少可供反思与选择的善的多样性，法定的消极自由所确保的可能性也仅仅是形式上的可能性。阿多尔诺的批判针对的就是这种单纯的形式上可能性。

生产拖拽着。换言之，所谓的私人领域的自主性，如同木偶的自主性，实际上是一种虚假的自主性，它实质上已经被同一性的交换逻辑所中介。如果阿多尔诺的判断是正确的，那么它就可以成功反驳第二种指责，即在无需社会批判的前提下，人们仍能过上正确生活。如果私人生活已被社会的普遍原则所中介，那么试图利用私人生活抵制社会整体的恶，就是一种不切实际的妄想。

上一节在解读阿多尔诺的辩证的社会概念时，已经分析了整体是不真实和非理性的究竟意味着什么。下文将继续分析：在整体是非理性的背景下，私人生活如何被进一步中介，从而也呈现出非理性的特征。这样的分析将会回答本节开始处提出的问题，即为何个体直接过正确生活已不再可能，以及为何道德哲学的可能性需要社会批判。

很明显，阿多尔诺对私人领域的整体判断是经验性的判断，它必定需要经验现象的支撑。在该书中，那些作为支撑的经验现象来源于受到伤害的个体经验。在个体（阿多尔诺）"退身而出"的"静观"（Kontemplation）中，这些现象呈现出完全的悖谬性质。下文仅选取几个比较有代表性的论述展开分析。

一、"水中鱼"

在"水中鱼"（§3）一节中，阿多尔诺描述了在私人领域存在着这样的奇怪现象：无数人的私生活正变为代理人和中间人的生活。整个私人领域正在被一种神秘的活动吞噬掉，这种活动体现了所有商业生活的特征，但却没有任何真正的商业交易在此发生。在这些活动中，人们惴惴不安，"从失业者到公众人物——在任何时刻都有可能招致他所代表的投资者的愤怒，他们相信只有通过移情、勤勉、服务能力、手工艺和伎俩，只有通过商人的品质，才能讨好他们所想象的无处不在的主管"[1]。在这些人的生活中，"没有任何联系不被视为一种'关系'，没有任何刺激不事先按照它们是否背离了可接受性而被审查"[2]。在这种情况下，与早期资产阶级把私人生活与职业生活相分开的做法相反（如果人们带着特殊的其他目的踏入别人的私人生活中就会被怀疑），"如果人们去参与私人活动，未被人觉察出有目的导向的话，那么他在当今则被视为傲慢的，陌生的和不合群的"[3]。

　　这些代理人具有"优良"的德性：聪明、幽默、敏感并机灵，他们也与人为善，对待一切违规行为也义愤填膺，甚至也能抱有同情心参与到别人的生活中。总之，他们能像爱自己一样，爱其他的一切。不过，阿多尔诺指出，他们却无信义，"他们不是出于本能行欺骗，而是出于原则：他们甚至还把自身估价为利润，不愿给予任何人"[4]。只要有利可图，他们愿意成为任何政党的一员，甚至愿意成为与整个社会体制为敌的政党的一员。很明显，在这些交往中，那些被传统伦理学视为德性的东西，仅仅成为完成中介交易的手段。私人领域的交往，完全是一种各取所需的交换关系。例如，人们在宴会碰杯之后，决定帮助他人而不提相应的要求，不但不会赢得信任，反而可能被人认为居心叵测。

　　这些既从行为层面，又从个体心理层面的剖析，最终指向了这样的命题：个体寄生心理中所表达的体系的非理性，丝毫不弱于个体的经济命运中所表达的体系的非理性。阿多尔诺同时指出，这些

---

[1] Theodor W. Adorno, *Minima Moralia: Reflexionen aus dem beschädigten Leben*, Suhrkamp, 1996, S. 18.

[2] Theodor W. Adorno, *Minima Moralia: Reflexionen aus dem beschädigten Leben*, Suhrkamp, 1996, S. 18.

[3] Theodor W. Adorno, *Minima Moralia: Reflexionen aus dem beschädigten Leben*, Suhrkamp, 1996, S. 18–19.

[4] Theodor W. Adorno, *Minima Moralia: Reflexionen aus dem beschädigten Leben*, Suhrkamp, 1996, S. 19.

代理人的行为和性格特征的形成，是基于这样的事实，即他们的职业所依赖的经济基础已经消失。在没有根据的生活中，就像在水中一样，这些人的私人生活完全被同一性交换逻辑所吞噬。个体在私人领域中进行的反思，被这种存在状态所牵制，他不可能像自由主义者宣称的那样，在私人领域中能反观各种善的理念，从而自主决定何种更为可取。在此状态下，个体不可能完全进行反思，反思的触须最终也仅指向如何自我保存。

如果上面的揭示还不足以攻破德性主义的堡垒，那么下文的论述，可以说直指德性主义的"心脏地带"。在德性论传统中，人们并不否认个体德性的养成需要长期培育，以及需要各种制度性机构的保障。婚姻既是培育德性的摇篮，又是一种制度性保障。如果连婚姻中也充满了那些摧毁性的因素，那么人们便可以毫不夸张地说，在私人领域直接过正确生活已不再可能了。

二、"桌子与床"

在"分离的—联合的"（§10）和"桌子与床"（§11）中，阿多尔诺展开了对当代婚姻状态的剖析。初看起来，在他的批判性分析中，似乎存在着某种理想的参照标准。确实，在"分离的—联合的"中，他简要描画了一幅理想的婚姻画卷："一个合适的婚姻应当是双方在其中有着独立的生活，并出于自由而相互承担责任，它并不是这样的结合，即由经济的强制而形成利益共同体所导致的结合。"[1] 不过，不能依此就认为，该婚姻理念同时也是阿多尔诺所持有的，进而指责他的批判性分析仅停留在抽象的应当层面，即手握着自己所认为的理想标准，去评判资产阶级的婚姻是否与这样的理想相符

---

[1] Theodor W. Adorno, *Minima Moralia: Reflexionen aus dem beschädigten Leben*, Suhrkamp, 1996, S. 29.

合。其实，阿多尔诺自身的婚姻观是隐匿的、不在场的。他所陈述的理想婚姻，仅仅是资产阶级启蒙运动以来人们所倡导的理想婚姻观，它是近代启蒙运动的产物。[1] 在《法哲学原理》中，黑格尔清楚地表达了这样的婚姻观："婚姻的客观出发点则是当事人双方自愿同意组成为一个人，同意为那统一体而抛弃自己自然的和单个的人格。在这一意义上，这种统一乃是作茧自缚，其实这正是他们的解放，因为他们在其中获得了自己实体性的自我意识。"[2] 因此，阿多尔诺是利用资产阶级自身的婚姻理想去批判它的实际所是，换言之，他的批判完全是内在批判。

阿多尔诺观察到，在资产阶级社会，婚姻已大部分服务于自我保存的策略。人们走向婚姻的殿堂，不再是出于爱情，而是出于共同利益的考量。双方像中间商一样，通过这种关系，各取所需，满足各自的利益诉求。阿多尔诺同时也指出，人们可能会陷入该错误想法，即以为那些富人喜结连理，可能不会是出于追逐利益的需要。针对该想法，他指出这种可能性仅仅是形式的，"因为每一个特权者恰恰是那些人，对他们来说，对利益的追逐已成为了第二自然——否则他们便不会维持特权"[3]。表面上看，这种婚姻也是幸福的，可一旦离婚，婚姻中所有的恶行就会暴露出来，它们像是扬起的灰尘，铺染了它们接触的所有东西。双方为着各自的权利和财产份额，相互争吵和谩骂。曾经体验到的"真情"在此时变为一种羞辱和嘲弄。它羞辱和嘲弄着过去的天真。"那些曾代表爱的关照的事物，代表相互和解的画面的事物，作为一种价值物突然变得独立起来，并展

---

[1] Niklas Luhmann, *Liebe als Passion: Zur Codierung von Intimität*, Suhrkamp, 1994.

[2] 黑格尔：《法哲学原理》，范扬、张企泰译，商务印书馆 1996 年版，第 162 节。

[3] Theodor W. Adorno, *Minima Moralia: Reflexionen aus dem beschädigten Leben*, Suhrkamp, 2014, S. 29.

示着它的恶的、冷漠的和败坏的一面。"[1] 例如，大学教授在离婚后，潜入前妇的住所，盗窃书桌中的物品，而贵妇则告发前夫逃税。因此，阿多尔诺认为，婚姻并不是真正人性的最后避难所，"如果婚姻提供了最后的可能性，即在非人性的普遍性中培育人性的细胞，那么普遍性在婚姻的解体中则实施着报复，攻击曾经被认为是规则之外的东西，并使它臣服于异化了的权力与财产秩序，并嘲讽这些曾生活在幻想的安全中的人"[2]。

当然，阿多尔诺并不完全否定婚姻中的爱情是对资产阶级社会的一种超越。在题为"康斯坦泽"（§110）一节中，他明确指出，"在渴望免除劳动方面，资产阶级的爱情理念超越了资产阶级社会"[3]。不过他认为，在社会整体是非理性的情况下，如果直接鼓励这样的真理，只会使得它走向自身的反面，因为"没有社会的解放，也就没有解放"[4]。

婚姻中的上述悖谬特质，也反映在了家庭中的代际关系上。阿多尔诺认为，代际关系经历着一个悲哀的、阴暗的转型。传统的核心家庭由父亲的权威主导，但由于小资产者的破产，他们不但失去了经济的自主性，同时也失去了父亲的权威。面对父亲权威所主导的现实原则，下一代的反抗还具有一种反抗权威的性质。但是，当今的一代是，"他们声称还年轻，然而在他们所有的反应中体现出了一种比他们父母还要令人难以忍受的成熟。在任何冲突前，他们通

---

[1] Theodor W. Adorno, *Minima Moralia: Reflexionen aus dem beschädigten Leben*, Suhrkamp, 1996, S. 30.
[2] Theodor W. Adorno, *Minima Moralia: Reflexionen aus dem beschädigten Leben*, Suhrkamp, 1996, S. 30.
[3] Theodor W. Adorno, *Minima Moralia: Reflexionen aus dem beschädigten Leben*, Suhrkamp, 1996, S. 226.
[4] Theodor W. Adorno, *Minima Moralia: Reflexionen aus dem beschädigten Leben*, Suhrkamp, 1996, S. 228.

过放弃获得了冷酷的权威和不可动摇的权力"[1]。阿多尔诺认为，在冲突的资本主义社会中，代际关系完全转变成了竞争关系，其背后是赤裸裸的权力。这种冲突关系发展的顶峰就是弑亲现象。纳粹时期就发生了骇人听闻的除掉老人行动。

三、"不允许交换"

在题为"不允许交换"（§21）一节中，阿多尔诺批判了当下的赠礼行为。受掌握的材料所限，我们无法断言他对赠礼的论述是否受到莫斯的影响，不过，可以肯定的是，阿多尔诺确实了解 M. 莫斯的著作。[2]

在历史人类学中，礼物的交换被视为研究古代社会秩序的一个重要因素。其开创性的研究成果是 M. 莫斯的《礼物》一书。这部精短的经典之著包括两个研究目标，一个是探求一种与现代资本主义市场经济完全不同的古代的交换机制，另外一个是试图在这种完全不同的社会中，"发现建构我们社会的一方人性基石，并希望由此推导出一些道德结论，以解答我们的法律危机与经济危机"[3]。通过考察波利尼西亚、美拉尼西亚等北美地区的"夸富宴"（potlatch）行为，莫斯发现那些看似非理性的赠礼行为，实质上潜含着合理的社会功能。它是维护社会稳定和团结的互惠体系的一部分，该体系被莫斯称为"总体呈献体系"（système des prestations totales）[4]。在该体系中，物的交换打上人与人之间关系的精神烙印，赠与者与接受者

---

[1] Theodor W. Adorno, *Minima Moralia: Reflexionen aus dem beschädigten Leben*, Suhrkamp, 1996, S. 16.

[2] 在《启蒙辩证法》的"启蒙的概念"一文中，M. 莫斯与 H. 于贝尔的《巫术的广义理论》（*Thèorie générale de la Magie*）直接被引用了两次（21，29），他们使用的关键概念"曼纳"（Mana）就是莫斯所用的术语。

[3] M. 莫斯：《礼物：古式社会中交换的形式与理由》，汲喆译，上海人民出版社 2002 年版，第 5 页。

[4] M. 莫斯：《礼物：古式社会中交换的形式与理由》，汲喆译，上海人民出版社 2002 年版，第 7 页。

的精神、地位和荣誉都得到充分的表现。

在研究结论中，M. 莫斯意味深长地指出，物权与个人权利的分离只不过是近几百年的事情，"利益"、"经济人"等词汇也都是在重商主义大行其道后才流行开来的。而在人类的悠久历史中，人与物的紧密关系支配了整个物品交换过程。近代资本主义的发展，使得人与物的紧密关系蜕变为人受制于物，人与物的精神关系被赤裸裸的利益关系所取代，交换关系变成了纯粹的利益计算。不过，莫斯比较乐观，面对专利权、社会保险，工人互助协会等机构的建立，他认为社会已经"以一种奇特的心态重新找回个体，这种心态掺杂了权利的情感，同时也包含一些更为纯粹的情感：仁慈之情、社会服务之情、团结之情。这样礼物、礼物中的自由与义务、慷慨施舍以及给予将会带来利益的主题，又会重新回到我们之中"[1]。这种回归不是纯粹立法的结果，也不是纯粹道德要求的结果，而是它们的基础——社会原则——真正的复归，"是人、人群；因为自古以来经纶天下的乃是人和人群，是社会，是深埋在我们的精神、血肉和骨髓中的人的情感"[2]。

与 M. 莫斯的论述相类似，阿多尔诺在这一节中罕见地使用了积极的批判标准。他认为，"真正的赠礼所具有的幸运在于想象受赠者的幸运。它意味着（赠与者）要挑选，耗费时间，离开自己的路数，把他人思为主体：反对遗忘"[3]。很显然，阿多尔诺意指的真正的礼物交换，是主体间纯粹出于平等的交流，是主体间互惠承认的体现。不过这样的赠与行为早已被商品的交换逻辑所替代。被商品

---

[1] M. 莫斯：《礼物：古式社会中交换的形式与理由》，汲喆译，上海人民出版社 2002 年版，第 190 页。

[2] M. 莫斯：《礼物：古式社会中交换的形式与理由》，汲喆译，上海人民出版社 2002 年版，第 192 页。

[3] Theodor W. Adorno, *Minima Moralia: Reflexionen aus dem beschädigten Leben*, Suhrkamp, 1996, S. 46.

交换原则所熏陶的人们，只知等价交换。在这种交换体系中，交换的对象与交换的物，仅仅作为客体出现，交换的目的是为了赢得更多，为了纯粹的利润。例如，在私人赠礼现象中，赠与者总是把礼物"仔细控制在预算的范围之内，怀疑地估价着别人，并尽量做到少付出"[1]，而在公益的慈善捐赠者眼中，受赠者仅是等待救济的客体，他们接受赠与的同时也接受着屈辱。

与莫斯的乐观态度不同，阿多尔诺对当前的发展状况是悲观的。他认为，人类已经荒疏了赠礼行为，已经不知怎样赠礼了。例如，从孩童时代起，人们就被教导，路边给予小礼物的人实质上是心怀不轨的，肯定是要通过小礼物兜售某种商品。对赠礼行为的遗忘也反映在人们对商业礼品的发明上。阿多尔诺认为，这些商品礼品的产生就是因人们已经不知道送什么了。人们不知馈赠，也因为人们根本无意于赠送。交换是为了获得更多，而慷慨的赠礼则被认为是非理性的。这些礼品也只不过是像等待出售的商品一样，与赠礼者"没有关系"。阿多尔诺同时揶揄，这样的商品也有着人性的一面，因为它允许人们也能给自己赠送礼物，不过这明显与赠礼本身相互矛盾。他认为，冷漠的计算理性已经席卷了所有的一切，而这种冷漠最终也会回击到主体自身。在阿多尔诺的视域中，法西斯主义不是与这种理性对立的产物，法西斯主义产生的基础条件就是这种冷漠的理性。

与上述计算理性相反的是体现在赠礼中的思维方式，那种把别人视为主体的思维方式。阿多尔诺认为，这种思维方式无法在孤立的纯粹内在世界中发展起来，它只有在对"物的温暖"（Wärme der Dinge）的感受中才能发展起来。他甚至认为"所有未歪曲的关系，

---

[1] Theodor W. Adorno, *Minima Moralia: Reflexionen aus dem beschädigten Leben*, Suhrkamp, 1996, S. 46.

可能有机生活的和解本身，就是赠礼。谁要是通过使用一致性逻辑后对此变得无能，谁就会把自身做成物并且冻结了自身"[1]。

除了上述这些显微镜式的剖析外，《最低限度的道德》中还有大量的细致入微的观察与批判，例如对关门的动作、电冰箱的使用、住所的环境、去电影院的感受等等的分析。这些分析共同指向了同一个主题，即一种与文明行为相伴的野蛮行为也蕴含其中。上文通过对三个具体例子的分析已经清楚地表明了这一点。在到处都蕴含着野蛮因素的私人生活中，人们有什么理由坚持私人领域是人性的避难所呢？

上述的分析对道德哲学造成了这样的影响，即非伦理生活因素影响之强大，以至于任何一种关于直接过正确生活的道德哲学构想不再可能。强调道德实现的社会条件，必然使得道德不仅仅是某种直接的理智洞见或情感反应，而是一种道德认识。它意味着，道德行为的最终实现，必须依赖于社会批判。道德哲学所剩下的就是反思这种整体的恶。换言之，在这种整体的恶中，道德哲学只能是否定的道德哲学。传统的德性伦理学，虽然把握住道德行为的实践性，但是由于没有重视道德认识维度的不可或缺性，使得它在上述情况下实质上是非实践的，甚至是恶的促成因素。而片面强调可普遍化的弱的信念伦理学，虽然关注到道德认识所具有的重要性，但偏重于理性的可普遍化，从而造成它实践的无力性。这表现为它要么无法实现，要么总会造成恶的后果。因此，面对社会整体的恶，形成一种有别于传统德性观的"反思的德性"乃是当务之急。这种反思不是亚里士多德意义上的朝向内部的静观，而是朝向外部社会的批判性反思。

---

[1] Theodor W. Adorno, *Minima Moralia: Reflexionen aus dem beschädigten Leben*, Suhrkamp, 1996, S. 47.

总之，上述所有对伦理脆弱性的分析都共同指向了一点，直接的正确生活在当下是不可能的。这种极端不可能性的表现就是奥斯维辛。阿多尔诺认为，被社会完全中介的伦理世界不但不可能抵制大屠杀，而且还是促成大屠杀的缘由之一。

第三节　奥斯维辛之后的伦理学

奥斯维辛集中营曾是纳粹德国时期建造的最大集中营。在此类集中营内，数百万生灵惨遭屠杀。面对奥斯维辛现象，阿多尔诺曾提出了不同的主张，如"奥斯维辛之后，写诗是野蛮的"，也有对传统神正论、历史目的论和存在意义的否定，"在面对这些受害者和他们遭受的无穷痛苦时，断定生存或存在自身内有一种积极的意义并且朝向一种神圣的原则，将是一种纯粹的愚弄"[1]。在他看来，奥斯维辛集中营中的纯粹野蛮行径，已打破形而上学的意义世界与物质世界的和谐，如果人们还继续宣称我们拥有一个有意义的目的世界，那么这将完全是一种意识形态的欺骗。[2]

对于道德哲学来说，他认为奥斯维辛或者说以希特勒为代表的纳粹德国，给人们强加了一条新的定言命令："如此安排你们的思维和行动，让奥斯维辛不再重演，以及诸如此类之事不再发生。"[3] 阿多尔诺曾在多处表述了相类似的定言命令。例如，在《奥斯维辛之后的教育》一文中，阿多尔诺主张，"对所有教育的首要要求是奥斯

---

[1]　Theodor W. Adorno, *Metaphysics: Concept and Problems*, ed. Rolf Tiedemann, trans., Edmund Jephcott, Stanford University Press, 2001, pp. 101–102.

[2]　具体分析参见周爱民：《阿多尔诺否定的道德哲学构想》，载《山东社会科学》2013年第 4 期。

[3]　Theodor W. Adorno, *Negative Dialektik*, in: Adorno, *Gesammelte Schriften* Bd. 6, Suhrkamp, 1973, S. 358.

维辛不再重演"[1]。他甚至激进地认为，与这唯一的理想相比，即奥斯维辛不再重演，任何有关教育的理想的争论，都显得琐碎和无足轻重。面对此要求，他认为无需为之提供证明。当人们面对此要求还索要相应的证明，或者根本没有意识到此要求，这本身就是一个征兆，即奥斯维辛有可能会重演。阿多尔诺确实认为，支撑奥斯维辛的基本条件仍然没有发生根本改变，这种野蛮主义仍可能再次发生。[2] 因此在他看来，"道德自身在当今已经转变为抵制这种盲目的力量，抵制这种对单纯生存的主宰，抵制这种我们所有人今日实际上必须忍受的主宰"[3]。

面对阿多尔诺该激进主张，人们不禁要问，为何奥斯维辛会如此重要？阿多尔诺所要探讨的是支撑它的基本条件。因此，问题就具体化为，支撑它的基本条件是什么？为何还没有改变？其次，为何能够提出这样的要求？最后，这样的要求与康德的定言命令如何区分？

众所周知，因种族冲突而引起的大屠杀现象在人类历史上屡见不鲜，甚至二战以来，因种族冲突而造成的人道主义灾难仍然不断上演。[4] 一些学者就此认为，大屠杀源于人性中的阴暗面，它是现代文明需要不断努力根除的对象。乐观者认为，随着文明的进程，这种基于非理性层面的冲突最终会被克服；而悲观论者则强调，现代社会中仍然持续地爆发这类冲突，这在某种程度上暗示了现代性的失败，它说明现代性没有能力荡平这些潜在的非理性冲突。

---

[1]　Theodor W. Adorno, *Critical Models: Interventions and Catchwords*, trans. Henry W. Pickford, Columbia University Press, 2005, p. 191.

[2]　在当时看似是危言耸听的论断，却在之后的历史进程中得到了无情的验证，如1994年的卢旺达大屠杀。

[3]　Theodor W. Adorno, *Critical Models: Interventions and Catchwords*, trans. Henry W. Pickford, Columbia University Press, 2005, p. 297.

[4]　比如 Political Instability Task Force 的一个子数据库 Genocide and Politicide 就统计了从1955 到 2012 年种族屠杀的数据。

不管是乐观主义者还是悲观主义者，就如鲍曼指出的那样，这种分析理路最终会否定大屠杀的独特性。它们共同的理论基础就是现代主流的社会理论，即认为道德的存在可以完全被归因为社会的需要。因此，对道德的科学研究都应该力图去揭示这些需要，澄清它们得到满足的条件。比如，初看起来涂尔干的社会理论反对这种观点。他认为道德事实可被视为社会事实。道德规范的存在，不应到某些社会成员得到满足的需要中去寻找，而是到它所表现的强制力中去寻找，换言之，规范的存在是因为社会成员确信了它的强制力。但是，从根本上来说，涂尔干并非完全否定还原主义的解释，只不过认为道德规范所满足的需要不是某个个体或团体，而是社会整体的整合需要，"道德规范的特性在于它阐明了社会团结的基本条件"[1]。道德规范通过自身的强制力（惩罚），限制对共同体会造成危害的某些违反规范的行为，强迫个体的行为与社会团结的需要保持一致。当然，涂尔干并不认为道德的强制是对个体自由的剥夺，恰恰相反，"自由（我指的是一种合理的自由，是社会应该得到尊重的自由）是一系列规范的产物"[2]。

从上述解释中，人们很容易引出这样的推论，即那些道德上违反规范的行为，那些侵犯了人们基本的道德情感和信念的行为，就易于被视为是道德的"社会工厂"出现生产纰漏或管理不善的结果。它可具体表达为社会化压力的匮乏，或者是施加这种压力的社会机制存在缺陷和不足。这种社会化压力的软弱或机制的缺陷，要么被归结为教育的缺陷，要么被归结为现代核心家庭的衰落，要么被归结为某些反社会化的神秘组织的影响。不过，在所有事例中，不道

---

[1]　埃米尔·涂尔干：《社会分工论》，渠东译，生活·读书·新知三联书店 2013 年版，第 356 页。
[2]　埃米尔·涂尔干：《社会分工论》，渠东译，生活·读书·新知三联书店 2013 年版，第 15 页。

德行为的出现都被解释为前社会或者非社会的情感因素从其社会生产的牢笼中挣脱出来的表现，或者是这些冲动逃脱封锁的表现。[1]

如果套用这种社会学理论解释奥斯维辛现象，那么它也可被归咎为人类的前社会情感在纳粹政府下不受控制的表现。具体说就是，它是欧洲反犹主义最极端的表达。因此，它与历史上其他的大规模种族屠杀没有本质区别。然而，这类非理性现象相对于身处文明中的人来说，只不过意味着是已经被制服的现象。它们与我们当下的日常生活并不密切，它们只是存在于遥远的回忆或影片中的影像而已。生活于文明中的人们，对于大屠杀的纪念不过是一种同情，一种自我标榜的炫耀。这种纪念仪式丝毫不触动现代文明本身，与日常的文明生活相比，它显得无关痛痒。人们对现代社会体制和整个自我意识的既有理解，并未因大屠杀而改变什么。齐格蒙·鲍曼所说的并非夸大之词，他认为"大屠杀几乎没有改变此后我们的集体意识和自我理解的历史进程……除了一些边缘化的专门研究领域和对现代性病态倾向的一些阴暗和不详的警告之外，大屠杀使社会科学总体上（特别是使社会学）保持在原封不动的状态"[2]。

很明显，上述对大屠杀的认识，以及支持其认识的社会还原论，最终会削弱或误解阿多尔诺的新的定言命令所包含的丰富内容。如果大屠杀仅仅是作为道德工厂的社会管理不善的结果，那么阿多尔诺的绝对命令就可被解读为：大屠杀使得这些缺陷暴露出来，因此要努力改进那些有缺陷的社会化进程，使得这种状况不再发生。为了防止大屠杀再次出现，可采取的一切措施，无非就是从家庭教育，到学校教育，都要防止某种反社会化情绪，要培养人们对社会化规

---

[1] 齐格蒙·鲍曼：《现代性与大屠杀》，杨渝东、史建华译，译林出版社2002年版，第221–233页。

[2] 齐格蒙·鲍曼：《现代性与大屠杀》，杨渝东、史建华译，译林出版社2002年版，第115页。

范的尊重，使得社会化的合作、团结等被内化到行为者的动机中去。当然，更妥当的是，除教育之外，政治的决策过程也要社会化，即民主化，以防止已有的文明成果被某些个人或团体窃取。这些双管齐下的举措，必定能有效防止类似的野蛮行径再次死灰复燃。可以说，这种理解是西方理性主义传统的基本思路，即非理性的情感欲望不受控制，就会行不义之事，正义的原则在于让理性遏制非理性。只有所有人在理性的社会化过程中安分守己，各司其职，社会才能繁荣昌盛。

上述的解读其实与阿多尔诺的主张背道而驰。上述解读最终只不过把道德行为的好与坏的判断标准让渡给了大多数人的同意。恶的行为不再是因其自身之故就能引起人们的反对，而是因为它违背大多数人所遵循的规范才会引起反对。很显然，这实质上是一种服从的道德。它与阿多尔诺对权威的批判明显不一致。在20世纪50年代出版的《权威人格》中，阿多尔诺和他的合作者们就指出，纳粹的拥护者或潜在的拥护者，不是那些失去理智、受狂热情绪操纵的暴徒，而是那些日常生活中的普通人，是那些崇拜着权威，宁愿臣服于某个权威领袖而不愿自主决定的人。此外，上述解读还会忽视阿多尔诺对道德的起源与有效性相互中介的论述。如果所有的道德判断都可被归结为某种社会需要的产物，那么实质性的批判将不再可能，即区分正确与错误的可能性就被这种观点抹去了。如阿多尔诺批判的那样，这种观点最后可能过渡到这样的理路中，即把真理仅仅视作纯粹权力斗争的产物。换言之，如果社会整合被视为道德评价的唯一参照系，那么面对不同的道德体系，人们实质上就没有一种内在的比较和区别的评价方法了。这实质上是取消了从道德标准本身出发来评价道德行为的做法。道德的有效性问题完全被还原成了道德的起源问题。这背后隐藏着的是一种社会本体论，即社会整合被当作了最基础的存在。这显然与阿多尔诺强调的辩证的社会理论不相一致。

在阿多尔诺看来，奥斯维辛之所以重要，不在于它体现了文明进程的某种突然失控，而在于它是文明本身的产物，它是文明自身的极端表现。野蛮与启蒙不是相互反对，而是相互促进的两个因数。支撑起奥斯维辛的恰恰不是人类前社会的非理性冲动，如仇恨、激情等，而是资产阶级主体性中的最基本原则，即"冷漠，没有它……奥斯维辛就不可能发生"[1]。这种冷漠情感背后的思想基础是现代性的同一性思维，即理性的形式化。这种理性的形式化过程，就是对那些不相一致的情感，如同情、不计回报的关照等的排除过程，"启蒙了的精神通过耻辱（Stigma）替代了火与轮，他把耻辱印刻在了所有的非理性上，因为非理性会导向堕落"[2]。这种形式化过程的存在根据是现代的商品交换机制。建立在抽象劳动基础上的商品交换，完全排除了物的质的差别，物仅仅沦为抽象的价值量，一种可被任意替换的价值量。"物的温暖"完全被冷冰冰的等价原则所驱散。"随着资产阶级商品经济的扩散，神话的黑暗地平线被计算的理性之光所照亮，而新的野蛮的种子就成长在其冷淡的照射中。"[3] 奥斯维辛只不过是用实际的经验证明了纯粹同一性的哲学就是死亡。[4]

该过程直接反映在了道德哲学中。例如，作为启蒙思想顶峰的康德就赞同冷漠。他认为，"德性必然以冷漠（Apathie）（被看作是

---

[1] Theodor W. Adorno, *Negative Dialektik*, in: Adorno, *Gesammelte Schriften* Bd. 6, Suhrkamp, 1973, S. 356.

[2] Max Horkheimer und Theodor W. Adorno, *Dialektik der Aufklärung: Philosophische Fragmente*, Fischer Verlag, 2013, S. 37.

[3] Max Horkheimer und Theodor W. Adorno, *Dialektik der Aufklärung: Philosophische Fragmente*, Fischer Verlag, 2013, S. 38.

[4] Theodor W. Adorno, *Negative Dialektik*, in: Adorno, *Gesammelte Schriften* Bd. 6, Suhrkamp, 1973, S. 355.

坚强）为前提"，"德性的真正力量就是平静中的心灵及其一种深思熟虑的和果断的决定"[1]。这是道德生活中真正的健康状态，那些凭激情而促动的行为，即便它是由某种善的观念引起的，"也仍是一种昙花一现，留下疲倦的现象"[2]。康德对冷漠的强调主要源于这样的基本信念，即以同情等情感因素为基础的道德大厦并不牢靠。他认为，出于同情等因素帮助他人，尽管符合义务，值得嘉许，但仍然没有真正的道德价值。具有道德价值的，仅是那些以普遍的形式理性为行动根据的行为。

当然，康德并未主张人类拥有上述情感就是恶的，恰恰相反，"自然的偏好就其自身来看是善的，也就是说，是不能拒斥的。企图根除偏好，不仅是徒劳的，而且也是有害的和应予谴责的"[3]。康德强调，真正值得谴责与承担责任的是趋恶的倾向。这里所谓的趋恶的倾向，不在于源于人的纯粹动物性的东西，也不是恶意的理性的产物，"它产自人的本性的脆弱，即在遵循自己认定的原则时不够坚定"[4]。这种不坚定体现在没有把纯粹的道德法则视为道德行动的独一无二的动机，而在此种动机中掺杂了其他因素，如同情等因素。康德认为把同情等因素作为道德的动机是一种僭越，而恶正是源于这种倾向。[5]

从某种程度上，近现代的社会契约论传统也是建立在冷漠的基础上。从自然状态到无知之幕的假设，人与人之间的关系首先遭到

[1]　康德：《纯然理性界限内的宗教》，李秋零译，《康德著作全集》第6卷，中国人民大学出版社2007年版，第421页。
[2]　康德：《纯然理性界限内的宗教》，李秋零译，《康德著作全集》第6卷，中国人民大学出版社2007年版，第421页。
[3]　康德：《纯然理性界限内的宗教》，李秋零译，《康德著作全集》第6卷，中国人民大学出版社2007年版，第57页。
[4]　康德：《纯然理性界限内的宗教》，李秋零译，《康德著作全集》第6卷，中国人民大学出版社2007年版，第37页。
[5]　具体分析参见 Michael L. Frazer, *The Enlightenment of Sympathy: Justice and the Moral Sentiments in the Eighteenth Century and Today*, Oxford university Press, 2010, p. 118。

人为的拆解。在拆解之后，人被视作是利益无涉的孤立的原子个体。通过这样人为造作的反思过程后，这些个体被当作是受自身利益的驱动才参与社会秩序的构建。近代社会契约论者认为，一个正义的社会秩序，只能由这些利益无涉的原子个体才能构建起来。他们之间首先没有任何伦理关系，各自持有的只是如何让自身利益最大化的原则。正义原则的确立就是如何确保这样的利益最大化原则无冲突地普遍实现。很明显，这样的正义原则落到实处，就是一种冷漠的自由观，即一种每个人都应互不干扰地追求自身利益最大化的自由。罗尔斯意识到了这种冷漠的自由观最终会导致社会合作的瓦解。他通过把"差异原则"加入正义原则之中，试图消除可能的不平等导致个体自由的无法实现，但是这种补入的第二正义原则难以通过上述基本假设得到证明，上述基本假设从根本上限制了"差异原则"（第二个正义原则）的合理性。

通过上文的论述，奥斯维辛为何如此重要便不难理解了。在奥斯维辛现象中，资产阶级宣称的形式理性得到最为极端的表现。为了运输几百人到达奥斯维辛集中营，必须有高效率的运输方案；为了屠杀数以万计的人，必须有快速解决的办法；为了维护营区正常的秩序，必须树立各种合理的规范。这些绝不是那些丧失了理智的人所能办到的。它需要社会的财务系统、运输系统、宣传系统，以及人力资源系统等部门数以万计的人协力合作，才能完成这场旷日持久的，有组织、有计划的"最终解决"方案。确实，从奥斯维辛营区建造的那天起，设计者和刽子手们早已日复一日地进行着精密的计算。营区的设计和床位的摆放，毒气室的构建和尸体的处理，以及对关押者的心理引导与压制等，无不依赖现代意义上的建筑学、化学、生物学、心理学、人力资源管理等。这些所谓的科学，在实现最终解决方案的过程中各显神通。总而言之，奥斯维辛就是现代化的大工厂，只不过它生产的不是商品，而是尸体。

当然，人们可能会反驳，计算理性所针对的仅仅是物，而奥斯维辛的刽子手们用理性处理的都是活生生的人，这两者之间恐怕不能直接等同。把前者的理性运用到后者，恐怕还需要某种非理性的因素，或某种蓄意作恶的决断行为。然而，这样一种看似具有质的差别的过渡，实际上是不存在的。阿伦特的《耶路撒冷的艾希曼》清楚地表明了这一点。艾希曼曾是纳粹德国时期的高官，屠杀犹太人的最终解决方案由他负责实施。与人们的想象不同，他既不变态，也没有虐待狂的性格特征，也不是那种受纳粹意识形态蛊惑的狂热分子。他与日常生活中的普通大众没有什么区别，"除了对自己的晋升非常热心外，没有其他任何动机"[1]。面对耶路撒冷警方的质询，他甚至宣称自己在生活中遵照着康德的道德律令，完全按照康德对于责任的界定而行事。阿伦特认为，他并不是愚蠢的人，不是完全不能分辨是非的人，而只是"无思想"。然而，就是这样一个正常的无思想者，一个严格服从着上级命令的正常人，以自己管理的才干，把数百万犹太人送进了集中营，送进了毒气室。就如阿伦特所说，"这种对现实的隔膜、这种无思想性，远比人类与生俱来的所有罪恶本能加在一起，更能引发灾难和浩劫"[2]。这样一种恶就是由无思想的平庸所造成的，它被阿伦特称之为"恶的平庸"。

阿伦特的"恶的平庸"的观点，得到了米尔格拉姆实验的有力证明。[3] 为了测试文明社会中的普通大众，在面对权威者发布明显违背良心的命令时，良心究竟在何时以及怎样引导人们反抗权威，进而拒绝执行命令，米尔格拉姆进行了这样的测验：在辅助实验的

---

[1] 汉娜·阿伦特：《伦理的现代困境》，孙传钊译，吉林人民出版社 2003 年版，第 54 页。
[2] 汉娜·阿伦特：《伦理的现代困境》，孙传钊译，吉林人民出版社 2003 年版，第 55 页。
[3] 实验设计详情参见 Stanley Milgram, *Obedience to Authority: An Experimental View*, Tavisock, 1974。

科学家的命令下，让实验被试者（身份为"老师"）电击做错题的另外被试者（身份为"学生"，由实验员假扮）。"老师"和"学生"被分隔在两个房间，相互看不见但能听见。每当"学生"做错题时，"老师"必须按下电击仪器的按钮，隔壁房间的学生就会被电击。"老师"们并不知道电击仪器是假的，也不知道"学生"们被电击的痛苦吼叫声是演出来的。电击从15伏特到450伏特，学生每做错一题，就加重15伏特的惩罚。当被试者感到不安，实验员通过说"不用承担任何责任"怂恿他超过三次以上后，他仍强烈要求退出实验时，实验就终止，否则实验将继续进行，直到电击瓦数提高到最高并持续三次电击。实验的结果令人震惊，超过一半的实验者在辅助实验的科学家的命令下，不顾"学生"的痛苦反应，不断提高电击强度，直到令人致命的450伏特。仅仅是一个辅助实验的科学家就能让人们服从这样的非理性命令，如果命令者具有更大的权威，如果不服从就会涉及自身的利益，如晋升、薪水、威望时，那么人们岂不会照样像艾希曼那样犯下滔天的罪行吗？对此，鲍曼曾指出，"米格拉姆实验得出的多数结论可以看作是一个主旋律的各种变奏：残酷与一定的社会互动模式的关联比它与执行者的个性特征或者执行者的其他个人特质的关联要紧密得多"[1]。

在上述背景下，阿多尔诺的新的定言命令实际上针对的是身处现代社会的所有正常人。它不是这样的命令，即我们这些文明人要好好控制自己思想中的非理性激情、欲望，等等。能够控制这些情绪，不再伤害别人固然很重要，但更为重要的是潜藏在所有文明人中对集体，对权威的盲目服从，对他者所受痛苦的冷漠。冷漠与盲目服从体现在我们日常的起居中，体现在怎样关门、怎样赠礼以及

---

[1] 齐格蒙·鲍曼：《现代性与大屠杀》，杨渝东、史建华译，译林出版社2002年版，第217页。

婚姻生活，等等之中。这些日常的行为方式，恰恰构筑了现代文明，构筑了人们引以为豪的现代文化。因此，新的定言命令实际上是要求人们反思所谓的正常生活和文化。阿多尔诺认为，这些生活方式和文化活动的基本条件是同一性思维。现代的商品交换是这种思维的物质条件，而同一性思维的发展又是它得以普遍化的可能性条件。正是这两者在资本主义社会中的完美结合才导致了奥斯维辛。因此，面对奥斯维辛，这类学说就显异常荒谬了，即历史有某种理性目的，社会是理性产物，社会可以最终还原为诸多个体的理性行为（追求利益或追求自由），等等。

在这种理论认识的条件下，新的定言命令就不仅仅是一条对人们行为的道德要求，它同时也是对思维本身的道德要求，即要求思维必须反思自身，让同一性思维不再成为绝对。至此，我们回答了上文第一个问题，尚未回答的是：阿多尔诺为何能够提出这样的命令，以及该命令为何与康德的定言命令有着实质性的不同？

在阿多尔诺提出新的定言命令之后，他紧接着这样写道："该命令就像康德的既定性一样，倔强地反对着它的奠基。用推理的方式处理它是一种亵渎：人们可以在该命令中，活生生地感受到一种伦理上的附加物的因素。活生生，因为它是对诸多个体所遭受的、无法忍受的身体痛苦的实际厌恶，即使在作为精神反思形式的个体性正要消失时也是如此。"[1] 这段话包含了两个方面：新的定言命令无需理性奠基，以及它如何可能。阿多尔诺在此并未详细展开第一个方面。不过，在其他文本中，他对此有所论述，其基本思路是任何理性的论证都会陷入相互矛盾中。例如关于是否虐待俘虏的问题。出于人道主义精神，国际法规定战争中不能虐待俘虏。可是，当一

---

[1]　Theodor W. Adorno, *Negative Dialektik*, in: Adorno, *Gesammelte Schriften* Bd. 6, Suhrkamp, 1973, S. 358.

方违反该法，无情地虐待俘虏时，另一方是否要还之以牙呢？从士兵的角度来看，当自己的战友被对方虐待，自己能无动于衷吗？情感上的激愤要求他们也要同样做出相应的报复行为；从指挥官的角度，如果不满足士兵的要求，可能会助敌方的威风，灭本方的士气。无论何种考虑都会陷入矛盾。显然，这种矛盾性不是理性本身的无能，而是战争本身的非理性。同样，上述命令无法通过理性的论证，也是社会本身矛盾性的体现。

关于第二个方面，他表达得很清楚：一种对他人遭受身体痛苦的厌恶，使得绝对命令在无需理性奠基的情况下仍然是合理的。这种由情感因素引起的道德行为被阿多尔诺称为"伦理上的附加物"（das Hinzutretende am Sittlichen）。它针对的是康德的纯粹的实践理性。阿多尔诺认为，该实践理性是对意志的一种抽象，"附加物是被这种抽象所剔除的东西的名称，意志没有该附加物就不是现实的"[1]。

一些论者根据第二个方面的论述便认为，阿多尔诺的道德哲学最后依赖的是身体感觉。一种对痛苦的厌恶感被当作了道德的最后堡垒。按照这样的理路，似乎阿多尔诺的其他看似夸张的论述就迎刃而解了。例如，"温和的也许仅是最粗糙的：任何人不应再挨饿"[2]。"不应再挨饿"的道德要求，无法通过任何理性的原则推演出来，它仅仅是身体的必然需要要求获得满足的产物。道德规范或社会解放的方向，就是让这些需要获得满足，使得人们能够"像无所事事的畜生一样，躺在水面上，安静地注视着天空，'存在，此外无他，没有任何进一步的规定与实现'，也许能替代过程、行动、实

---

[1] Theodor W. Adorno, *Negative Dialektik*, in: Adorno, *Gesammelte Schriften* Bd. 6, Suhrkamp, 1973, S. 228.

[2] Theodor W. Adorno, *Minima Moralia: Reflexionen aus dem beschädigten Leben*, Suhrkamp, 1996, S. 206.

现，并且能真正兑现辩证逻辑的承诺，即流入它的起源"[1]。道德或者社会解放的理想，只能建立在这种单纯的存在状态中。总而言之，这种解读方式认为，对他人身体痛苦的厌恶，是道德的可能性前提，同时摆脱这种厌恶感是道德的最终归宿，就像上文所描述的，它是对辩证逻辑的承诺的真正兑现，即对外化的扬弃，复归到自身，复归到主体与客体的统一性中。

很明显，这样的解读忽视了第一个方面，即在纯粹的理性论证的情况下，即使是对痛苦的厌恶所产生的行为，也可能相互矛盾，例如上文所举的是否虐待俘虏的案例。此外，这样的解读方式，也忽视了阿多尔诺对反思的追求，他认为哲学的唯一任务就是对思维本身的再思维。

他对伦理的"附加物"的强调，只不过旨在指明，当思维变成同一性思维后，当它宣称自身为绝对后，该附加物，即对他者苦难的感同身受，能够间接揭示这种"真理"的虚假性。换言之，正是附加物的存在，使得人们的思维能够认识到同一性思维的非理性。如果用术语来表达就是，这种附加物是人们对新的定言命令的"认识条件"。就像康德在阐述先验自由时认为的那样，先验自由无法通过理性的论证被证明，但是定言命令作为"理性的事实"，使得人们能够知晓先验自由的存在。当然，与康德不同的是，阿多尔诺不认为定言命令是理性的事实，既定性只能是这种经验的附加物。该事实的直接存在，使得新的定言命令无需理性的论证。

然而，这并不意味着道德行为仅仅依赖于这样的事实就足够。阿多尔诺在这里并非要给道德解释寻找最终根据，而是只为道德行为寻找一个存在根据，或者说，为道德行为寻找实现的动力机制。

---

[1] Theodor W. Adorno, *Minima Moralia: Reflexionen aus dem beschädigten Leben*, Suhrkamp, 1996, S. 208.

阿多尔诺否定了仅凭纯粹理性就能产生这样的动力因素的主张。最终的动力依赖于感性冲动。如果缺少感性冲动，单凭理性认识，道德实践无法最终实现。不过，尽管感性冲动是实践性的，在某种情况下能够直接做出道德行为，但是单凭感性冲动，也不能完全实现道德行为。它只是为道德行为提供了动力机制，不能把它与道德行为直接等同。换言之，身体的感性存在仅仅是道德存在的基础，就像道德的存在同时也依赖于社会存在一样。这并不意味着对身体需要的满足就直接产生了道德，就如对社会需要的满足并不会直接产生道德一样。这些只是必要条件，并不是充分条件。道德的实现还需要一个因素的结合，就是批判性的反思。没有对恶的合理洞察，甚至连感性冲动也不可能产生。这样的辩证关系，我们在第二章第一节中已有论述，在此不再展开。

在此，需要强调的是，要区分两个层次：对恶的理论认识，和对恶的现象直接反应。前者需要思想，需要一种辩证的思维，即对各种道德学说和社会系统的内在批判。后者有时无需前者为前提。但是，前者的缺失会影响到后者的出现，因此需要前者的存在。真正的道德实践，既需要有对恶的理论认识，又需要一种感性的附加物，"洞见到它（恶——笔者注），同时也能够产生一种潜能，该潜能能够被用来反抗它"。正是因为这种辩证的主张，阿多尔诺强调，"当今，自律和自身的责任存在于人们的反抗中，即在于人们能够洞见到这种（恶——笔者注）机制，并同时能够在一定程度上反抗这种机制"[1]。

因此，道德的实现，既需要身体的直接反应，同时也需要理论认识。这种认识是对现代社会的理论洞见，对现代道德中固有矛盾

---

[1] Theodor W. Adorno, *Critical Models: Interventions and Catchwords*, trans. Henry W. Pickford, Columbia University Press, 2005, p. 297.

的洞见。只有批判的理论认识和感性的附加物，才能真正履行新的定言命令。通过上述分析可以看出，对身处文明社会中的人来说，该命令看似是一种最低要求，但实质上是一种沉重的要求。它要求人们时刻反思自己的日常行为，要辩证地看待个体与社会的关系。该思维的可能性在于，一方面形式化的理性体系总会在试图体系化过程中面临重重不可避免的矛盾，另一方面非同一性的感性附加物始终能够作为前者的抵抗因素出现，它始终能为思维的自我批判提供动力和指引。这些论述也表明，它与康德的定言命令是不同的。首先，它并非完全的形式化命令，它有具体的内容；其次，新的定言命令的存在基础，不是先验自由，而是感性的附加物；最后，它并非仅仅依赖形式的普遍化就能实现，它还需依赖理论认识，即对同一性思维中固有矛盾的洞见，和对社会系统中非理性的洞见。

　　总而言之，如果说奥斯维辛是启蒙的正常产物，那么这就意味着，恰恰是现代性所宣扬的体面生活，各种交往的礼仪活动中就已经包含与之相反的因素。这些孕育在"阳光"中的恶，由于它的"微不足道"，人们常常对之浑然不觉。例如，人们并不认为，经常性地称赞"这真美"就已经犯下了错误；人们并不认为，精心呵护私人的小花园，就已经犯下了错误；人们同样也不会认为，经常去看看电影，还会有什么负面影响。然而，奥斯维辛像一把放大镜，一下子让人们看清了，这些看似是温和无害的"微粒"实质上贻害无穷，它们实质上是极端恶滋生的温床。当艾希曼说出他只不过是在履行应有的职责时，当人们仅仅遵循一位辅助实验的科学家的命令，就能做出置人于死地的行为时，人们还有什么理由不对自己日常的看似无害的行为进行反思呢？在这些行为中，要么是一种冷漠，一种对他者的漠不关心蕴含其中，要么是一种幻象的自主性蕴含其中，以为无论如何，个人总是能够独善其身。

当然，阿多尔诺并非悲观主义者，在对现代性道德和社会进行上述批判性反思后，他仍然坚守真理，抵制相对主义。坚持批判理论，就是坚持社会可能会不同。社会最终的主体不是抽象的绝对精神，或者某种神秘的"第二秩序"，它最终由主体构成。现代社会的非理性在于，它自身成为具有自主性的存在，成为一种与主体完全对立的存在物。坚守理性批判的阿多尔诺坚信，即使在此条件下，思想仍具有一种乌托邦的向往，即社会必须有所改变。在与霍克海默的对话中，他明确说："我内心深处的感觉是，此刻一切都已关闭，但一切都可能在瞬间改变。我自己的信念如下：这个社会并没有走向福利国家。它正在越来越多地控制其公民，但这种控制随着其非理性的增长而增长。两者的结合是构成性的。只要这种张力持续存在，你就无法达到结束所有自发性所需的平衡。我无法想象一个世界在没有客观反对力量被释放的情况下被激化到什么样的疯狂地步。"[1]

至于这种瞬间改变的可能性是什么，无法像实证主义那样给出定义。阿多尔诺认为，它究竟是什么我们无法直接获知。与康德的对待先验理念的态度一样，人们虽然无法通过知性的方式对之进行界定，但也无法完全否定它的存在，只能去设想它具有一种范导性的功能。如果否定这种可能性，思想就会陷入教条中，即以为目前的形式理性似乎能够包容一切。而思想的非同一性内容则会警告，理性总是包含着它的起源因素。因此真理中总是内在地具有历史。这样一种认识就能够撑起他的乐观主义。这种乐观主义不是盲目地相信人们一定能够自我掌控，而是相信通过理性的不断自我修正，能够公正地对待它的起源。这是一种内在的张力。这种张力也为内

---

[1] Theodor W. Adorno and Max Horkheimer, *Towards a New Manifesto*, trans. Rodney Livingstone, Verso, p. 45.

在批判留下了空间。

　　就如阿多尔诺所说，"我们可能不知道什么是绝对的善，什么是绝对的规范，不知道什么是人或者人性，但是什么是非人的，我们知道得很清楚"[1]。因此，在当今非理性的社会中，道德哲学的任务首要在于具体拒绝这种非人的生活状况，而不是首先去寻找抽象的存在意义，或构建某种体系化的道德哲学。换言之，道德哲学应当首先是一种否定的道德哲学。

---

[1]　Theodor W. Adorno, *Probleme der Moralphilosophie*, Suhrkamp, 1996, S. 261.

第五章　否定的道德哲学与政治批判

在《道德哲学的问题》讲座最后，阿多尔诺总结道："简言之，我们今天可以称为道德的任何东西都融入了对世界的组织问题。我们甚至可以说，对美好生活的追求就是对正确的政治形式的追求，如果这种正确的政治形式确实属于今天可以实现的领域中。"可惜的是，阿多尔诺在此结束了整个课程，并没有对之展开详细的分析。根据之前的分析可以推论出的是，道德哲学的可能性最终要依赖政治批判。主要理由是，道德哲学本身的矛盾性指示出道德理论与道德实践之间的非同一性，而社会批判则指出未经反思的德性伦理在错误的生活中可能退化为恶的帮凶。虽然社会批判给予了道德反思以动机和素材，但是在社会现实无法被改变的情况下，即便拥有这些反思，个体也无法做出正确之事，换言之，通过社会批判，具备反思性的道德哲学会变得不具有实践性。因此，道德的可能性还必须依赖政治批判，即通过政治批判的方式改变既定的社会制度以使得道德哲学重新具有实践性。

但是，在阿多尔诺对现代资本主义的判断中，政治批判的可能性也是存疑的，上述引文中的条件句"如果……"就反映了阿多尔诺的这方面顾虑。在他看来，由于资本主义社会在整体上被同一性逻辑所宰制，政治批判在其中成功的可能性也微乎其微。阿多尔诺不但从其自身的理论中得出政治行动在当时的不可能性，而且也实际反对当时的政治行动，例如他曾亲自打电话报警来试图阻止学生对社会研究所的占领。如果阿多尔诺拒绝政治行动，那么正确的政治又如何可能？如果正确的政治仅仅是一种虚无缥缈的希望，那么道德哲学也就纯粹变成反思性的理论学科了，就可能不具有任何实际意义，否定的道德哲学也就意味着否定迄今任何宣称有实践指向的道德哲学了。然而，这种"大拒绝"的理解路径与阿多尔诺坚守内在批判的方法又是相互矛盾的。究竟如何解决阿多尔诺思想中这种看似相互矛盾的主张呢？本章试图通过重新梳理阿多尔诺与政治的关系来澄清"正确的政治"在其思想中的位置，以澄清道德行动与政治批判的内在关联。

第一节　阿多尔诺与现实政治行动

阿多尔诺与政治的关系向来是阿多尔诺研究中的"冷门"。"冷门"在此的含义不是说这种研究是不入流的旁门左道，恰恰相反，人们曾经对此话题相当热衷，尤其在 20 世纪 60 年代时，当时受阿多尔诺影响的学生群体是非常期待阿多尔诺能实际回应并参与到政治行动中去，这种行动主义的要求被广泛视为是其理论发展的必然结果。在 1969 年《明镜周刊》的一次采访中，阿多尔诺也明确承认其理论主张尤其是对文化工业的分析推动了学生的反抗运动。然而，由于阿多尔诺明确拒绝学生要其参与政治斗争的要求，明确拒绝其理论可以被视作现实政治行动的指南，他与政治的关系基本被视为一种顺从的关系。一般认为，通过澄清阿多尔诺思想与政治的关系来为当今反抗资本主义的政治行动提供某些启发，这基本是徒劳的。与其回到阿多尔诺，不如仔细挖掘批判理论转型之后哈贝马斯交往行为理论中蕴含的政治行动的智慧。批判理论第三代掌门人霍耐特就持有这种观点。批判理论家内部的这种定性更加强了这项研究的无足轻重性。自从批判理论转型后，阿多尔诺思想中是否蕴含着启发当今政治行动的政治智慧的问题，基本就鲜有人问津了，更遑论他的道德哲学与其政治思想之间的关联。为了澄清阿多尔诺曾经简要指出的这种关联，为了澄清其思想中蕴含的政治思想之现实性问题，本节首先回顾一般流行的看法，即阿多尔诺的政治思想其实是一种政治顺从主义。本节将指出，这一判断明显混淆了特定历史情景与其政治态度之间的关联，如果脱离当时的历史情景，阿多尔诺思想与政治之间的关系会呈现出不同的面貌。

一、学生运动的冲击

在谈论阿多尔诺的政治思想时，不可避免地会触及 20 世纪 60 年代末当时西德爆发的学生运动。步入 60 年代初的阿多尔诺，不管在学术界还是在公共媒体界都享有极高的声誉。其声誉主要源于两个方面，一方面是阿多尔诺返回德国后仍然笔耕不辍出版学术专著。在内容方面，他们有意引进在美国得到广泛发展的实证调查方法，结合已有的批判理论传统，试图在战后的德国学术界开辟新的领域。这种发展策略也迎合了当时德国学术界有意引进美国学界发展成果的兴趣。这种策略性介入到德国学术界的方式可以说相当成功。有趣的是，在打开局面之后，他们又开始利用德国的思想传统批判这种实证式的对社会的理解。另一方面，阿多尔诺积极做客广播节目，广泛参与各种讨论并频繁开设讲座，这些公共活动为他赢得了广泛的知名度，以至于后来学生群体把阿多尔诺阐述过的思想（例如文化工业对大众的操纵）封为他们的指导思想。鉴于阿多尔诺的思想与学生运动之间的紧密关联，人们自然会期待他在实际行动上与学生保持联盟共同对抗当时的威权体制。但是实际结果却并非如此。国内外对此问题的一般认识是，阿多尔诺与学生运动站在了对立面。人们津津乐道在这种对立中发生的两件当时引起各大媒体广泛关注的事件。这两件事流传甚广，甚至已经成为国际学术界谈论阿多尔诺与学生运动时主要的事实依据。它们也被视为阿多尔诺思想与政治行动关系的典型表达。

　　一件是阿多尔诺曾亲自打电话叫来警察阻止学生对社会研究所的非法"入侵"，后来又亲自出庭指认这些学生。此事发生的背景是当时西德学生运动已经逐步升级，他们自认为席卷全球的客观革命形势已经出现。法兰克福大学的学生于 1968 年 5 月底发起校园罢课，用围栏障碍封锁校园主楼入口，暴力占领校长办公室，甚至将约翰·沃尔夫冈·歌德大学更名为卡尔·马克思大学，等等。针对学生的这些出格行为，阿多尔诺深感不安，并且明确拒绝学生要求他宣布支持他们的政治目标的请求。阿多尔诺与学生行动保持距离的态度引起学生群体的不满，包括他的学生汉斯·尤根·克拉尔（此人是学生运动中颇具影响力的学生领袖之一）已经对其行为进行了批评。从阿多尔诺回应君特·格拉斯的批评中，可以看出他与学生运动保持距离并非一时之举，而是其一贯的想法，他强调："公开与'APO'（议会外反对组织简称——笔者注）保持距离……会让我看起来像个叛徒，尽管我所写的一切都清楚地表明我与学生狭隘的直接行动策略毫无共同之处，这些策略已经退化为可恶的非理性主义。事实上，是他们改变了他们的立场，而不是我改变了我的立场。"[1] 正是这种从观点到行动与学生群体之间的差异为后来的直接冲突埋下了伏笔。

在学生强行闯入研究所的前一个月，学生群体已经占领法兰克福大学租来的许多研讨课教室，夜以继日讨论课程改革、考试制度以及其他政治活动。在学生占领研讨班并且四处散发传单攻击批判理论数日后，大学教授包括阿多尔诺和哈贝马斯在内与学生团体进行了公开的讨论。学生在讨论中直接喊出了打碎资产阶级学术机器的口号。阿多尔诺和哈贝马斯没有承受压力，最终一言不发地离开了。不久之后，他们发表了一份拒绝与"粉碎科学"的学生进行合作的声明。1969 年 1 月 31 日，一群在克拉尔带领下的抗议学生强行进入社会研究所商讨进一步的政治行动。身为社会研究所所长的阿多尔诺声称这种占领是非法侵入，并且打电话叫来了警察。事后，阿多尔诺在备忘录中这样写道："正是那些相信大学改革会姗姗来迟并希望建立一个符合《基本法》的民主和社会制度的人，正是那些全心全意认同议会外反对派这一目标的人，他们应该感到有义务抵制自己的犯罪化：他们应该抵制所有的威权主义倾向，并且同样抵制表面上左翼活动家的所有伪无政府主义暴力行为以及来自极右翼团体的秘密法西斯行动，这一点非常重要。"[2]

另一件事是他在课堂中遭到极端学生的骚扰。1969 年夏季学期，阿多尔诺准备讲授题为"辩证思维导论"的课程，可是在 4 月 22 日第一次课上就发生了意外。两个身材高大的男人径直走到讲台上站在阿多尔诺面前，伴随着"打倒告密者！"的叫喊声，他们以蛮横的方式要求阿多尔诺进行自我批评，主要缘由是他最近呼叫了警察驱

---

[1] 转引自 Stefan Müller-Doohm, *Adorno: A Biography*, trans. Rodney Livingstone, Polity, 2005, p. 461。

[2] 转引自 Stefan Müller-Doohm, *Adorno: A Biography*, trans. Rodney Livingstone, Polity, 2005, p. 465。

赶占领研究所的学生并对自己的学生克拉尔提起了法律诉讼。与此同时，一名学生在黑板上写道："如果阿多尔诺安静地离开，资本主义将永远不会停止。"大部分听众表达了他们对中断讲座的愤怒，但没有进行干预以制止这些麻烦制造者。阿多尔诺建议他会给每人五分钟的时间来决定他们是否希望讲座继续进行。他话音刚落就被三个嬉皮士打扮的女学生围在讲台上，她们将玫瑰花瓣和郁金香花瓣撒在他身上，然后在表演色情哑剧时露出乳房并试图接近他。阿多尔诺最终不得不愤怒地逃离了大厅。[1]

　　这两件事叠加在一起足以让反对学生运动的群体手舞足蹈、幸灾乐祸。他们可以诱导和利用这种关系转而攻击学生运动本身的非理性，也可以同时攻击左翼理论本身的荒谬之处。例如，媒体曾大肆报道了阿多尔诺在一次采访中所说的他从没想过自己所提出的理论被学生用燃烧弹来现实。这种报道可谓一石二鸟，一方面可以攻击学生运动对其精神领袖的背叛，另一方面也可以说明批判理论本身的缺陷，即容易诱发暴力行动。这种指责可以达到推卸责任的作用，就好像学生的行动不是源于政治体制本身的不合理，而是受不合理的批判理论所蛊惑。在这种敏感的时期，阿多尔诺可以选择沉默以防被各方势力再度利用，但是他还是站了出来试图更清楚地表明自己的立场。他于 2 月在自由柏林电台做了题为《顺从》的讲话，于 3 月和 5 月分别接受了当时西德两家著名媒体《南德意志报》和《明镜周刊》的专访，最后还于 6 月在《时代》杂志上发表了《批判》一文，该文最初是他于 5 月 26 日在南德意志电台做的报告，他还专门为理论与实践的问题撰写了题为《理论与实践的旁注》，准备收录在作为批判模型系列第二部的《关键词》中出版，可惜该书在

---

[1]　参见 Stefan Müller-Doohm, *Adorno: A Biography*, trans. Rodney Livingstone, Polity, 2005, p. 475。

他突然辞世后才问世。通过分析这些文献，下文将指出阿多尔诺与学生运动的恩怨是其理论本身内部张力的一种反映。

二、在"顺从"与"行动主义"之间

在题为《顺从》的简短报告中，他开门见山直面当时学生群体的指责，即批判理论家虽然发展了社会的批判理论元素，但是并没有准备从中引入实际的后果，他们既没有给出具体的行动纲领，也没有支持由批判理论激发出来的那些行动。对此的解释原因有主观和客观方面。在主观方面，人们批评批判理论家意志软弱，阿多尔诺并不否定这一点，因为他不太相信仅凭意志就能消除当时的各种威权体制。阿多尔诺更在意的是客观方面的指责并且也认同这种指责，即批判理论家不相信此时可以通过政治行动改变社会，换言之，当时的客观事实决定个别的行动无法改变任何东西。

在同意这些指责后，阿多尔诺的回应是，理论反思在此情形之中才是真正的不妥协的批判，而简单的行动主义才是真正对现实的顺从和对批判的放弃。他的论证策略是攻击强迫去实践实际上是一种反智主义。他并不反对主张理论与实践的统一，只是警惕在这种强调中，实践逐步被提升为压制理论反思的意识形态。阿多尔诺指出，马克思强调理论与实践的统一，是因为行动具有实现的可能性，但是阿多尔诺认为现在情况完全不同了，他认为在当前的社会制度中行动无法得到直接的实现。现实的抗争实践的产生，恰恰就是因为人们意识到行动的不可能性才强调要行动。他认为这种无反思中介的行动才是真正的顺从。由此可见，阿多尔诺不是反对可改变社会现实的行动，而是担心政治行动蜕变成所谓的"伪行动"。相反，他认为致力于思考的批判理论家才是真正不妥协和不顺从的人，"毫不妥协的批判性思想家，他既不转让自己的意识，也不让自己因被恐吓而采取行动，实际上是永不放弃的人。无论如何，思想并不是对现实存在的精神复制。只要它不中断，它就会保持可能性。它的永不止步以及反感被敷衍，会拒绝愚蠢的顺从智慧"[1]。这种永不止步的反思包含着超越当下所思的乌托邦因素，因此阿多尔诺认为它也是实践的一种形式，比那些为实践而实践要更具改变现状的潜力。

在《南德意志报》的简短采访中，阿多尔诺回应了普遍关注的批判理论与学生运动的关系、他本人对学生运动的看法，以及他的理论观点是否发生变化的问题。在批判理论与学生运动的关系方面，他强调批判理论从未侧重于可运用性，也不以它作为标准。他不认为学生的非理性行动或者行动主义与批判理论之间有什么真正的关联。采访者很敏锐地提出了其批判的社会理论所指出的实践以及对其误解的实践之间的区别是什么。阿多尔诺强调他所支持的实践与行动主义的"伪行动"之间的重要区分在于："在当今的社会和技术条件下，变革性的实践只有作为非暴力的并且完全是在基本法框架中的才能设想。"[2] 尽管如此，阿多尔诺还是继续坚持远离实践的倾向，主要理由是认为在当今社会，个体通过抗争实践改变社会体制的出路已经被堵死。因为毕竟这些学生受其思想教育的影响，在记者继续追问是否对学生的暴力行动有负罪感时，阿多尔诺明确回应没有负罪感，他再次重申："阅读过我的著作或者听过我的课的人，绝不会把它们解读为指向暴力行动的指引。"[3] 面对学生试图通过抗议来阻止其讲座时，他强调只有无比的惊讶，并没有任

---

[1] Theodor W. Adorno, *Resignation*, in: Adorno, *Gesammelte Schriften* Bd. 10, Suhrkamp, 1996, S. 798.

[2] Theodor W. Adorno, *Kritische Theorie und Protestbewegung*, in: Adorno, *Gesammelte Schriften* Bd. 20, Suhrkamp, 1986, S. 399.

[3] Theodor W. Adorno, *Kritische Theorie und Protestbewegung*, in: Adorno, *Gesammelte Schriften* Bd. 20, Suhrkamp, 1986, S. 400.

何其他的情绪。他对于学生的行为并没有失望，仍然相信学生群体的整体素质很高，包括那些政治行动上与其关系完全不一致的学生。最后，在被问及经历这些事件后他是否会重新考虑其理论的"介绍形式"及其与实践的关系问题时，他坚持认为不会改变其原有的观点，至于理论与实践的关系，他希望会介绍一些超出《否定辩证法》的一些基本原理。这个想法的最终结晶就是《理论与实践的旁注》，该文可以说是阿多尔诺关于理论与实践关系的最终思考。

相比较于《南德意志报》的简短采访，《明镜周刊》于 5 月 5 日的采访要更详细。采访者直指人们普遍关心的关键问题，敏锐地针对阿多尔诺回答的模糊之处展开毫不掩饰的追问，甚至给人一种不问清楚誓不罢休的感觉。阿多尔诺借助采访者的追问继续澄清了之前的一些说法，但也留下了更多需要进一步澄清的问题。阿多尔诺在整篇采访中回应的核心问题其实就是他与学生运动保持距离的原因。通过阿多尔诺的回应，可以指出以下几个方面的原因：

第一，理论的原因。从其阐述的理论视角出发，他反复强调，与学生运动保持距离是因为其理论并未直接提供什么行动纲领。在此背景下，他特意进一步解释了他曾经在采访中所说的"我提出了一种理论的思想模型，我哪能料到人们想用燃烧弹来实现它！"这句话确实会产生误解，就好像阿多尔诺曾经提供了一种无需用燃烧弹来实现的思想模型，或者他的理论容易诱导人们用燃烧弹来实现。他借助主持人的提问在此做了澄清："我在我的作品中从未给出任何行动或者走向任何行动的模型。"[1] 当然，阿多尔诺并不否定其理论

---

[1] Theodor W. Adorno, *Keine Angst vor dem Elfenbeinturm*, in: Adorno, *Gesammelte Schriften* Bd. 20, Suhrkamp, 1986, S. 402–403.

会对人们的思想产生影响，例如他在之后的回答中所提到的《启蒙辩证法》中的"文化工业"章节影响了人们对大众文化中社会控制的认知，但是他还是强调自己从未说过任何能够直接以行动为目标的话。很明显，通过这种澄清，他也限定了对批判理论功能的理解，即仅仅局限于在理论层面对社会进行分析与揭露。批判理论并不提供任何改变当下社会的政治行动的策略。既然如此，那么批判理论所谓的批判不就是达伦道夫曾经所戏谑的"批判的礼拜仪式"了吗？在回应这个问题的过程中，阿多尔诺指出了他与当时实践保持距离的第二个主要理由。

　　第二，实践的强制。如果自身的理论并不会直接导致政治行动的要求，但是这种行动要求又是合理的，那么阿多尔诺又有什么理由与之保持距离呢？实践的强制是其给出的第二个从经验层面考虑的理由。这个理由并不是直接基于批判理论本身，而是基于当时特定情况的考虑。阿多尔诺抱怨道："在'议会院外反对派'（APO）那里我遇到的总是强制，强迫我把自己交托给他们，共同参加他们的活动，而这些是我从青年时代开始就抗拒的东西。在此方面我没有任何的改变。我力图将我的所知和所想说出来。但是，我不能根据什么是可以着手开始的和会导致什么样的结果来安排我所说的。"[1]因为他相信，相比臣服于实践，理论凭借自身的客观性其实在实践方面要更具效果，他强调，"理论与实践关系中的不幸是，理论得服从实践的审查"[2]。阿多尔诺这里指出的实践是指一种策略性的政治行动，如果策略性的政治行动确定哪些言论可以发表，哪些言论不允许发表，那么在阿多尔诺看来，这不仅与理论

---

[1]　Theodor W. Adorno, *Keine Angst vor dem Elfenbeinturm*, in: Adorno, *Gesammelte Schriften* Bd. 20, Suhrkamp, 1986, S. 403.

[2]　Theodor W. Adorno, *Keine Angst vor dem Elfenbeinturm*, in: Adorno, *Gesammelte Schriften* Bd. 20, Suhrkamp, 1986, S. 403.

所应当蕴含的自由讨论相冲突，也与学生运动反权威的政治目标本身相冲突。这是批判理论家一直比较担忧的，这种经验的担忧也与他们自身的理论主张紧密相关，因为追求自由进步的启蒙不就曾经陷入自身的反面了吗？这种理论主张使得他对学生运动中存在的强制现象尤其敏感。例如，当记者认为学生明显有很多追随者时，阿多尔诺立刻反驳说："小部分学生一再成功地实施了绝大多数左派学生可能无法摆脱的忠诚强制。"[1] 这就是说，学生运动的追随者并非完全出于理性的自觉，其实也受到了意识形态的操控。

第三，悲观的前景。阿多尔诺虽然无惧象牙塔的指责，甚至认为理论反思本身就是一种幸福，但是他同时也强调象牙塔中的反思并非完全"超凡脱俗"、与世无涉，这种反思也会影响到大众的思想并借此改变现实，在其理论视野中，他也能理解学生的反抗活动。尽管如此，他还是坚持与学生运动保持距离，主要原因是他对其前景并不看好，"我相信他们的行动主义本质上可以追溯到绝望，因为人们感觉到他们实际上拥有的改变社会的力量是多么微弱。但我同样相信，这些个人的行动注定要失败。这一点也在法国的五月风暴中得到了证明"。在采访者提到学生扰乱课堂是否也是一种绝望后抗争的行为时，阿多尔诺抱怨道："学生甚至没有尝试和我讨论。今天让我与学生打交道变得如此困难的是（他们坚持）策略优先。我的朋友和我有一种感觉，我们仅仅是那些精确计算的计划中的对象。对自由来说最终具有构成性作用的少数群体权利的思想不再发挥任何作用。人们对事情的客观性视而不见。"[2]

---

[1] Theodor W. Adorno, *Keine Angst vor dem Elfenbeinturm*, in: Adorno, *Gesammelte Schriften* Bd. 20, Suhrkamp, 1986, S. 404.

[2] Theodor W. Adorno, *Keine Angst vor dem Elfenbeinturm*, in: Adorno, *Gesammelte Schriften* Bd. 20, Suhrkamp, 1986, S. 407.

基于这些理由阿多尔诺坚持与学生运动保持一定的距离，坚持拒绝直接参与其中或提供正式的支持。但是，他并不完全否定学生运动的影响，也赞同哈贝马斯曾经的看法，即学生已经形成了一种"想象力的挑衅"（phantasiereichen Provokationismus）并且确实也改变了一些事情。他指出，当实践的结果对他来说是明朗的时候，他不会拒绝参与其中，比如参与发表声明反对紧急法，以及提供刑法改革的建议。他强调，这些实践活动都与学生的暴力抗议有着本质性的区别。在被记者问到行动的意义如何被衡量时，他再次强调了暴力是区分的重要标准，"我能想象的唯一有意义的变革实践是非暴力的"[1]。他认为在当前的政治制度下，暴力抗争是不被允许的，只有在法西斯极权政府之下才可被理解。在此意义上，他认为学生静坐抗议斯普林格（Springer）出版商发行报纸是合法的。[2] 采访者借此直接追问当时学生课堂中的闹事行为是否违背了阿多尔诺所说的这个标准，阿多尔诺再次强调了这些闹事行为毫无意义，"在我看来，这些针对我的行为与我讲课的内容无关；对极端派来说，更重要的是宣传。他们害怕被遗忘。这样他们就成了自己宣传的奴隶。像我这样大约有 1000 人参加的讲座，显然是一个极好的行为宣传的论坛。"[3]

针对学生的挑衅或者错误的暴力实践，难道就放任不管，不去为自身辩护，进而给出某种正确的实践引导？对此，阿多尔诺回应道："我的兴趣越来越转向哲学理论。要我提供实际的建议的话，就像赫尔伯特·马尔库塞在一定程度上所做的那样，这在我的生产力

---

[1]　Theodor W. Adorno, *Keine Angst vor dem Elfenbeinturm*, in: Adorno, *Gesammelte Schriften* Bd. 20, Suhrkamp, 1986, S. 406.

[2]　斯普林格出版社被许多人认为具有保守甚至右翼的背景，是德国阅读量最大的日报《图片报》《世界报》《星期日世界报》等报纸的出版商。

[3]　Theodor W. Adorno, *Keine Angst vor dem Elfenbeinturm*, in: Adorno, *Gesammelte Schriften* Bd. 20, Suhrkamp, 1986, S. 407.

方面是缺少的。"[1] 他虽然批判当今社会严格的劳动分工，但是也认同理论活动与直接的策略实践活动的分工。针对记者步步紧逼的追问，理论难道不可以同时思考实践问题吗？阿多尔诺又强调了当前理论思考的优先性，他不否认理论也能同时思考实践问题，但还是强调需要从理论层面反思实践主义，"哲学本身不能建议任何的直接性措施或者变革。它通过保持为理论而进行变革。我认为，人们应该问一个问题，当一个人像我写东西那样进行思考和写作时，这是否也是一种抵抗形式。理论难道不也是一种真正的实践形式吗？"[2]

这是何种意义上的实践呢？是否仅仅是对大众进行启蒙意义上的实践？此外，结合阿多尔诺在阐述道德行动时强调行动本身中包含的自发性因素的重要性，他认为自发性无法完全通过理性的反思得来，尤其还举例子说在抗击法西斯中个体明知不可为而为之是一种道德行动，即便阿多尔诺所说的前提是成立的，即在被管制的世界中，个体或团体试图改变现状的行动从后果来看可能不会改变现状，但是这不也是一种道德吗？这种行动不是个体自由的体现吗？既然大环境是不自由的，这种自由难道不意味着彻底的统治是不可能的吗？难道不意味着改变是有可能的吗？这种希望本身为何是一种顺从呢？如果是这样的话，那么一切反抗行动不就丧失意义了吗？包括阿多尔诺本人的广泛参与讲座、反对紧急法的行动。官方

---

[1]　就如英译者所注意到的，阿多尔诺如此描述马尔库塞的做法是不公正的，大约在采访后的一个月后，马尔库塞回信对此表示了异议："你知道你和我都拒绝任何未经中介的理论政治化。但我们（旧）理论有内在的政治内容，内在的政治动力，今天比以往任何时候都更倾向于一个具体的政治立场。这并不意味着提供'实际建议'，正如你在《明镜周刊》采访中所说的那样。我从来没有这样做过。像你一样，我觉得从某人书桌上鼓励那些全神贯注地准备为事业服务而准备被砸头的人去行动，也是不负责任。但这意味着，在我看来，为了保留我们的'旧'研究所，我们必须与我们三十年前不同地写作与行动。即使是完好无损的理论也不能对现实免疫。虽然否定两者之间的差异是错误的（正如你公正地指责学生一样），但抽象地坚持其以前的形式也是错误的，假如在包含（或开放）理论和实践的现实中，差异发生了改变。"（转引自 *Monatshefte*, Vol. 94, No. 1, 2002, p. 22。）

[2]　Theodor W. Adorno, *Keine Angst vor dem Elfenbeinturm*, in: Adorno, *Gesammelte Schriften* Bd. 20, Suhrkamp, 1986, S. 408.

倒是乐意接受这样的结论，顺道可以借助阿多尔诺宣传让大家不要行动，因为这种行动是无意义的。如果阿多尔诺对抗"停止思考，加入行动"的方式是"继续思考，不要行动"，那么他的这种观点也可以被官方利用改造为"举起手来，停止行动"。如果这样解读的话，很显然也会与阿多尔诺的这个观点相矛盾，即辩证的思维不是非此即彼地去除矛盾，而是驻足于矛盾，反思矛盾。如果把辩证法运用到反思上述两种立场的直接对立上，那么阿多尔诺的可能性观点应该是，不是直接行动，也不是直接投降，而是介于两者之间的道路。这条道路是否就是一种改良的道路呢？下文将通过梳理他对理论与实践的详细论述给出初步的回答。

三、理论也是一种实践形式

上述两篇采访主要聚焦于阿多尔诺与学生运动之间的歧义与矛盾，阿多尔诺一些关键的想法并没有得到很好的展开，他随后于 5 月 26 日以《批判》为题在南德意志电台做的报告以及专门详细论述理论与实践关系的文章，进一步阐明他关于批判与政治之间关系的看法。

在《批判》中，阿多尔诺直接考察了批判与政治的关系问题。在此，他对政治的认识与马克思保持一致。尽管在现实的政治系统中，比如与政治对应的专门机构，处理政治问题的程序和规则等等，这些看起来像是有着内在逻辑的自动运转机器，但是阿多尔诺认为这些都不是像其显现的那样封闭，它们总是与社会处于一种"力量游戏"的关系中，这种关系构成了所有政治的实体并且被政治的表面现象所遮蔽。很显然，阿多尔诺在此表述的其实是对马克思主义的一种借用。马克思就曾指出资产阶级国家是由市民社会所决定的，因此对资产阶级国家本质的揭露必须"解剖"市民社会。阿多尔诺在此要解剖的不是市民社会的经济运行规律，而是讨论在现有政治制度中批判的可能性问题。由于政治不是封闭的领域，所以批判不能仅限于政治领域内部的批判，即便政治领域内部的批判也有其社会的前提。这是阿多尔诺坚持的一个基本观点。在此前提性观点下，他先后介绍政治领域的制度安排与批判的关系，以及批判在德国的文化、政治生活与社会生活中的处境。

在政治制度安排上，阿多尔诺认为民主制政体的分权本身（行政权、立法权和司法权）就是对任意权力使用的批判，批判是其"命脉"[1]。在此意义上，批判是民主的本质，不仅是因为民主需要批判的自由和动力，而且也是因为批判是其构成性的原则。民主的真正实现除了需要分权制度确保批判能够实施外，阿多尔诺还认为公民的"成熟"（mündig）也至关重要，"成熟是能为自己说话的人，因为他为自己着想，而不仅仅机械地重复别人说的话；他不受监管约束。这体现在抵制既定观点的力量上，同样，也体现在抵制现有制度的力量上，抵制一切只是以其存在为自己辩护的法则。这种抵抗，即作为一种区分已知事物和仅由惯例或权威约束才接受的东西的能力，与批判是一致的，批判的概念确实来自希腊语'krino'，即决定"[2]。很显然，阿多尔诺在此是对康德的一种借用，即把成熟等同于理智的自主运用。在强调民主与批判的内在关联后，阿多尔诺进一步说明了批判精神在德国社会的土壤中不仅没有生根发芽，反而受到各方面的阻碍。

他列出了以康德和黑格尔为代表的哲学传统，以及德国政治中对批判的排斥及其在文化方面的表现。以康德和黑格尔为代表的哲学传统，虽然强调批判的重要性，甚至康德的主要著作都包含了批

---

[1] Theodor W. Adorno, *Kritik*, in: Adorno, *Gesammelte Schriften* Bd. 10, Suhrkamp, 1996, S. 785.

[2] Theodor W. Adorno, *Kritik*, in: Adorno, *Gesammelte Schriften* Bd. 10, Suhrkamp, 1996, S. 785.

判这一关键词，例如康德的"三大批判"，但是又同时阻止和限制批判活动，例如康德为理性划定了界限，而黑格尔则称那些依赖自身理智，而没有意识到其有限性的人是"争辩者"（Raisonneur），即那些没有能力意识到更高的存在即现存的总体的人。在阿多尔诺看来，这种既赞同批判又试图对之作出限定的矛盾，其实反映了资产阶级对其自身原则的害怕，即害怕会反过来损害其利益。[1]

除了在哲学思想层面批判受到限制之外，阿多尔诺也指出德国特殊的政治文化环境对批判的限制，例如对国家统一的追求会限制那些意见分歧者，以及民主制度的姗姗来迟，前民主以及反民主的思潮（如国家主义和唯命是从的思想）并未被铲除，反而借助民主制度的外衣得以繁衍和滋长，等等。此外，对批判的敌视也与德国本土文化中的反智主义紧密相关。阿多尔诺对反智主义来源的解释与流行的解释颇为不同，他没有从民众与知识分子之间的矛盾展开，而是从官僚集团对批判的限定入手，认为反智主义与官僚集团把批判与职位直接关联起来有关。官僚集团认为那些在其位有能力做出改变的人才有批判的资格，这些人的批判是一种负责任的批判，而那些没有任何职位游离于体制之外的人进行批判，只是一种不负责的批判，只是制造麻烦的人，爱发牢骚的人。如果用阿多尔诺的同一性与非同统一性术语来表述的话，他认为当时德国政治文化与主流媒体都强调能够进入主流公共话语的批判才是被允许的，而主流公共话语往往由政府公职人员所把控，那些不在体制内的人员的批判往往被视作非理性的噪音。所以，大众的批判往往是没有任何结果的批判。

阿多尔诺并不是彻底的悲观主义者，他也指出在特定的历史时

---

[1] Theodor W. Adorno, *Kritik*, in: Adorno, *Gesammelte Schriften* Bd. 10, Suhrkamp, 1996, S. 787.

期内大学教授与学生联合起来从事实践批判能够产生实际的影响，例如针对具有极右翼背景的弗朗茨·莱昂纳德·施吕特（Franz Leonard Schlüter）于 1955 年被地区联合政府任命为下萨克森州的文化部长事件，哥廷根大学校长埃米尔·沃尔曼（Emil Woermann）教授和整个大学评议会成员以集体辞职相抗议。在教授的广泛支持下，哥廷根学生会发起了大规模的学生罢工和示威活动，最终迫使施吕特辞职并离开了自由民主党的领导层。[1] 尽管如此，他对当时大学教授与学生之间关系的前景并不抱乐观态度，"在我看来，自从被政治集团所垄断并且因此公开妥协，公共批判的精神遭受了明显的挫折"[2]。他认为在这种情况下，公共的批判也会受到损害，只会满腹牢骚。

　　针对那些通过给出积极构想进行的批判，阿多尔诺也表示不信任，他认为"通过使积极的东西成为它的条件，批判从一开始就被驯服并失去了它的激烈性"[3]。由于上述限定条件，"事实上，在批判中加入对更好的事物的直接实际建议绝不总是可能的，尽管在许多情况下，批判能以这种方式进行，即它通过把现实与其所依据的规范相对照：遵循规范就已经意味着更好了。……积极这个词的可疑之处在于，在目前的情况下，一种更高的形式——根据进步构想社会应该朝向这种形式，不再能被具体解读为一种源于现实的趋势"[4]。也就是说，积极的事物不再能够从社会内部自发地生长出来，而是被人们从外部强行灌输进来的。但是阿多尔诺也同时指出，"如果出于这个原因想要放弃对社会的批判，那么人们只会把批判固定

---

[1]　具体论述参见 Theodor W. Adorno, *Critical Models: Interventions and Catchwords*, trans. Henry W. Pickford, Columbia University Press, 1998, pp. 386–387。

[2]　Theodor W. Adorno, *Kritik*, in: Adorno, *Gesammelte Schriften* Bd. 10, Suhrkamp, 1996, S. 792.

[3]　Theodor W. Adorno, *Kritik*, in: Adorno, *Gesammelte Schriften* Bd. 10, Suhrkamp, 1996, S. 792.

[4]　Theodor W. Adorno, *Kritik*, in: Adorno, *Gesammelte Schriften* Bd. 10, Suhrkamp, 1996, S. 793.

在阻碍社会向更高形式过渡的可疑物中"[1]。

根据阿多尔诺的这些论述，有论者指出他其实已经放弃了内在批判，因为内在批判总是相信社会内部存在批判当前社会的潜在或可能的力量，而阿多尔诺在上述论述中显然已经放弃这种信任。[2]笔者认为他并没有放弃内在批判。内在批判既可以指利用对象内在的规范反对对象，也可以指对象内部蕴含反对对象的现实力量。阿多尔诺的上述论述只是表明了第二点在他看来是存疑的。他所论述的只是现实社会运动在当时的历史条件下遭受到了挫折，即某种直接付诸实践的批判活动不再可能，他并没有否定第一种意义上内在批判的可能性。从内在批判致力于寻找内在的批判标准来看，阿多尔诺还是坚守这一维度的，他对简单外置一种积极的标准并以此标准为行动准则去反对不符合这种标准的实践行动持反对态度。正是出于对这种外在批判活动的反对，他一再强调要驻留于否定物当中，他在文中最后借用斯宾诺莎的话来反对行动主义，其实是对外在批判的反对，而不是直接否定内在批判。他指出，针对简单的行动主义，"应该套用斯宾诺莎的一个著名命题来反对，即错误一旦被确定地认识并被准确地表达出来，就已经是正确事物和更好事物的索引了"[3]。在此需要注意的是，阿多尔诺并未直接把对错误的认识等同于正确的事物，他并未否定存在正确的事物和更好的事物，只是否定了当下社会现实中不存在朝向这种事物的现实力量。结合他对外在积极标准的反对，他所强调的对错误事物的确定可以被解读为在对象本身中挖掘指向正确方面的可能性，这样的思考路径显然是内

[1] Theodor W. Adorno, *Kritik*, in: Adorno, *Gesammelte Schriften* Bd. 10, Suhrkamp, 1996, S. 793.

[2] James Gordon Finlayson, "Hegel, Adorno and the Origins of Immanent Criticism", *British Journal for the History of Philosophy*, 2014, 22:6, pp. 1142–1166.

[3] Theodor W. Adorno, *Kritik*, in: Adorno, *Gesammelte Schriften* Bd. 10, Suhrkamp, 1996, S. 793.

在批判的第一个维度的体现。

但是，沿着阿多尔诺的推论，即当前不可改变的社会结构伤害了批判性的实践，直接的实践活动变成了伪实践，人们可以再度追问社会的不可改变性难道没有伤害主体性自身？如果主体性也遭受扭曲的话，那么真正对否定物的认识与反思又是如何可能的呢？如果这个问题无法得到合理的回答，阿多尔诺的上述思考不仅在逻辑上是成问题的，而且也会使得内在批判在第一个维度变得不可能，因为第一个维度的内在批判需要反思的主体通过对批判对象的分析重构出批判的规范标准，如果反思的主体本身都遭到了扭曲，换言之，当反思活动本身都成问题时，那么基于反思基础上的对合理标准的重构活动也将是不可能的了。

在《理论与实践的旁注》中，阿多尔诺其实已经意识到对社会具体内容的反思可能会造成理论本身遭受破坏，他称之为"经验的丧失"（Erfahrungsverlust），"在经验受阻或完全缺失的地方，实践受到损害，被渴望、扭曲和极度高估。因此，所谓的实践问题与认识问题交织在一起"[1]。在他看来，由经验丧失所产生的抽象主体性，无法真正地行动，这个抽象主体的形象不再是阿多尔诺在《启蒙辩证法》中指出的奥德赛，而是哈姆雷特，"哈姆雷特既是个体在其主观反思中的原初史（Urgeschichte），又是个体因这种反思而无所作为的戏剧"[2]。哈姆雷特的形象可以从两个方面来解读，一个方面是指深陷反思的主体最终无法行动，另一方面是指迫于行动的压力，主体无法真正地进行思考。在前一种情况下，理论的反思成了行动的障碍，在后一种情况下，迫于实践也成了实践获得成功的障碍。既

---

[1] Theodor W. Adorno, *Marginalien zu Theorie und Praxis*, in: Adorno, *Gesammelte Schriften* Bd. 10, Suhrkamp, 1996, S. 760.

[2] Theodor W. Adorno, *Marginalien zu Theorie und Praxis*, in: Adorno, *Gesammelte Schriften* Bd. 10, Suhrkamp, 1996, S. 760.

然左右都会面临困境，那么阿多尔诺强调理论反思也是一种实践究竟是什么意思？在主体受伤害的条件下，真正的理论反思又是如何可能的？换言之，在总体被管制的社会中，是否还存在理论反思的窗口？这种不妥协的批判性反思到底源于何处？如果这个问题无法得到回答，阿多尔诺的理论仍然缺少最后的逻辑闭环。为此，他必须阐明他所支持的理论反思与我们通常意义上的理论反思之间的异同。否则，人们会把这种理论反思视为马克思曾经批判过的仅仅对世界进行解释的理论。如果仅是解释世界的理论反思，那么晚年阿多尔诺便与霍克海默所强调的批判理论背道而驰了，尽管他一再声称仍然坚守批判理论的基本主张。为了阐明他的主张与批判理论传统之间的关系，以便进一步澄清他所谓的理论反思与政治实践的关系，下一节将详细梳理霍克海默所曾经阐述的批判理论。

第二节　致力于改变世界的批判理论

如上文指出的，阿多尔诺在阐述对待政治行动的态度时，多次强调他的态度与批判理论是一致的，认为批判理论不会给出具体的行动方案，也不会鼓动人们去参与政治对抗行动。他认为自己的态度并不是因为特殊时期的经历，比如与学生群体关系闹僵之后的产物。为了充分评价阿多尔诺的政治态度与批判理论的关系，我们需要仔细梳理批判理论的核心主张。这一主张在霍克海默的纲领性文章《传统理论与批判理论》以及写于此时期的其他概述批判理论的文章中得到了充分的展开。[1]

---

[1]　除《传统理论与批判理论》外，还有《真理的问题》《对形而上学的最新抨击》《哲学的社会功能》等，这些文章现收录于《霍克海默全集》第 3 和第 4 卷。

在就任法兰克福社会研究所第二任所长的就职报告中，[1] 霍克海默雄心勃勃地勾画了振兴社会哲学研究的宏伟蓝图。在简要勾勒当今社会哲学研究的困境后，他明确地框定了社会研究所今后的研究方向。一方面，社会哲学的研究要区别于社会实证主义，它并不否认实证主义用科学的观察方法所确认的事实，但在涉及哲学反思所使用的概念时（如理念、本质、总体性等），"哲学与'事实'或多或少地存在着结构性对立"[2]。另一方面，社会哲学不能不加批判地接受传统形而上学的教条，不能重新为社会提供某种新的固定意义。霍克海默畅想的社会哲学研究方式在于综合这两个方面，"以通行的哲学问题为基础，组织诸项研究，在长久的工作小组里，哲学家、社会学家、国民经济学家、历史学家、心理学家将在这些研究中团结起来，共同从事那些在其他领域的实验室中某人可以单独从事的研究，从事那些真正的研究者已经从事的研究：即利用已有的最精致的科学方法，追踪那些致力于宏大的哲学问题，并在研究对象的过程中改进和精确问题，构造新的方法，同时也要联系一般"[3]。社会哲学研究的主题将集中于社会经济生活、个体心理发展与文化领域之间的关系问题。

得益于社会研究所的所长负责制，霍克海默所制定的庞大研究计划，在他上任初期，得到了有效的贯彻。以《社会研究杂志》为平台，围绕政治经济学、社会心理学、文化三个主题，布洛克、弗洛姆、阿多尔诺、霍克海默等人先后发表了重要的研究成果。除此外，该杂志还发表了大量书评，涉及范围之广，令人叹为观止。哈

---

[1] 该文已有中译本，参见霍克海默：《社会哲学的现状与社会研究所的任务》，王凤才译，载《马克思主义与现实》2011 年第 5 期。

[2] 霍克海默：《社会哲学的现状与社会研究所的任务》，王凤才译，载《马克思主义与现实》2011 年第 5 期，第 125 页。

[3] Max Horkheimer, *Die gegenwärtige Lage der Sozialphilosophie und die Aufgaben eines Instituts für Sozialforschung*, in: *Gesammelte Schriften* Bd. 3, Fischer Verlag, 1988, S. 29–31.

贝马斯曾粗略统计，每年杂志中的全部书评累加起来大约有 350 篇左右，近 10 年的杂志，共评论 3500 多部不同学科领域的专著。批判理论的纲领性文章《传统理论与批判理论》于 1937 年在该杂志发表。如果说霍克海默的就职演说是批判理论成形途中的初始标向，那么《传统理论与批判理论》一文则是批判理论成形的标志。在该文中，霍克海默详细地阐述了一种具有马克思主义性质的理论形态的独特标志。

为了澄清批判理论的内涵，突出它与以往理论研究的不同，霍克海默把与批判理论相对的理论传统称为"传统理论"。这里的"传统"并非在时间层面指涉某种流传下来的东西。在时间层面，霍克海默言及的传统恰恰是非传统的，是现代的产物。既然是现代的产物，为何是"传统的"？这里的传统实质上意指的是某种保守的立场，即在维护现代制度的意义上言及传统的。这种言说方式其实背后预设着某种内在于现代，但又超越了现代的理论立场，用术语来指称的话，就是一种"内在超越"的立场。这种立场就是批判理论的立场。只有在此立场的前提之下，才能在当下言说某种非主流意义上的（非线性时间层面）传统概念，换言之，才能在现代言说某种适应现代的理论其实是非现代的，是"传统的"。为何某种看似与现代社会完全相符合的理论本质上又是非现代的，又是传统的？套用拉图尔的表述，如果我们普遍认为的现代理论实质上是从未现代过的理论，那么霍克海默意义上真正的现代理论又是何种样态？

为回答此问题，必须首先明了现代理论家对理论的普遍理解，其次阐明这种理解在何种意义上是非现代的和传统的。一个基本思路是：现代理论家对理论的普遍理解，其实质都是维护现存制度，不具有现代所声称的超越的立场。当然，这里的现代理论家也包括那些现代的反对者。具体到当时的理论思潮来说，霍克海默要同时在三条战线上作战，既要反对当时的新康德主义，也要反对当时持非理性主义立场的生命哲学，又要反对一种还原论，即以 M. 舍勒和 K. 曼海姆为代表的知识社会学。[1] 在《传统理论与批判理论》中，霍克海默主要处理的是第一种和第三种理论立场。

在该文中，我们通常理解的现代理论被视作源于笛卡尔对知识的界定。在《谈谈方法》中，笛卡尔为知识的探索立下了四条规则，其中第三条是"按次序进行我的思考，从最简单、最容易认识的对象开始，一点一点逐步上升，直到认识最复杂的对象；就连那些本来没有先后关系的东西，也给它们设定一个次序"[2]。这样的次序，可以通过推理链条逐步得到完善，"几何学家通常总是运用一长串十分简易的推理完成最艰难的证明。这些推理使我想象到，人所能认识到的东西也都是像这样一个连着一个的，只要我们不把假的当成真的接受，并且一贯遵守由此推彼的必然次序，就决不会有什么东西遥远到根本无法达到，隐蔽到根本发现不了"[3]。人的认识通过这样的推理过程，最终形成某种认识系统。该系统由少数几个一般性的命题组成，经过演绎规则可推演出不同的特殊命题。笛卡尔对知识的这种理解影响深远。这种理解构成现代科学研究的基本方法，也构成所谓的现代理论的基本精神。在现代哲学中，笛卡尔标榜的理论则被逻辑实证主义封为圭臬。在胡塞尔的《逻辑研究》中，理论则被明确地界定为"一个封闭的科学的命题系统"，在确切的意义上说，理论是"以系统的统一的演绎形式呈现的，命题的系统联接"[4]。如果用一阶逻辑系统的话语来解释就是，在一阶逻辑系统中，

---

[1]　具体分析参见 Thomas Mccarthy, "The Idea of a Critical Theory and Its Relation to Philosophy", *On Max Horkheimer*, MIT Press, pp. 128–132。

[2]　笛卡尔：《谈谈方法》，王太庆译，商务印书馆 2001 年版，第 16 页。

[3]　笛卡尔：《谈谈方法》，王太庆译，商务印书馆 2001 年版，第 16 页。

[4]　Max Horkheimer, *Traditionelle und kritische Theorie*, in: *Gesammelte Schriften* Bd. 4, Fischer Verlag, 1988, S. 164.

关键的是名词的指称，而非它们的含义。名词指称构成的总体，就是概念外延的集合，"一阶命题的真假只与个体是否例示关系有关，而与如何指称个体或如何表达关系无关。在这个意义上，只涉及一阶命题的语言是外延性的"[1]。新出现的事实，要么可以被纳入已有的解释系统，要么无法被纳入其中。能够被纳入已有的解释系统，就说明该系统具有有效性和稳定性，如果不能够被纳入，那么就表明认识系统的解释并不完备，要么进一步修改命题，要么把不可认识的视作偶然性而排除。

很显然，理论的上述含义，其首要的目的在于解释世界。理论的解释作用在爱德华·迈耶（Eduard Meyer）与马克斯·韦伯的争论中得到清楚的表达。[2] 迈耶认为，此类问题是无意义的，即在排除掉特定历史人物个人的意志决断后，由该决断引发的战争是否或早或晚仍会到来的问题是无意义的。韦伯认为如果无法回答该问题，那么历史解释就是不可能的了。借助"客观可能性的理论"，韦伯试图阐述构建历史解释的理论基础。例如，有条件 a，b，c，d，则必定会有结果 q。如果缺少条件 d，就会有结果 r，但如果此序列新出现条件 g，就会相应产生另外的结果 s，以此类推。总之，某事件的产生必定可以通过澄清某些条件变量而得以被解释。然而，局限于解释事实或历史事件的理论难道有什么不足之处吗？

需要注意，霍克海默并非要彻底否定上述理论概念。由自然科学支撑的理论观在促进社会物质财富积累和提高生产力方面，成就卓著，无可怀疑。但相比物质生产能力的巨大进步，人类对社会的理解与治理能力并未相携而行，"人类的思维方式和行动方式并未也

---

[1]　邢滔滔：《数理逻辑》，北京大学出版社 2008 年版，第 19 页。

[2]　Max Horkheimer, *Traditionelle und kritische Theorie*, in: *Gesammelte Schriften* Bd. 4, Fischer Verlag, 1988, S. 167–168.

因此而进步"[1]。贫富差距的扩大，精神的贫瘠化，军备竞赛的升级，地区战争与冲突的常态化，生态环境越来越恶劣，等等，无不显示着人类社会远未达到理想状态。一种流行的观点是，这种局面的造成是由于社会观念中存在诸多不科学，诸多迷信因素，因此要建立相应的社会科学，科学地解释各种社会现象的变化与更迭。只有把自然科学的上述方法移植到社会科学中，方可祛除那些神学与形而上学的迷信残余，方可一劳永逸地解决社会问题。社会学的创始人孔德就持有这种观点，绝大部分社会实证主义者也都持有该观点。社会科学于是模仿自然科学的方法，以纯粹事实为研究对象，以解释事实为研究目的，利用现代概率论与统计学的发展成果，试图逐步建立完善的因果解释机制，解释社会秩序的可能性与变迁。在霍克海默看来，实证主义者想当然的尝试，不但误解了自然科学的理论概念，也误解了社会。

正是在此背景下，霍克海默阐述了上述所谓的以纯粹解释为目的的理论其实并不纯粹。该理论观念是经由人为的切割与排除诸多因素后的残余物。在对理论的上述理解中，事实的社会起源问题，科学所运用的现实环境与所服务的目的都被排除在外，都被认作是理论的外部因素。理论只接受来自社会事实的东西，至于它是否在最终意义上服务人类，产生这个任务的社会组织本身是否与人类的利益相符，都不属于理论本身。这些问题被视作属于个人的决断与价值判断领域。[2] 针对此种理论观念，霍克海默从以下几个方面揭示了它的片面性：

首先，通过纯粹接受经验观察的事实试图得出社会的客观变化

---

[1] Max Horkheimer, *Die gesellschaftliche Furktion der Philosophie*, in: *Gesammelte Schriften* Bd. 4, Fischer Verlag, 1988, S. 337.

[2] Max Horkheimer, *Die gesellschaftliche Furktion der Philosophie*, in: *Gesammelte Schriften* Bd. 4, Fischer Verlag, 1988, S. 341.

法则的做法，忽视了被观察的社会事实和观察者都是历经社会历史中介的产物。不存在自然科学意义上的纯客观的社会事实，甚至自然科学所处理的事实也是社会中介的产物。观察者的观察手段和观察方式也都受社会实践活动的影响。人类不仅在衣着、体形和感觉方式方面受社会历史发展的影响，甚至人类的感觉器官本身都打上了人类现实的社会活动的烙印。

其次，科学知识的产生，新事实的发现和科学结构的发展，都不仅仅是自身方法更加融贯一致发展的结果，而是与社会发展过程紧密相连。科学知识的运用和发展的方向，也都不仅仅是纯粹逻辑推演的结果，而是依赖于真实的历史环境，如某些物理命题假设的真伪，直接关系到某项在建工程是否能顺利完工，直接关系到位于生产第一线的工人的安危。因此，理论并非抽象的思维游戏，并不存在独立的理论。理论源于社会化的人，并服务于社会化的人。

最后，纯粹的理论研究活动的产生，是现代资本主义社会分工的产物。在劳动分工过程中，学者的理论活动逐渐与其他社会活动隔离开来，它们之间的关联因此逐渐被理论家忽视，也无法被认识洞穿，理论就此被认为不是在整个人的存在领域，而是在特定的封闭领域才有意义。但实际上，理论活动仍受社会劳动分工的影响，特别是当整个社会系统的功能发生紊乱时，这种影响就越加显著。

既然科学理论的发展源于社会活动，并受制于社会活动，那么宣称科学理论是纯粹的思维活动，就显得"只见树木，不见森林"。因此，社会实证主义者鼓吹的理论观念就相应地不合理了。社会实证主义者强调的理论解释力，之所以在一定程度上是可能的，是因为社会事实在被观察之前，已经是社会主体行动的产物，理论活动只不过是再现这种创造过程，"健全的人类知性的力量或常识的力量（对它们来说，没有任何秘密存在），此外，那些没有直接关系到社会斗争领域中的观点（如自然科学）的普遍有效性，都受到该情况的限定，即被判断的对象世界在很大程度上从人类的知性活动中产生，这种活动受同样的思想规定，借助这些思想，对象世界在个体中被重新认识和概念化"[1]。

霍克海默指出，这种认识其实早在康德哲学中就以观念论的形式被表达了出来。在《纯粹理性批判》中，它以这样的问题出现，即人类知性如何知道任何的感性杂多都可以被知性规则所把握？康德首先否定了先定和谐说，即"纯粹理性的一种预成论学说"，即人天生而具有一种适当把握感性对象的能力。康德主张的则是一种"先验的亲和性"（transzendentale Affinität），即认为知性的思维对象（即感性材料）被意识判断时，它就已先被"先验主体"（transzendental Subjekt）的理性活动所构形了。《纯粹理性批判》最重要的一章就是试图论证这种先验的亲和性。不过霍克海默认为，康德的演绎论证与先验图形论中充满了困难与晦暗不明。其主要原因在于：康德只是在纯粹的精神机制中，即意识本身的观念形式中陈述了对经验个体来说是无意识的、超个体的活动。他并没有把现实视为在整体上是混乱的，但在个体层面是有目的的社会活动的产物。[2]康德看到的只是"在人类心灵深处隐藏着的一种技艺，它的真实操作方式我们任何时候都是很难从大自然那里猜测到，并将其毫无遮蔽地展示在眼前的"[3]，而黑格尔看到的是作为世界历史的客观精神的"狡黠"（List）。尽管如此，康德的上述认识也充满了真知灼见，如实地反映了资产阶级社会的本质特征。因为资产阶级经济

[1] Max Horkheimer, *Traditionelle und kritische Theorie*, in: *Gesammelte Schriften* Bd. 4, Fischer Verlag, 1988, S. 176.

[2] Max Horkheimer, *Traditionelle und kritische Theorie*, in: *Gesammelte Schriften* Bd. 4, Fischer Verlag, 1988, S. 177.

[3] 康德：《纯粹理性批判》，邓晓芒译，人民出版社 2004 年版，第 141 页。

"在相互竞争的个体的洞察中是毫无计划的，并没有有意识地以某个普遍目标为导向；从中产生的整体的生活是在过度摩擦的情况下，以一种干瘪的形式，同时作为一种偶然性而出现"[1]。换言之，一方面作为单个的个体，人类是通过自身的理性活动参与社会实践，并在社会实践中确证自身的力量和本质，另一方面这些活动的过程连同其结果，对他们来说是异己的，似乎是一种无法变更的"自然强力"（Naturgewalt）。

可以看出，霍克海默是站在批判理论的立场上作出了上述评述。与传统理论强调解释世界相反，批判理论首先强调的是改造世界的实践活动，在其改造过程中，使世界的变化朝向正确的方向。很显然，霍克海默完全是在马克思的《关于费尔巴哈的提纲》第11条——"哲学家们只是用不同的方式解释世界，而问题在于改变世界"——意义上区分传统与现代的。所谓的那些声称现代科学的理论只不过是继续延续了传统社会中理论对社会存在的维护，这些现代理论并不具有革命性的一面，它们的革命性仅仅体现在对自然的控制上。与马克思一样，霍克海默认为真正的现代理论并不只是解释现存的世界，而是旨在于打破或推翻传统中遗留下的或新生的权力统治关系。霍克海默在文中明确指出，批判理论所致力于改造世界的方向就是理性化的社会组织，或者说它作为未来社会的一种观念是"自由人的共同体"[2]。这里的自由概念是一种积极意义上的自由，"它属于现实地追求一种情形，人在此情形中所欲求的，同时也是必然的，事物的必然性在此情形中成为某种被理性控制的过

---

[1]　Max Horkheimer, *Traditionelle und kritische Theorie*, in: *Gesammelte Schriften* Bd. 4, Fischer Verlag, 1988, S. 177.

[2]　Max Horkheimer, *Traditionelle und kritische Theorie*, in: *Gesammelte Schriften* Bd. 4, Fischer Verlag, 1988, S. 191.

程"[1]。很明显，这是马克思主义的理论立场。霍克海默也明确地指出了他所理解的批判活动，主要是马克思的政治经济学批判。批判活动"更少地从《纯粹理性批判》的观念论批判意义上，更多地从政治经济学的辩证批判的意义上被理解的"，它标明了"辩证的社会理论的一个本质特征"[2]。

在《社会研究杂志》第五期第三册的附录中，霍克海默明确把批判理论视为"哲学式的经济批判。它的内容由这些转变构成，即贯穿经济的概念转变为它的反面，正义的交换转变为加剧社会的非正义，自由的经济转变为垄断的统治，生产劳动转变为限制生产的固定关系，社会生活的保存转变为人民的贫困化"[3]。它的最终目标在于社会成为一种理性的组织，即所有个体的幸福和自由的自我规定。尽管霍克海默明确地指明了批判理论就是马克思的政治经济学批判，但是仍然不清楚的是，为何它与传统理论具有本质性的不同？政治经济学批判不也是从最一般的交换范畴推导出最具体的命题吗？不也是通过分析现实变化的诸条件，进而预测社会的未来发展趋势吗？

霍克海默并未忽略这些问题，明确地指出理论的目标并不能单独决定理论之间的差异，批判理论并不因其主张的目标就彻底否定了传统理论。如果批判理论仅是从思维中推演出最理想的社会状态，那么它便陷入了传统的观念主义窠臼中。批判理论与传统理论的差异具体体现在：

第一，经验所具有的地位不同。批判理论对经验的特殊兴趣在

---

[1]　Max Horkheimer, *Traditionelle und kritische Theorie*, in: *Gesammelte Schriften* Bd. 4, Fischer Verlag, 1988, S. 204.

[2]　Max Horkheimer, *Traditionelle und kritische Theorie*, in: *Gesammelte Schriften* Bd. 4, Fischer Verlag, 1988, S. 180. 霍克海默这里用的"社会的辩证理论"（die dialektische Theorie der Gesellschaft），批判理论其实就是一种社会的辩证理论，这个概念在阿多尔诺晚年批判社会实证主义时被经常使用。

[3]　Max Horkheimer, *Nachtrag*, in: *Gesammelte Schriften* Bd. 4, Fischer Verlag, S. 221.

于，试图借助经验，获知朝向一个理性化社会的趋势。它总是以一种历史的分析视角看待经验，并主张该视角内在于人的劳动中。按照政治经济学批判，该视角必须在无产阶级中产生。由于无产阶级在现代社会中的处境，他们能够知悉劳动与社会生产关系之间的关联。失业、经济危机、军备竞赛、恐怖统治、大众的整体贫困等等不合理现状，不是缺少科技发展的结果，而是源于当今不再与之适应的生产关系。

在此背景中，必然引出理论家与无产阶级的关系问题。因为在现实世界中，无产阶级也处于物化现象中，无产阶级的物化程度并不弱于资产阶级，无产阶级意识到每个层面"在当今的情形中，都被意识形态所钳制和腐蚀，即使由于它的社会地位仍然拥有追求真理的使命"[1]。如果仅像传统理论家那样，不加批判地把无产阶级现状当作纯粹的事实加以接受，那么该理论至多不过是一种描述的社会心理学。在此情况下，去建构理论的思维是一回事儿，而它的对象——无产阶级，对理论家来说却是另外一回事儿。霍克海默认为，批判理论家可以与无产阶级的观点相抵牾，他们并非毫无张力的统一体，甚至理论家内部也并非铁板一块。批判理论的批判，不仅针对现存制度的辩护士，也针对自身阵营中那些发生偏向的、顺从主义和乌托邦主义的趋势。如果没有这样的张力关系，就不需要理论了。不过，只有当理论家和他的活动与被统治的阶级被视为"动态统一体"（dynamische Einheit），以至于他对社会矛盾的陈述不仅仅是对具体历史情境的表达，而且也是历史中的促动和改变的因素，理论家的功能才会真正出现。"无产阶级中的先进分子与那些能够说出

---

[1]　Michael Löwy, "Partisan Truth: Knowledge and Social Classes in Critical Theory", *Foundations of the Frankfurt School of Social Research*, Judith Marcus and Zoltan Tar(ed.), Transaction Books, 1988, p. 296.

他们真理的个体们，另外无产阶级中的先进分子和他们的理论家与其他阶级的论战，是一个相互影响的过程"，只有在这个过程中，才能"发展一种意识和它的解放的，同时是主动的，有节制和攻击性的力量"[1]。

第二，批判理论也包括传统理论中对某种结果的条件的认识，但是批判思维更多地是建构性的。持有这种思维的人常常被保守者认为是想入非非和危险的人。这方面的讨论直接涉及知识分子与社会之间的关系问题。当时流行的知识社会学的主张是：面对各种价值领域的斗争，追求中立理论的知识分子保持中立态度。例如在知识社会学那里，知识分子的阶级属性不是借助经济批判，而是借助社会学家自身的观察形成的。决定知识分子社会归属的，既不是收入来源，也不是他们理论的实际内容，而是是否接受良好教育这种形式因素。不是操纵工业的幕后黑手们，而是大学教授、中层的国家公务员、医生、律师构成一个特殊的社会阶层，或者说超社会阶层。他们对自身的抽象理解，就像消费品一样，是有用的，不管它用于何处。这样，人们之间便出现了一种分工，一方面是在社会斗争中对历史进程产生影响的人，另一方面是为这些斗争指派区域和场所的社会分析者，即知识分子。

很明显，一种精神的形式化概念构成上述知识分子观念的基础。批判理论与之相反。承继历史唯物主义的批判理论，主张只有一种历史，一种真理，"积极的谓词如坦诚、内在一致性、理性、追求和平、自由与幸福等，并不是可以在同等的意义上被赋予任何其他的理论和实践"[2]。并不存在一种无立场的社会理论，同样也不存在一

---

[1]   Max Horkheimer, *Traditionelle und kritische Theorie*, in: *Gesammelte Schriften* Bd. 4, Fischer Verlag, 1988, S. 189.

[2]   Max Horkheimer, *Traditionelle und kritische Theorie*, in: *Gesammelte Schriften* Bd. 4, Fischer Verlag, 1988, S. 196.

种无政治利益的社会学家。

第三，从理论的功能差异中，也产生了逻辑结构的差异。社会的批判理论也是从最抽象的一般规定（商品交换）出发，"以所有可利用的知识为前提，再通过接受其他研究和自身研究所获得的材料去表明：在没有打破国民经济所陈述的原理的情况下，既有的交换经济和明显受其影响而改变的人类和事物的性质，如何必然导致社会对立激烈化"[1]。与传统理论不同的是，批判理论强调的必然性，在最终意义上并非假言判断，而是"实存判断"（Existenzialurteil），即在社会存在层面，关于社会对象必然走向的判断。

必然性具有两层意义，一是指人类无法征服的自然，二是指当今社会的无力，或者说身处于社会中的人的无力感，社会对人来说似乎像无法征服的自然一样呈现为"第二自然"。这两个方面的必然性都共同指涉人类所历经的努力，即从自然的强制和成为束缚的社会生活形式（法、政治和文化秩序）中解放出来。很显然，在批判理论中，必然性就具有了批判维度，它预设了自由，哪怕是尚未实现的自由。只有预设这样的自由，社会批判才有可能，一种朝向理性化社会的实践努力才不至于被视作仅仅是天方夜谭。在此，它与德国观念论不一致，因为观念论认为自由总是在那里，即便人处于枷锁之中。这样的自由仅仅是内在的意志自由，例如费希特曾强调，"我现在完全相信，人类的意志是自由的，幸福不是我们存在的目的，而是配享幸福"[2]。这种形而上学的自由观会导致对实践的放弃，因为自由不是现实与观念的统一，不是现实化了的自由，而仅仅是意志自由。它抛弃了历史的维度，似乎无需人类的社会实践，无需

---

[1] Max Horkheimer, *Traditionelle und kritische Theorie*, in: *Gesammelte Schriften* Bd. 4, Fischer Verlag, 1988, S. 200.
[2] Max Horkheimer, *Traditionelle und kritische Theorie*, in: *Gesammelte Schriften* Bd. 4, Fischer Verlag, 1988, S. 205.

社会斗争，人类天然便享有自由。

　　导致上述差异的原因是，社会科学与自然科学的研究对象具有本质差异。比如，生物从生到死被生物学认作是永恒的规律，而环境的影响则被认为仅是外部刺激因素，它与生物本身的机理运行并不相关。那些外在的影响因素对于理论来说，仅是非本质性的事件序列。事物本身在自然科学那并未被触动，主体与客体是严格分离的。即使新近的研究指出观察对象本身的活动也受到观察本身的影响，但在科学理论中，对象总是被视为有待观察的既定的事实。理论对象本身的生发过程，对理论来说是超验的，它独立于观察者，属于必然性领域，观察者对此无法改变。如果社会发展所具有的必然性正是在此意义上被言及，即被视为自然科学意义上的必然性，那么批判理论的可能性就显得可疑了。

　　对于批判理论来说，社会之所以经受批判，是因为其中蕴含着另一种解放的可能性。社会的发展过程，不像自然那样表现为铁的必然发展过程，它内在地包含着"有意识的批判行为"，"作为经济机制必然产物的社会过程建构，同时包含从中产生出来的对这种秩序的反对和人类自我规定的观念，即一种人们的行为在其中不再出于机制，而是出于自己决定的状态"[1]。这种批判行为的产生，源于社会客体与自然客体的差异，对于社会行动者来说，"任何对于现存社会的一般性概括和研究都有可能对该社会构成潜在的干预"[2]。正是这种有意识的批判行为，使得人们不能局限于传统理论之中，以为通过观察与解释就能掌握社会的真理。批判理论与传统理论最本质的区别就是，社会不仅可以被把握为客体，同时也可以被把握为

---

　　[1]　Max Horkheimer, *Traditionelle und kritische Theorie*, in: *Gesammelte Schriften* Bd. 4, Fischer Verlag, 1988, S. 203.
　　[2]　安东尼·吉登斯：《社会理论的核心问题》，郭忠华、徐法寅译，上海译文出版社2015年版，第256页。

主体。把社会把握为主体，并非意味着要把社会还原为人的产物，而是要指涉一种行动的可能性，即一种批判社会成为纯粹客体，一种从中解放的行动的可能性。如果把理论的客体从主体行动领域完全分离出去，那么它就会导致一种寂静主义和顺从主义。在此，霍克海默认为反形而上学的实证主义与形而上学同处一个层面，即在实践中听天由命。与这种听天由命的放弃相反，批判理论则始终主张改变世界的实践活动，始终坚持要把"理性带入世界"，始终以"人类社会的理性组织"为行动的最终目标。[1]

因此，霍克海默主张，在当今资本主义社会中，把理论局限在解释事实层面其实就是一种掩饰。面对事实，理论家宣称自己对事实的观察是中立的，然而实质并非如此，"实际上它是要人们顺从现存社会秩序"[2]。与传统理论的这种局限相比。批判理论的总体特征不是仅仅局限于解释当下的"事实"（Faktum），用黑格尔的话来说是发现"现实"（Wirklichkeit）。它站在一般性的立场上，以合理性的社会总体为行动导向。合理性的社会总体其实质是《共产党宣言》中的自由人的联合体。

霍克海默在《传统理论与批判理论》中对批判理论的上述阐发，构成法兰克福学派第一代批判理论家从事各类理论批判的理论基石。他们的著作看似"形散"，但是如果以霍克海默所阐述的批判理论为视角，可以看出他们的"神不散"。这种不散体现在对批判理论基本主张的坚守：反对资本主义的意识形态操控，坚信存在内在变革的可能性。这种变革的发生需要理论与实践的相互中介。在此方面，阿多尔诺其实与霍克海默的上述主张基本保持一致，下文将在具体

---

[1]　Max Horkheimer, *Die gesellschaftliche Funktion der Philosophie*, in: *Gesammelte Schriften* Bd. 4, Fischer Verlag, 1988, S. 346.

[2]　陈学明、王凤才：《西方马克思主义前沿问题二十讲》，复旦大学出版社 2008 年版，第 150 页。

阐述这种一致性的基础上，进一步阐明阿多尔诺所强调的理论反思内涵及其与政治行动的关系。

第三节 民主的伤疤与民主的领导力

在面对人们质疑其走向顺从时，阿多尔诺仍然强调自己并没有改变一直以来的观点，强调自己仍然坚守批判理论的基本主张。通过对霍克海默主张的批判理论的分析，我们可以得出这样的基本推论：如果仍然坚持批判理论，就必须坚持反对实证主义，反对仅仅把理论局限在分析具体事实的层面；理论应该不放弃对社会总体的反思，主要反思其如何走向自我矛盾的境地；反思如何存在内在爆破整个现存制度的可能性。如果从这些基本的主张来梳理阿多尔诺返回德国之后提出的和坚持的一些思想主张，可以发现，他仍然坚守这些基本的主张，因此也仍然坚持批判理论的传统。

首先，在对待实证主义的态度上，他仍然坚持实证主义是对反思的放弃，是对现实的顺从。在阐述阿多尔诺的辩证的社会概念中，我们已经指出，阿多尔诺仍然坚持主张如"社会""资本主义""阶级"等宏大概念不可被放弃，认为它们仍然是理解当时社会的主要钥匙。在此方面，阿多尔诺除了参与当时著名的实证主义之争，还与时任（1967—1970 年）德国社会学协会主席的达伦多夫进行了直接的交锋。在其题为《晚期资本主义还是工业社会？》的演讲中，以及在专门回应达伦多夫的批判中，[1] 阿多尔诺仍然强调，尽管资本主义发生变化，但是一些反映其基本结构的概念仍然是有效的。例如，

---

[1] 详细解读参见谢永康：《"晚期资本主义还是工业社会？"——阿多尔诺与达伦多夫关于当代社会本质的争论》，载《南京社会科学》2012 年第 3 期。

随着资本主义生产力的发展和科技水平的进步，阶级概念虽然不再像马克思所生活的时代那样容易被人们接受，发达国家的工人阶级普遍没有了之前强烈的阶级意识，也就是说，他们不再能明确地把自身归属为统一的无产阶级，但是资本主义社会剥削者和被剥削者的分化格局仍然没有改变，生活水平提高的工人阶级仍然没有掌握主要的生产资料。

在针对试图用工人的生活条件等因素重新划分社会阶层的做法时，阿多尔诺指出，"阶级关系的标准，例如社会分层的经验研究喜欢用的标准，即根据收入、生活条件、教育等进行划分，乃是结果在单个个体身上的一般化。在这一意义上，可以说它是主观的。相反，旧的阶级概念则是客观的，它试图独立于从主体的生活中直接获得的指数，表达出社会的客观性"[1]。阿多尔诺在这里很显然有意颠倒了实证社会学中的主观和客观，对社会进行实证的数据分析反而成了主观的，而马克思主义理论中的那些看似是主观概括的那些宏大概念则成了客观的。之所以进行这样的颠倒，主要原因在于他仍然坚持一种辩证的社会概念，仍然坚持马克思的历史唯物主义。在反对那些试图完全用技术的统治来解释当前资本主义的问题时，阿多尔诺也强调了技术统治本质上反映的仍然是阶级统治，"灾难并不是技术，而是其与社会关系的纠缠，它是被囊括到这个关系之中的。请回忆一下，对利润和统治的兴趣引导着技术的进步：它在此跟灾难性的、控制的需要相互协调。破坏性手段的发明不会徒劳地成了新技术的典范。相反，这些技术荒废了其远离统治、集权主义和自然控制的潜力，荒废了其治愈那些被技术彻底毁坏了的东

---

[1] 转引自谢永康：《"晚期资本主义还是工业社会?"——阿多尔诺与达伦多夫关于当代社会本质的争论》，载《南京社会科学》2012年第3期，第43页。

西的潜力"[1]。这种批判与海德格尔对现代技术的批判也划清了界限，海德格尔在批判技术时并没有把现代技术对人的统治最终追溯到阶级统治方面，从而放大了技术的负面作用并且扭曲了现代性大屠杀现象。

其次，在对待资本主义的发展上，他并不认为战后德国的民主制只需要修修补补就能朝向批判理论所致力于建构的理性社会。在1959年的一次题为《清理过去意味着什么》的演讲中，阿多尔诺明确反对简单粗暴地遗忘德国的过去（主要是纳粹时期的德国），他认为"国家社会主义在民主制度中的存在可能比法西斯主义反对民主的倾向的存在更具威胁性"[2]。在此，我们不进一步讨论该命题是否真的能成立，而是关注他的前提是否成立，即国家社会主义的思潮在民主制度中仍然暗自生长。在阿多尔诺看来，法西斯主义仍然存在的主要原因是产生法西斯主义的客观的社会前提仍然存在，只要这些前提存在，它就会不断孕育出法西斯主义。[3]他既强调了主观方面尤其是权威人格的继续存在，又同时强调了客观方面的原因，即资本主义的经济结构和发展趋势并未在民主制中得到彻底改变。他指出，"经济秩序，在很大程度上也是以它为蓝本的经济组织，现在和过去一样，使大多数人依赖于他们无法控制的条件，从而使他们处于政治不成熟的状态。如果他们想活下去，就别无他法，只能适应，让自己服从给定的条件；他们必须准确地否定民主观念所诉诸的自主的主体性；只有当他们放弃自我时，他们才能保存自己。为了看穿'迷惑关联'（Verblendungszusammenhang），只能要求一种

[1] 转引自谢永康：《"晚期资本主义还是工业社会?"——阿多尔诺与达伦多夫关于当代社会本质的争论》，载《南京社会科学》2012年第3期，第45页。

[2] Theodor W. Adorno, *Was bedeutet: Aufarbeitung der Vergangenheit*, in: Adorno, *Gesammelte Schriften* Bd. 10, Suhrkamp, 1996, S. 556–557.

[3] Theodor W. Adorno, *Was bedeutet: Aufarbeitung der Vergangenheit*, in: Adorno, *Gesammelte Schriften* Bd. 10, Suhrkamp, 1996, S. 556–557.

痛苦的认识努力，而生活的组织，尤其是膨胀为总体性的文化产业却阻止这种认识。适应的必要性、认同现状、认同给定事物，以及权力本身，创造了极权主义的潜力。"[1] 即是说，阿多尔诺认为当下的经济发展模式仍然还是以否定人的自主性为前提的。

他在后来的讲座中又再次强调了上述判断的正确性。例如，1967 年 4 月 6 日，阿多尔诺应邀在奥地利维也纳大学作了题为《新右翼激进主义的诸多方面》的讲座。[2] 他在讲座中强调自己于 1959 年对资本主义的判断仍然是正确的。他指出，资本的集中化趋势仍然在持续发展，这不仅会导致资产阶级社会中市民阶层的持续失去地位，而且资本带动的技术发展会不断造成潜在的劳动力剩余。在列举了另外一些影响因素之后，他认为"……民主直到今天从来没有真正的和完全的具体化，而仅仅是一种形式的。在这个意义上，人们可以说法西斯主义运动是一种伤痕，即作为民主的伤疤，它直至今日也没有符合其自身的概念"[3]。可以说，阿多尔诺的这个看法不仅在 20 世纪 60 年代没有过时，即便在当代西方社会中这一观点仍然适用。这场讲座作为单行本出版再度畅销也间接说明了其诸多看法仍然具有一定的现实性。

最后，依旧坚持理论与实践并非彻底分离。霍克海默认为批判理论区别于传统理论的一个重要方面是坚持与现实的反抗实践保持动态统一的关系。在这一点上，阿多尔诺看似与霍克海默的观点有所出入，例如上文中我们在分析他对待学生运动的态度时就指出他反复强调批判理论与现实的政治实践之间没有明确的直接关系。但

---

[1] Theodor W. Adorno, *Was bedeutet: Aufarbeitung der Vergangenheit*, in: Adorno, *Gesammelte Schriften* Bd. 10, Suhrkamp, 1996, S. 567.

[2] 苏尔坎普出版社于 2019 年以单行本的形式出版了该讲座，书一出版短时间内便售罄，一年内再版了 4 次（Theodor W. Adorno, *Aspekte des neuen Rechtsradikalismus*, Suhrkamp, 2019）。

[3] Theodor W. Adorno, *Aspekte des neuen Rechtsradikalismus*, Suhrkamp, 2019, S. 18.

是，如果仔细去分析他在《理论与实践的旁注》中的观点，便会发现，阿多尔诺只是否定批判理论与策略性实践之间有直接的联系，他并不否定理论应该具有实践的维度，即批判当下社会的维度。一方面，他强调，理论与实践的分离其实是一种进步，与马克思一样，他认为这种分离的基础是体力劳动与脑力劳动的分离。在古代，实践主要指代劳动，但脑力劳动与之分离之后，它就不必完全只局限于思考直接的生产活动，而是可以进一步探索认识和建构符合人性生产的社会性条件，所以阿多尔诺认为理论与实践的分离是人性觉醒的标志；另一方面，阿多尔诺也指出理论不能完全脱离现实的社会，理论也必须认识到它的物质基础是现实的生产活动。

阿多尔诺强调应该认识到理论与实践之间具有一种辩证关系："必须产生一种理论和实践的意识，既不将两者分开，使理论变得无能为力，实践变得任意，也不通过康德和费希特所宣称的实践理性的原初资产阶级优先性来折射理论。思想是行动，理论是实践的一种形态；强调思想的纯洁性的意识形态已经隐瞒了这一点。思想具有双重特征：它是内在确定和严谨的，但又是现实中必要的真实行为模式。就主体，哲学家的思维实体而言，它是客体，就它落入客体而言，主体也已经是实践的。"[1] 在阿多尔诺看来，理论并非与实践无关的纯粹思维，而实践需要建立在牢固的理论反思基础上。阿多尔诺的这个观点同时是对两种倾向的批判，一种是对作为中立的理论反思的追求，另一种是认为只有参与到现实的对抗实践中，理论才能保持其一贯性。阿多尔诺强调理论与实践的辩证关系就是为了说明，"对形势的理性分析至少是政治实践的前提……通过对形势的分析，它突出了可能会走出形势强制的一些因素。这对于理

---

[1] Theodor W. Adorno, *Marginalien zu Theorie und Praxis*, in: Adorno, *Gesammelte Schriften* Bd. 10, Suhrkamp, 1996, S. 761.

论与实践的关系来说具有不可估量的重要意义。通过与直接的、与形势相关联的行动相区分，也就是说通过独立化，理论成为变革的、实践的生产力"[1]。即是说，理论不是对现实进行完全中立的反映，而是要揭示现实本身的矛盾性，也不是跟在具体实践要求后面亦步亦趋，而是在坚持自身相对独立的情况下试图澄清当前制度的错误性。

尽管阿多尔诺试图澄清理论与实践之间的辩证关系，但是他在说明中总是侧重于强调理论的实践性，并没有专注于实践本身对理论的促进与推动。这种有所偏重的说明与他对当时整个社会环境的判断紧密相关，在他看来，资本主义的发展已经越来越朝向总体控制的局面，"如果社会的共谋关系以及与之相关的灾难前景已经成为真正的整体——并且没有什么可以怀疑这一点，那么除了谴责这种迷惑关联之外，就没有什么可以反对它了……"[2]这一判断是基于德国的历史境况做出的，具有一定的特殊性，比如德国的民主化过程相较于其他发达资本主义国家可以说是姗姗来迟的，德国文化传统中的反智主义倾向较浓，民族主义情绪积郁未除，等等。但是，是不是当今资本主义社会都是这样的呢？如果阿多尔诺剖析的社会现实仅仅是特殊的个案的话，那么他侧重于理论反思就不一定具有普遍的意义，可能在其他民主国家的政治实践中会显得过度保守。如果其他资本主义国家民主化程度较高，公民具有较高的政治参与自主权，那么在批判社会现状中不合理的部分时，诉诸集体的政治行动难道不是很恰当的选择吗？这样的担忧其实是多余的，在阿多尔诺流亡美国期间，他就已经分析过美国社会了。正是基于对当时最

---

[1] Theodor W. Adorno, *Marginalien zu Theorie und Praxis*, in: Adorno, *Gesammelte Schriften* Bd. 10, Suhrkamp, 1996, S. 765.

[2] Theodor W. Adorno, *Marginalien zu Theorie und Praxis*, in: Adorno, *Gesammelte Schriften* Bd. 10, Suhrkamp, 1996, S. 770.

发达的资本主义国家的洞察，他才更坚定地认为当时的民主制根本无法抵制法西斯主义思潮的生根与发展。

在《民主领导力与大众操纵》中，阿多尔诺就曾集中以美国民主制为观察对象考察了什么是真正的民主领导力，该文被收编于阿尔温·古德纳（Alvin W. Gouldner）主编的《领导力研究：领导力和民主行为》[1]。文集可谓名家荟萃，收录了后来具有世界性影响的理论家罗伯特·默顿、保罗·拉扎斯菲尔德（Paul F. Lazarsfeld）、丹尼尔·贝尔、李普塞特、大卫·理斯曼（David Riesman）等人的作品。文集主要致力于通过分析领导力来帮助人们更好地参与到民主实践中。阿多尔诺撰写的文章没有严格按照主编的限定展开，他并不关注谁赋予这些领袖以相应的地位，也不关注这些领袖的特征，而是主要致力于分析民主领袖的行为实践方面。在此方面，他看到了美国民主制中的反民主因素。他通过分析希特勒集团与美国煽动者之间的关联，即两者都是利用公众面对当代社会的无能为力感对之进行操纵，指出美国民主受到了行政官僚系统和经济领域的威胁破坏，例如现代政党组织的崛起，及其对金融界和社会其他既得利益集团的屈从，民主越来越等同于由既定领导层控制的投票和选举机制。然而，真正的民主却并不是这种形式的投票选举，而是涉及公民的自主判断和决定。换言之，民主不仅仅是形式上的，而且还是内容上的，即公民对相应内容的接受应该是通过自主思考后产生的，而不是被灌输后或被操纵后进行的简单抉择，因为这些内容可能包含着反对自主思考的方面，正是在此意义上阿多尔诺明确指出，"仅仅以形式主义的方式应用民主理念，接受多数本身的意愿，而不考虑民主决定的内容，可能会导致对民主本身的完全曲解，并最终导致

---

[1] *Studies in Leadership: Leadership and Democratic Action*, Alvin W. Gouldner(ed.), Harper and Brothers, 1950.

对民主的废除"[1]。

在《最低限度的道德》的第 66 小节中（该节是本书为数不多的对自由主义政治理论的直接批判），[2] 阿多尔诺直接展开了对体现形式平等原则的宽容的批判，他认为，"关于宽容的流行论点，即所有人和所有种族都是平等的，是回旋镖"。回旋镖的比喻是为了说明这个原则本身会伤害到自身，因为"所有人都是一样的，这正是社会希望听到的。它将实际或想象的差异视为耻辱，这表明尚未完成足够的工作；某些东西仍然留在它的机器之外，而不是完全由它的总体性决定。集中营的技术是让囚犯像他们的看守，被谋杀的像凶手。种族差异被提升为绝对的，以便它可以被绝对地废除……"与这种抽象的同一性相反，"一个解放的社会不是统一的国家，而是在对差异的和解中实现普遍性。因此，仍然认真关注这样一个社会的政治不应该提出人的抽象平等的理念。"与自由主义理论对抽象平等原则的关注相反，阿多尔诺主张应该更多地关注社会中强调平等所带来的对少数的强制，更应该关注如何构建在差异中无恐惧地共存。

然而，当民主的自主实践遭受破坏后，当民众越来越意识到民主只是少数人利益之争的游戏后，那么对民主制失望透顶的人们便可能倾向于放弃民主，可能就成为反民主势力操纵的对象。阿多尔诺认为真正的民主领袖不应该把民主视为操纵和计算的对象，"今天也许比以往任何时候都更重要的是，民主领导力的功能是让民主的主体，即人民，意识到他们自己的需要，而不是通过无数既得利益的传播而嵌入他们头脑中的意识形态。他们必须了解那些民主原则，如果违反这些原则，就会在逻辑上阻碍他们行使自己的权利，并使

---

[1]　Theodor W. Adorno, *Democratic Leadership and Mass Manipulation*, in: Adorno, *Gesammelte Schriften* Bd. 20, Suhrkamp, 1986, S. 268.

[2]　Theodor W. Adorno, *Minima Moralia: Reflexionen aus dem beschädigten Leben*, in: Adorno, *Gesammelte Schriften* Bd. 4, Suhrkamp, 1996, S. 115–116.

他们从自主的主体变成不透明的政治策略的对象"[1]。阿多尔诺在此要强调的是，民主领导力是一种民主的教育过程，旨在让民众真正以自主的方式参与到民主实践当中，而不是一种争夺权力或利益算计的能力。就如阿多尔诺在否定辩证法中所强调的，民主的领导力旨在打开人们的同一性思维，让人们感受和认知被同一性思维所排斥或否定掉的非同一物。因此，阿多尔诺所强调的民主领导力其实是对他后来所强调的伦理的绝对命令的延伸，即要求我们关注苦难，并且让苦难不再重演。这些才是实现民主承诺的重要因素。

鉴于阿多尔诺对美国民主制中反民主因素的强调，以及后来他对文化工业全面渗透日常生活的分析，这种对真正民主实践的强调是否仅仅是一种外在的理想预设？是否仅仅是一种乌托邦的向往？国内外学术界有不少学者其实是持有这种观点的，甚至普遍认为1947年出版的《启蒙辩证法》其实标志着霍克海默和阿多尔诺悲观主义的转向，即认为当今的资本社会内部不存在与之对抗的现实力量了。例如魏格豪斯在评论《启蒙辩证法》时就认为，谈论"启蒙的自我毁灭性"必然预设一种在历史进程中迷失了方向的肯定的启蒙，它的可能性一直被压抑和排斥。但是，这样一种"秘密的乌托邦"究竟是怎样形成的，到底是什么东西使得它还能在霍克海默和阿多尔诺构想的不可抗拒的祛神话进程中得以保存？《启蒙辩证法》并没有涉及这些问题。在他看来，积极的启蒙概念只是"被强硬地塞进了《启蒙辩证法》"[2]。通过分析阿多尔诺写于1949年的这篇《民主领导力与大众操纵》，我们发现这个较为流行的看法其实是片面的。在文中，阿多尔诺并没有陷入绝对的悲观，积极的民主实践

---

[1] Theodor W. Adorno, *Democratic Leadership and Mass Manipulation*, in: Adorno, *Gesammelte Schriften* Bd. 20, Suhrkamp, 1986, S. 268.

[2] 罗尔夫·魏格豪斯：《法兰克福学派：历史、理论及政治影响》，孟登迎等译，上海人民出版社2010年版，第438—439页。

并没有被强硬地塞了进来。在确定了美国社会中的许多反民主化力量以及控制大众思想的大众文化后,阿多尔诺还强调了"与官方舆论相反,草根民主显示出了惊人的活力"[1]。这种活力源于现代科技进步的两面性,现代科技进步的另一方面是"使得人们太'理性',警觉,怀疑,并且反对所有种类的虚假事物——在涉及利益有关问题时,他们常常甚至对于最高压的宣传漠不关心——以至于毫无疑问地存在着一种强烈的反对趋势,反对我们文化氛围中无所不在的意识形态模式。民主的启蒙必须依赖于这些反对趋势,这些趋势应该利用所有可用的科学知识"[2]。

他的上述观点在返回德国之后也并不像有些论者认为的发生了重要的变化,他仍然坚持存在内在抵制的可能性,例如在德意志广播的报告《闲暇时间》(1969 年)中,阿多尔诺明确指出:"如果我的推论并非很仓促,那么可以说,文化工业在人们的闲暇时间中给人们看的东西,虽然被人们消费和接受了,但是人们以有所保留的方式消费和接受它们,就好像即便是再幼稚的人也不会将剧院演出或电影直接当成真的。也许更应该是:这类事情不会被完全相信。显然,意识和业余时间的整合尚未完全成功。个人的真实兴趣仍然强烈到足以在一定范围内抵抗总体的覆盖。这将与下述社会预测相一致,即一个社会,如果其根本矛盾毫不减弱地继续存在,它也不可能被总体性地整合到意识之中。它不会顺畅地发生,特别是不会在业余时间发生,业余时间虽然攫住了人们,但是根据其概念,它不可能彻底地攫住人们,而不使人们不堪忍受。我将放弃描述后果,但是我认为,这里可以明显看到一种成熟的机会,这种成熟最终会

---

[1] Theodor W. Adorno, *Democratic Leadership and Mass Manipulation*, in: Adorno, *Gesammelte Schriften* Bd. 20, Suhrkamp, 1986, S. 267.

[2] Theodor W. Adorno, *Democratic Leadership and Mass Manipulation*, in: Adorno, *Gesammelte Schriften* Bd. 20, Suhrkamp, 1986, S. 269.

有助于将业余时间转变为自由。"[1] 阿多尔诺在此谈到了两种容易会忽略的问题，一是文化工业的意识形态影响并非显得那么彻底，人们在受其影响时仍然保留了一定的自主性，二是业余时间虽然也成了文化工业侵蚀人们自主性的领地，但是阿多尔诺仍然认为业余时间同时包含了走向成熟的外在条件。

通过上述两个时间跨度较大的文献可以说明阿多尔诺在晚年并没有陷入彻底的悲观主义作家之列，他还是坚持认为资本主义社会内部蕴含着对抗不合理制度的潜力，他对积极民主领导力的描述，对真正的自由时间的说明，等等，都不是外在设想某种理想的实践模式或理念，然后强加到当前的资本主义社会中，而是强调这些积极的方面可以从当前的制度中内在地生长出来。在《民主领导力与大众操纵》中，他使用了极具启发的比喻来说明这种内在批判的方式，他把积极的民主启蒙比喻成回旋镖和疫苗。回旋镖的比喻是为了说明使事物针对自身时转向积极的方面，而疫苗的比喻也是如此，疫苗其实就是在与处理后的病菌的共存中达到对疾病的防御。

阿多尔诺对美国民主制度的考察利用了当时他们正在从事的社会调查结果，在 20 世纪 50 年代返回德国后他们继续了权威人格的调查，而且得出的结论也颇为相似，这种观点的一贯性也间接说明阿多尔诺对德国民主制度的批判并不完全是地方性的，它具有一定的普遍性意义。正是这种普遍性意义可以为阿多尔诺的理论与实践关系主张提供事实上的支撑。如果不能简单诉诸集体的行动来达成反对统治，那么首先聚焦于对统治现象的揭露就是最符合时宜的选择了。所以阿多尔诺对理论沉思的强调与近代哲学强调的理论反思或满足纯粹的理论探索兴趣并不相同，他对理论反思的侧重是基

---

[1]　Theodor W. Adorno, *Freizeit*, in: Adorno, *Gesammelte Schriften* Bd. 10, Suhrkamp, 1996, S. 655.

于当时资本主义社会状况所做出的策略之举，它的目的不是单纯地满足认识世界的好奇心，而是旨在通过理论的认知寻求改变现实世界的可能性。那么，这种反思如何就具有阿多尔诺所说的实践品格呢？在此方面，哈贝马斯对理论与实践关系的清楚区分有助于理解和回答阿多尔诺究竟在何种维度谈论理论反思也是一种实践。

在《理论与实践》的新版导言中，哈贝马斯区分出了三种不同的理论与实践的关系，他指出："理论和实践的中介只有在我们首先区分三个功能时才能阐明，这些功能是根据不同的标准来衡量的：批判定理的形成和扩展，经得起科学话语的考验；启蒙过程的组织，这些定理在其中得到运用，并且可以通过这样一种独特的方式被检验，即通过激发特定群体中的反思过程；以及选择适当的策略，对策略问题的解决以及进行政治斗争。第一个层面涉及的是真的陈述，第二个层面是诚实的洞见，第三个层面是审慎的决定。"[1]从哈贝马斯的区分来看，阿多尔诺对理论与实践的思考以及他与学生群体的争论聚焦于第二和第三个层面。学生群体认为是阿多尔诺的理论激发了他们参与政治斗争，并且在具体策略斗争中要求阿多尔诺的支持。阿多尔诺强调自己的理论至多是在第一和第二个层面谈论与实践的关系，在第三个层面，他并没有任何发言权，人们也不应要求他的理论有这种发言权。如果用哈贝马斯的话来说就是："我所区分的这三个功能不能按照一个相同的原则来实现：一个理论只有在从事科学工作的人有进行理论话语的自由的前提下才能形成；启蒙过程（在避免欺骗的剥削的前提下）只能在这样的前提下被组织，即那些开展积极启蒙工作的人要受到附加条件的约束，并且以治疗性'话语'模型为根据确保交流的空间；最后，政治斗争只有

---

[1] Jürgen Habermas, *Theorie und Praxis*, Suhrkamp, 1973, S. 37–38.

在此前提下才能合法地进行，即所有重要决定都取决于参与者的实践话语——尤其是在这里，没有获得真理的特权。一个组织如果试图根据相同的原则完成所有这三项任务，将无法正确完成其中任何一项。"[1] 哈贝马斯的这种回应其实也是阿多尔诺对直接政治行动要求的回应。哈贝马斯与阿多尔诺在此方面其实保持了高度的一致性。

通过上文的这些分析，我们基本已经澄清阿多尔诺所谓的理论反思并非是对现实社会的"复制"，而是揭露现实社会的矛盾。对理论反思方向的界定与霍克海默早年对批判理论的功能定位仍然保持一致。鉴于当时他对资本主义社会现实的判断，从社会心理角度对大众中存在的权威人格的分析，他认为当时直接参与对抗体制的学生抗议活动并非是真正的实践，而是一种伪实践。这种观点与他强调理论与实践之间具有辩证关系并不矛盾。在这种情况下，知识分子的实践活动除了消极的抵制外，就只有积极地进行启蒙宣传了，而学生的实践应该是一种谋求对话沟通的抵制性实践，阿多尔诺其实也身体力行了自己的理论主张。他积极参与广播讲话、公共演讲以及参与到对当时极右势力的理论批判，其实就是以他的方式践行政治批判。阿多尔诺强调理论的启蒙同时是自我启蒙和自我揭露的过程，是理论家与社会抗争者共同沟通的过程。

如果说阿多尔诺的政治主张确实面临困境，即难以即刻改变当时的政治制度，这种困境并不是其理论本身矛盾的体现，而是现实的统治关系使得集体的抗争实践难以达成所预想的目的。在集体的抗议实践要求中，必然面临目的与手段的矛盾，即为了正义的目的论证暴力手段的合理性。而这种行动的逻辑与法西斯主义的意识形态宣传极度相似，这是受法西斯主义迫害的那代人极度反对的。如

---

[1]　Jürgen Habermas, *Theorie und Praxis*, Suhrkamp, 1973, S. 39.

果直接的政治行动不再可能，那么根据阿多尔诺所说的道德行动的可能性要依赖于正确的政治，便可以推论出这样的悲观判断，即在阿多尔诺的思想体系中，道德哲学与道德行动是不可能的。即便阿多尔诺认为这种可能性在于对总体性统治原则的抵制，但是这种抵制也仅仅只能发生在思想的层面或个人行动层面，无论是哪个层面，都说明这种道德要求其实是无力的，是难以实现的。很显然，这种不可能性受当时历史形势的影响也是阿多尔诺本人对时代现状的判断。一旦历史形势发生改变，阿多尔诺所指出的客观的可改变性就可能会转变成一种可能的集体行动，而在此局面下，道德哲学就可能变得具有现实性了。这是阿多尔诺之后批判理论家们修正阿多尔诺道德哲学的主要方面，是他们探讨的核心主题。

结　语

　　哈贝马斯曾指出，从狄尔泰到海德格尔的历史思想，从皮尔斯到杜威的实用主义，以及某种程度上的维特根斯坦哲学，尽管它们千差万别，但却具有家族相似性，即都致力于理性的情境化。这种努力"被理解为认识主体去—先验化的任务。最终的主体应当在'世界之中'，但并不完全失去他的'产生世界'（welterzeugende）的自发性"[1]。换言之，这些哲学家的主要任务可被概括为，既批判传统实践理性的先验化色彩，又不放弃理性的自主性。哈贝马斯的该判断也同样适用于阿多尔诺，他也是该"家族成员"之一。

　　阿多尔诺逝世不久，德国《明镜周刊》专访了还健在的霍克海默。众所周知，阿多尔诺和霍克海默相识于学生时代，两人的友谊长达 30 多年，可以说，没有人比霍克海默更了解阿多尔诺的全部哲学思想了。当采访者问及当时的学生们（尤其是阿多尔诺自己的学生和他喜爱的那些学生）对阿多尔诺的指责是否正确时，霍克海默

---

　　[1]　Jürgen Habermas, *Kommunikatives Handeln und detranszendentalisierte Vernunft*, Philipp Reclam, 2001, S. 9.

斩钉截铁地认为"他们是错误的"，并简要勾勒了阿多尔诺的"思想肖像"。霍克海默说："他（阿多尔诺）相信，当今的发展导致了社会只被纯粹的技术—工具性的观念和目标所规定，而不是被自律的思想所规定。他关心的是，我们至今称之为人类的东西，即使不能扩展和发展，至少也要在社会并不可抗拒的技术改进中保留下来。他关心的是，不仅要促进对更加正义的社会的忧虑，而且要促进对能更好发展人的力量的社会的忧虑。他曾说的、写的和生活的，都属于这些。"[1] 如霍克海默所言，阿多尔诺的批判哲学，既关注社会的整体发展，又关注这种发展与人的发展的关系。如果把这种关注具体锁定在近代启蒙运动历程上，那么它就可被具体表述为对启蒙思想的再思想。承继黑格尔到马克思的辩证法传统，这种再反思表现为双重批判：既批判启蒙思想中的实证主义倾向，又批判任何拯救传统形而上学的企图。

实证主义被视为一种"中断的解放"。阿多尔诺并不否认，以实证主义为基础的现代科学技术促进了人的解放。这种解放体现在两个方面，一方面是生产力的大发展，另一方面是主体地位的凸显。不过，实证主义开启的解放并不彻底，它仅止步于唯名论。有关事物的本质及普遍的关联、世界、自由等等抽象概念，统统被实证主义斥责为虚假的，被视为思想构造的语词而已，它们不具有任何客观实在性。实证主义强调对眼前客观可经验事实的接受，理论只有建立在这些可经验事实的基础上才具客观性。然而，在阿多尔诺看来，实证主义实质上是一种主观主义：首先，实证主义强调的事实，最终不过是意识所接受的事实，换言之，不过是意识事实而已；其次，由于实证主义否认了事物背后的客观联系，否认普遍范畴的实

[1]　Himmel, Ewigkeit und Schönheit, "Interview Mit Max Horkheimer zum Tode Theodor W. Adornos", *Spiegel*, 1969/33.

在性，这导致它对事实之间关联的体认，仅仅是对既定意识事实关系之间的构建。[1] 很明显，这种本质上是主观主义的哲学，最终不具有解放的潜质，因为思想最终仅局限在对既定性的接受上。实证主义中的量化计算思维与商品交换的联盟，更使得主体的自发性消失殆尽。主体仅仅是在"世界之中"，而且是被完全束缚在"第二自然"的世界中，不具有任何创造"第二自然"的自发性。

而试图拯救主体自发性的形而上学，则被视为一种意识形态。阿多尔诺的批判既有理论上的又有经验上的，两者互为印证。理论上的批判主要源于对"起源"与"有效性"之间辩证关系的认识，即对起源与有效性相互"中介"的认识。该思想资源，既有辩证法传统，又有现象学传统，还有弗洛伊德的心理分析传统，以及尼采的谱系学批判传统。这些思想传统也都具有"家族相似性"。这种相似性表现为，都共同关注理性判断中非理性的起源因素。在认识论中，这种起源因素就是认知判断中的感知因素的渗入。认知判断中总包含着这样的中介过程，即判断的客观有效性与判断主体的感性设定之间的相互中介。在当今数学领域，试图构建纯粹形式化公理系统的失败就印证了这种中介作用。[2] 通过否认中介，通过给出某种绝对的基点（不管是纯粹的存在，还是纯粹的先验自我），形而上学试图构造某种绝对有效的理性体系。这种努力不但犯了主观武断的错误，最终达到的也不过是同义反复。[3] 在社会行为领域，起源

---

[1]　Theodor W. Adorno, *Philosophieund Soziologie*, Suhrkamp, 2011, S. 156–160.

[2]　纯粹形式化系统的矛盾表现为，该系统中总是存在着某种命题，它既真又假，换言之，完备性与一致性不可兼得。该理论运用到社会领域中就是"一个完全不自由的社会（即处处按'统一'的严格规则行事的社会），就其行为而言，或者将不一致，或者将不完全，即不能够解决某些问题，也许是至关重要的问题。在困难的处境中，这两者可能会危及社会的生存。这个说法也将适用于个体的人"。参见王浩：《逻辑之旅：从哥德尔到哲学》，邢滔滔、郝兆宽等译，浙江大学出版社 2009 年版，第 5 页。（译文略有改动）

[3]　这也是后来"批判理性主义"对传统理性主义形而上学的批判，例如 H. 阿尔贝特就指出哲学的绝对奠基必然陷入三重矛盾：无限倒退；逻辑循环；武断中止。参见 Hans Albert, *Traktat über Kritische Vernunft*, Tübingen, 1969, S. 13。

与有效性的中介表现为社会机制的可理解性与不可理解性。并非所有的社会机制都可还原为理性自主的产物，而社会机制的不可理解性并非表明存在某种更高的"第二实体"，因为社会最终是人与人之间关系的产物。但是，现代社会的悖谬是，它是人的产物，但人却受制于社会，社会似乎具有独立自主性。在社会中，人体验的不是自由，而是不自由，如命运般无法摆脱的不自由。用阿多尔诺的话说，面对社会，人感受到的完全是"无能为力"（Ohnmacht），其最极端的表现就是现代性的大屠杀——奥斯维辛。面对奥斯维辛等历史性灾难，如果人们还宣称社会背后遵循共同的理性创造原则，还宣称社会能被还原为理性的产物，以及历史有某种合理的目的，那么这种打着"慰藉"招牌的学说实质上是对现存状况的无批判，对主体的抛弃。"本体论与存在哲学是（除了其他更粗糙的反应方式之外的）反应方式。在其中，意识希望摆脱上述那些纠缠。但是，它们自身有致命的辩证法。试图将人排除在创造中心之外并使之感到无能为力的真理，作为主观的行为方式，确认了人的这种无能为力的感觉，促使人与这种感觉相一致，并由此进一步强化了第二自然的魔力。"[1]

因此，在阿多尔诺看来，上述两种思潮都不具现实性。它们虽然都强调主体的实践，但实质上都是非实践的，是一种无批判的静观哲学。阿多尔诺强调真正的实践不是跟在事实后面亦步亦趋，也不是脱离中介的辩证法去追寻某种绝对的统一原则。这种双重否定，使得阿多尔诺的哲学主张也呈现为双重特征，即一方面强调内在批判，另一方面强调否定意义上的乌托邦理想。

对理论施行内在批判，就是探索理论本身的要求与它实际的

---

[1]　Theodor W. Adorno, *Negative Dialektik*, in: Adorno, *Gesammelte Schriften* Bd. 6, Suhrkamp, 1973, S. 75–76.

展开是否相互矛盾。对社会施行内在批判，就是强调首先要像实证主义的要求那样，尊重既定的事实，但不主张事实可被还原为意识事实。事实是具体经验和普遍关联相互中介的产物。对事实的分析与批判，就是从对象的要求出发，去衡量这种要求与其实际所是之间是否矛盾。矛盾体现为，要么对象不符合自身的规范要求，要么现实实践的发展超出规范所规定的范围。批判规范，不是要求它与既定的社会现实保持一致，批判社会现实也不是主张它应与现有的规范相一致。这种不一致的矛盾恰恰是现实或规范正常发展的产物。对矛盾的批判，首先要求的是关注个体经验中的"常态"。对这种常态的分析，需要深入社会的具体局部细节中，即那些"小事"（Kleinigkeit）中。当然，对"小事"考察时，不能放弃总体的视角，"只有在此，即如此这般保持在单个物那里，以至于在坚持中它的孤立性将会瓦解，认识才有可能拓展。这当然以与一般物的关系为前提，但不是归纳意义上的关系，而几乎是它的反面"[1]。该反面就是商品交换中所体现的量的等价原则。通过对马克思历史唯物主义的继承和对社会日常行为的考察，阿多尔诺得出了激进的结论：社会整体是不真的，直接过正确生活已不再可能。

这种不可能要求思想反思自身，要求"如此安排你们的思维和行动，让奥斯维辛不再重演，以及诸如此类之事不再发生"。按照通常的理解，这似乎是一种最低的理想要求，即仅仅要求不再发生大规模的大屠杀。大规模的大屠杀只有在专制政府中才有可能发生，因此这种要求就是呼吁充分发展民主制度。如果这样来理解该定言命令，便完全误解了阿多尔诺。在阿多尔诺的视域中，奥斯维辛恰恰是启蒙的产物。与上述解读相反，该要求恰恰是主张要反思日常

---

[1] Theodor W. Adorno, *Minima Moralia: Reflexionen aus dem beschädigten Leben*, Suhrkamp, 1996, S. 90–91.

的文明生活中，包括民主生活中，那些潜藏着的恶的因素。尽管阿多尔诺的分析都指向了一种全面的恶，即社会的整体都是不真的，是非理性的，但是他仍然是一个乐观主义者。他相信，社会一定能够有所改变，一种人与自然和解的乌托邦依然是可能的，否则批判便无必要，一切都只是虚无。不过，人们无法认识这种乌托邦理想，无法给出具体的规定，只能在否定的意义上谈论它。

根据阿多尔诺的上述观点，笔者将他的道德哲学整体上称为"否定的道德哲学"。以否定的辩证法为理论基础，否定的道德哲学首先关注的是个体与整体之间的张力关系。正是这种张力关系，使得正确的道德认识无法直接转化为正确的道德实践。那些主张道德理论与道德实践是一致的道德学说，或者在理论上矛盾重重，或者无法真正现实化。道德哲学中的矛盾，并不仅仅是思维局限的产物，而是现实矛盾的产物。否定的第二个指向就是社会批判，它是道德哲学可能性的前提条件。通过社会批判，阿多尔诺指出，看似是体现自由的各种社会交往机制和行为，实质上是非自由的。如果人们不去关注日常生活中的"常态"的行为，仍然继续坚守传统道德的思维方式，或者坚守形式化的规范伦理学，或者坚守过时了的德性伦理学等，那么人类社会走向的结局就是现代性大屠杀。否定的道德哲学唯一的规范要求就是，让这种恶不再重演。它是对思维本身的道德要求。这种要求存在的可能性，就是道德实践中的附加物，即感性的自发性冲动。它的现实性就是这种自发性冲动与对恶的洞察的结合。

通过社会批判，阿多尔诺明确指出直接过正确生活的道德行为已不再可能。为了使得道德行为再度可能，最后还必须依赖正确的政治。然而，通过对资本主义民主制的批判，阿多尔诺不再相信简单依靠民主制就能够完成社会批判，进而实现从道德认识到道德行为的转变。基于社会研究所曾经的经验研究，阿多尔诺甚至认为培育法西斯主义的社会温床仍然存在于战后西方资本主义社会之中，他甚至强调道："……民主直到今天从来没有真正的和完全的具体化，而仅仅是一种形式的。在这个意义上，人们可以说法西斯主义运动是一种伤痕，即作为民主的伤疤，它直至今日也没有符合其自身的概念。"[1] 然而，在阿多尔诺的社会理论框架中，正确政治实现的可能性是令人怀疑的。一方面，社会已经成为形式理性全面管制的对象；另一方面，现有的形式化民主并不能带来真正改变社会的政治实践。因此，阿多尔诺最后诉诸的是非暴力不合作的有限抵抗活动，甚至是理论反思活动本身。

阿多尔诺否定的道德哲学对于道德哲学领域最大的启发在于他成功论证了道德行为的可能性与社会批判和政治行动的内在关联性。道德行为、社会批判和正确的政治行动构成了他道德哲学理论的"三位一体"。然而，悖谬的是，一直强调实践，批判单纯认识立场的批判理论，最终在阿多尔诺的理论中转向了坚守反思性认识，淡化现实实践的立场。虽然理论反思本身也是一种实践形式，但是面向大众的道德实践如果仅仅局限于理论反思的中介才是可能的，那么这是否意味着道德仅仅是少数人的"游戏"？站在同情阿多尔诺的立场上，他的观点最后会导向一种对启蒙再度进行启蒙的拯救式运动。然而，就如马克思曾经所指出的，这些教育者们难道不也是受教育的产物吗？在批判理论传统中，更应该反思的不是如何以先锋者的姿态去教育大众如何过真正的正确生活，而是反思先锋者的批判立场如何从当今的社会实践中孕育出来。这样一种思考方式并未违背批判理论内在批判的要求，在当今时代或许是继承与发展阿多尔诺道德哲学最为可取的路径。

---

[1] Theodor W. Adorno, *Aspekte des neuen Rechtsradikalismus*, Suhrkamp, 2019, S.18.

主要参考文献

一、中文文献

E. 迪尔凯姆:《社会学方法的准则》,狄玉明译,商务印书馆 1999 年版。

G. 恩德利:《意图伦理与责任伦理——一种假对立》,载《国外社会科学》1998 年第 3 期。

M. 莫斯:《礼物:古式社会中交换的形式与理由》,汲喆译,上海人民出版社 2002 年版。

阿多尔诺:《道德哲学的问题》,谢地坤、王彤译,人民出版社 2007 年版。

阿多尔诺:《哲学的现实性》,王凤才译,载《国外社会科学》2013 年第 1 期。

阿尔布莱希特·韦尔默:《后形而上学现代性》,应奇、罗亚玲编译,上海译文出版社 2007 年版。

埃米尔·涂尔干:《社会分工论》,渠东译,生活·读书·新知三联书店 2013 年版。

艾伦·布卢姆：《美国精神的封闭》，战旭英译，译林出版社2007年版。

安东尼·吉登斯：《社会理论的核心问题》，郭忠华、徐法寅译，上海译文出版社2015年版。

柏拉图：《理想国》，郭斌和、张竹明译，商务印书馆1986年版。

陈学明、王凤才：《西方马克思主义前沿问题二十讲》，复旦大学出版社2008年版。

陈学明：《情系马克思：陈学明演讲集》，武汉大学出版社2010年版。

邓安庆：《分析进路的伦理学范式批判》，载《中国社会科学评价》2015年第4期。

笛卡尔：《谈谈方法》，王太庆译，商务印书馆2001年版。

丁乃顺：《阿多尔诺道德哲学研究》，中国社会科学出版社2015年版。

弗里德里希·席勒：《审美教育书简》，冯至、范大灿译，上海人民出版社2003年版。

弗洛伊德：《精神分析引论》，高觉敷译，商务印书馆1997年版。

古纳尔·贝克：《费希特和康德论自由、权利和法律》，黄涛译，商务印书馆2015年版。

哈贝马斯：《交往行为理论》第1卷，曹卫东译，上海人民出版社2004年版。

哈贝马斯：《现代性的哲学话语》，曹卫东译，译林出版社2004年版。

海德格尔：《林中路》，孙周兴译，上海译文出版社2004年版。

汉娜·阿伦特：《伦理的现代困境》，孙传钊译，吉林人民出版社2003年版。

汉斯-格奥尔格·伽达默尔：《哲学解释学》，夏镇平、宋建平译，上海译文出版社 1994 年版。

黑格尔：《法哲学原理》，范扬、张企泰译，商务印书馆 1996 年版。

黑格尔：《精神现象学》，贺麟译，商务印书馆 1981 年版。

黑格尔：《历史哲学》，王造时译，上海书店出版社 2001 年版。

亨利·西季威克：《伦理学方法》，廖申白译，中国社会科学出版社 1997 年版。

胡塞尔：《纯粹现象学通论：纯粹现象学和现象学哲学的观念》，李幼蒸译，商务印书馆 1992 年版。

卡尔·波兰尼：《巨变：当代政治与经济的起源》，黄树民译，社会科学文献出版社 2013 年版。

卡尔·曼海姆：《意识形态和乌托邦》，艾彦译，华夏出版社 2001 年版。

康德：《纯粹理性批判》，邓晓芒译，人民出版社 2004 年版。

康德：《纯然理性界限内的宗教》，李秋零译，《康德著作全集》第 6 卷，中国人民大学出版社 2007 年版。

康德：《道德形而上学的奠基》，李秋零译，《康德著作全集》第 4 卷，中国人民大学出版社 2005 年版。

康德：《实践理性批判》，韩水法译，商务印书馆 1999 年版。

康德：《证明上帝存在唯一可能的证据》，李秋零译，《康德著作全集》第 2 卷，中国人民大学出版社 2004 年版。

刘易斯·贝克：《〈实践理性批判〉通释》，黄涛译，华东师范大学出版社 2011 年版。

卢卡奇：《历史与阶级意识》，杜章智等译，商务印书馆 1996 年版。

卢卡奇：《小说理论》，燕宏远、李怀涛译，商务印书馆 2012 年版。

罗伯特·达恩顿：《法国大革命前的畅销禁书》，郑国强译，华东师范大学出版社 2012 年版。

罗尔夫·魏格豪斯：《法兰克福学派：历史、理论及政治影响》，孟登迎等译，上海人民出版社 2010 年版。

罗尔斯：《政治自由主义》，万俊人译，译林出版社 2011 年版。

罗尔斯：《作为公平的正义》，姚大志译，上海三联书店 2002 年版。

马克思、恩格斯：《马克思恩格斯全集》，人民出版社中文第 2 版。

马克思、恩格斯：《马克思恩格斯选集》，人民出版社 1995 年版。

马克思：《1844 年经济学哲学手稿》，人民出版社 2000 年版。

马克斯·韦伯：《经济与社会》，林荣远译，商务印书馆 1997 年版。

马克斯·韦伯：《学术与政治》，冯克利译，生活·读书·新知三联书店 2010 年版。

玛莎·纳斯鲍姆：《善的脆弱性：古希腊悲剧和哲学中的运气与伦理》，徐向东、陆萌译，译林出版社 2007 年版。

麦金太尔：《追寻美德》，宋继杰译，译林出版社 2003 年版。

尼采：《论道德的谱系》，周红译，生活·读书·新知三联书店 1992 年版。

齐格蒙·鲍曼：《现代性与大屠杀》，杨渝东、史建华译，译林出版社 2002 年版。

乔治·摩尔：《伦理学原理》，长河译，上海人民出版社 2005 年版。

热拉尔·劳勒：《法兰克福批判理论：从新马克思主义到"后

马克思主义"》，贺羡、周爱民译，载《国外马克思主义发展报告2011》，人民出版社 2012 年版。

单传友：《承认的遗忘：霍耐特对物化概念的批判与重构》，载《安徽师范大学学报》2014 年第 6 期。

施特劳斯：《什么是政治哲学》，李世详译，华夏出版社 2011 年版。

叔本华：《伦理学的两个基本问题》，任立、孟庆时译，商务印书馆 2004 年版。

汪行福：《批判理论与劳动解放：对哈贝马斯与霍耐特的一个反思》，载《马克思主义与现实》2009 年第 4 期。

汪行福：《通向话语民主之路：与哈贝马斯对话》，四川人民出版社 2002 年版。

王凤才：《从公共自由到民主伦理——批判理论语境中的维尔默政治伦理学》，人民出版社 2011 年版。

王凤才：《蔑视与反抗——霍耐特承认理论与法兰克福学派批判理论的"政治伦理转向"》，重庆出版社 2008 年版。

王凤才：《重新发现马克思——柏林墙倒塌后德国马克思主义发展趋向》，人民出版社 2015 年版。

王浩：《超越分析哲学》，徐英瑾译，浙江大学出版社 2010 年版。

维尔纳·马克思：《黑格尔的〈精神现象学〉——"序言"和"导论"中对其理念的规定》，谢永康译，人民出版社 2014 年版。

维特根斯坦：《逻辑哲学论》，陈启伟译，《维特根斯坦全集》第 1 卷，河北教育出版社 2003 年版。

吴晓明：《黑格尔的哲学遗产》，商务印书馆 2020 年版。

谢永康：《形而上学的批判与拯救》，江苏人民出版社 2008 年版。

邢滔滔：《数理逻辑》，北京大学出版社 2008 年版。

休谟:《人性论》,关文运译,商务印书馆 1983 年版。

亚里士多德:《尼各马可伦理学》,邓安庆译,人民出版社 2010 年版。

俞吾金:《意识形态论(修订版)》,人民出版社 2009 年版。

俞吾金:《重新理解马克思:对马克思哲学的基础理论和当代意义的反思》,北京师范大学出版社 2005 年版。

张双利:《黑暗与希望——恩斯特·布洛赫乌托邦思想研究》,人民出版社 2014 年版。

张双利:《理性何以沦为权力的纯粹工具》,载《学术月刊》2014 年第 3 期。

张双利:《在乌托邦与意识形态的张力中理解马克思主义哲学》,载《江西社会科学》2004 年第 3 期。

周爱民:《阿多尔诺否定的道德哲学构想》,载《山东社会科学》2013 年第 4 期。

周爱民:《论阿多尔诺对康德道德哲学的批判:从信念伦理学谈起》,载《哲学动态》2016 年第 3 期。

周爱民:《施为性矛盾与〈启蒙辩证法〉的内在批判》,载《云南大学学报》2012 年第 4 期。

周爱民:《为什么是否定的道德哲学》,《学习与探索》2016 年第 2 期。

二、德文文献

Albrecht Wellmer, *Ethik und Dialog: Elemente des moralischen Urteils bei kant und in der Diskursethik*, Suhrkamp, 1999.

Andrea Kern, "Wahrnehmung, Anschauung, Empfindung", *Negative Dialektik*, Axel Honneth und Christoph Menke(Hg.), Akademie Verlag, 2006.

Anke Thyen, *Negative Dialektik und Erfahrung: Zur Ratinalitaet des Nicht-identischen bei Adorno*, Suhrkamp, 1989.

Axel Honneth und Ferdinand Sutterlüty, "Normative Paradoxien der Gegenwart: eine Forschungsperspektive", *WestEnd*, 2011, Heft1.

Axel Honneth, "Die Normativität der Sittlichkeit. Hegels Lehre als Alternative zur Ethik Kants", *Deutsche Zeitschrift für Philosophie*, De Gruyter, 2014, 62(5).

Axel Honneth, "Über die Möglichkeit einer erschließenden Kritik. Die Dialektik der Aufklärung im Horizont gegenwärtiger Debatten über Sozialkritik", *Das Andere der Gerechtigkeit*, Suhrkamp, 2000.

Axel Honneth, *Das Recht der Freihet. Grundriß einer demokratischen Sittlichkeit*, Suhrkamp, 2013.

Axel Honneth, *Die Zerrissene Welt des Sozialen*, Suhrkamp, 1990.

Axel Honneth, "Eine Physiognomie der Kapitalistischen Lebensform: Skizze der Gesellschaftstheorie Adornos", *Dialektik der Freiheit*, Suhrkamp, 2005.

Birgit Sandkaulen, "Adornos Geschichtsphilosophie mit und gegen Hegel", *Negative Dialektik*, Axel Honneth und Christoph Menke(Hg.), Akademie Verlag, 2006.

Christine Kirchhoff, Falko Schmieder(Hg.), *Freud und Adorno. Zur Urgeschichte der Moderne*, Kulturverlag Kadmos, 2014.

Christoph Menke, *Spiegelungen der Gleichheit: Politische Philosophie nach Adorno und Derrida*, Suhrkamp, 2004.

Detlef Horster, *Jürgen Habermas Eine Einfuhrung*, WBG Verlag, 2010.

Dieter Henrich, "Systemform und Abschlussgedanke: Methode und Metaphysik als Problem in Kants Denken", *Akten IX. Internationalen Kant-*

Kongresses, Walter de Gruyter, 2001.

Dieter Henrich, "Systemform und Abschlussgedanke: Methode und Metaphysik als Problem in Kants Denken", *Akten IX. Internationalen Kant-Kongresses*, Walter de Gruyter, 2001.

Edmund Husserl, *Einleitung in die Ethik: Vorlesungen Sommersemester 1920/1924*, Kluwer Academic Publishers, 2004.

Emil Angehrn, "Kritik und Versöhnung: zur Konstellation Negativer Dialektik bei Adorno", *Wozu Adorno*, G. Kohler und S. Müller-Doohm(Hg.), Velbrück Wissenschaft, 2008.

Ernst Tugendhat, *Egozentrizität und Mystik: Eine anthropologische Studie*, C.H. Beck, 2006.

Ernst Tugendhat, *Vorlesungen über Ethik*, Suhrkamp, 2012.

Gehard Schweppenhäuser, *Ethik nach Auschwitz: Adornos negative Moralphilsophie*, Argument Verlag, 1993.

Gehard Schweppenhäuser, *Grundbegriffe der Ethik zur Einführung*, Junius Verlag, 2003.

Georg Kohler, Stefan Müller-Doohm(Hg.): *Wozu Adorno*, Velbrück Wissenschaft, 2008.

Georg Römpp, *Ethik des Selbstbewusstseins*, Duncker und Humblot GmbH, 1999.

Giovanni B. Sale, "Kants 'Kritik der Praktischen Vernunft: Ein Kommentar'", *Wissenschaftliche Buchgesellschaft*, 2004.

Goerge E. Moore, *Principia Ethica*, Reclam, 1970.

H. Brunkhorst, *Theodor W. Adorno: Dialektik der Moderne*, Münschen, 1990.

Himmel, Ewigkeit und Schönheit, "Interview Mit Max Horkheimer zum Tode Theodor W. Adornos", *Spiegel*, 1969/33.

Holm Tetens, *Wittgensteins' Tractaus"*, Ein Kommentar, Reclam, 2009.

Immanuel Kant, *Grundlegung zur Metaphysik der Sitten*, in: *Werkausgabe* VII, Suhrkamp, 2014.

Immanuel Kant, *Kritik der praktischen Vernunft*, in: *Werkausgabe* VII, Suhrkamp, 2014.

Joachim Ritter, Gründer Karlfried und Gottfried Gabriel(ed.), *Historisches Wörterbuch der Philosophie* Bd. 9, Schwabe Verlag, 2007.

Joachim Ritter, Gründer Karlfried und Gottfried Gabriel(ed.), *Historisches Wörterbuch der Philosophie* Bd. 4, Schwabe Verlag, 2007.

John R. Searle, *Die konstruktion der Gesellschaftliche Wirklichkeit: Zur Ontologie sozialer Tatsachen*, Suhrkamp, 2011.

Judith Butler, *Kritik der ethischen Gewalt*, Suhrkamp, 2014.

Jürgen Habermas, " 'Ich selber bin ja ein Stück Natur' : Adorno über die Naturverflochtenheit der Vernunft. Überlegungen zum Verhältnis von Freiheit und Unverfügbarkeit", *Dialektik der Freiheit*, Axel Honneth(Hg.), Suhrkamp, 2005.

Jürgen Habermas, *Die Zukunft der menschlichen Natur: Auf dem Weg zu einer liberalen Eugenik?*, Suhrkamp, 2005.

Jürgen Habermas, *Erläuterungen zur Diskursethik*, Suhrkamp, 1991.

Jürgen Habermas, *Moralbewußtsein und kommunikatives Handeln*, Suhrkamp, 1983.

Jürgen Habermas, *Strukturwandel der Öffentlichkeit: Untersuchungen zu einer Kategorie der bürgerlichen Gesellschaft*, Neuwied/Berlin, 1962.

K. Konhardt, "Faktum der Vernunft? Zu Kants Frage nach dem 'eigentlichen Selbst' des Menschen", *Handlungstheorie und*

Transzendtalphilosophie, G. Prauss(Hg.), Klostermann, 1986.

Klaus Günther, "Dialektik der Aufklärung in der Idee der Freiheit", *Negative Dialektik*, Axel Honneth und Christoph Menke(Hg.), Akademie Verlag, 2006.

Konrad Cramer, "Depositum: Zur logischen Struktur eines kantischen Beispiels für moralisches Argumentieren", *Akten IX. Internationalen Kant-Kongresses*, Walter de Gruyter, 2001.

Ludwig von Friedeburg und Jürgen Habermas(Hg.), *Adorno-Konferenz 1983*, Suhrkamp, 1983.

Manuel Knoll, *Theodor W. Adorno: Ethik als erste Philosophie*, Fink, 2002.

Martin Saar, *Die Immanenz der Macht. Politische Theorie nach Spinoza*, Suhrkamp, 2013.

Max Horkheimer und Theodor W. Adorno, *Dialektik der Aufklärung: Philosophische Fragmente*, S. Fischer Verlag, 2013.

Max Horkheimer, *Die gegenwärtige Lage der Sozialphilosophie und die Aufgaben eines Instituts für Sozialforschung*, in: Horkheimer, *Gesammelte Schriften* Bd. 3, S. Fischer Verlag, 1988.

Max Horkheimer, *Die gesellschaftliche Funktion der Philosophie*, in: Horkheimer, *Gesammelte Schriften* Bd. 4, S. Fischer Verlag, 1988.

Max Horkheimer, *Kritische Theorie*, S. Fischer Verlag, 1968.

Max Horkheimer, *Materialismus und Moral*, in: Horkheimer, *Gesammelte Schriften* Bd. 3, S. Fischer Verlag, 1988.

Max Horkheimer, *Traditionelle und kritische Theorie*, in: Horkheimer, *Gesammelte Schriften* Bd. 4, S. Fischer Verlag, 1988.

Michael Theunissen, "Negativität bei Adorno", *Adorno-Konferenz*

1983, L. Von Friedeburg und J. Habermas(Hg.), Suhrkamp, 1983.

Mirko Wischke, *Kritik der Ethik des Gehorsams: Zum Moralproblem bei Theodor W. Adorno*, Peter Lang, 1993.

Niklas Luhmann, *Liebe als Passion: Zur Codierung von Intimität*, Suhrkamp, 1994.

Otfried Höffe, *Kants Kritik der praktischen Vernunft. Eine Philosophie der Freiheit*, C.H.Beck, 2012.

R. Schutz, *Ethik nach Adorno*, Stroemfeld, 1985.

Rahel Jaeggi, *Kritik von Lebensformen*, Suhrkamp, 2014.

Rahl Jaeggi, " 'Kein Einzelner vermag etwas dagegen' : Adornos Minima Moralia als Kritik von Lebensformen", *Dialektik der Freiheit*, Suhrkamp, 2005.

Riedel, M.(Hg.): *Rehabilitierung der praktischen Philosophie, Bd. 1: Geschichte, Probleme, Aufgaben*, Rombach Freiburg, 1972.

Riedel, M.(Hg.): *Rehabilitierung der praktischen Philosophie, Bd. 2: Rezeption, Argumentation, Disskussion*, Rombach Freiburg, 1974.

Robert Brandom, "Freiheit und Bestimmtsein durch Normen", *Paradoxien der Autonomie*, Berlin, 2011.

Rudolf Eisler, *Handwörterbuch der Philosophie*, Nabu Press, 1922.

Sigmund Freud, *Vorlesungen zur Einführung in die Psychoanalyse*, Internationaler Psychoanalystischer Verlag, 1924.

Stefan Müller-Doohm, "Sagen, Was Einem Aufgeht. Sprache bei Adorno-Adornos Sprache", *Wozu Adorno*, G.Kohler und S. Müller-Doohm, Velbrück Wissenschaft, 2008.

Terry Pinkard, "Das Paradox der Autonomie: Kants Problem und Hegels Lösung", *Paradoxien der Autonomie*, Khurana, T. und Menke,

C.(Hg.), August Verlag, 2011.

Theodor W. Adorno, *Der Positivismusstreit in der deutschen Soziologie*, Luchterhand, 1972.

Theodor W. Adorno, *Die Aktualität der Philosophie*, in: Adorno, *Gesammelte Schriften* Bd. 1, Suhrkamp, 1973.

Theodor W. Adorno, *Einführung in die Dialektik*, Suhrkamp, 2010.

Theodor W. Adorno, *Einleitung in die Soziologie*, Suhrkamp, 1993.

Theodor W. Adorno, *Kulturkritik und Gesellschaft*, in: Adorno, *Gesammelte Schriften* Bd. 10.I, Suhrkamp, 1977.

Theodor W. Adorno, *Minima Moralia: Reflexionen aus dem beschädigten Leben*, Suhrkamp, 1996.

Theodor W. Adorno, *Negative Dialektik*, in: Adorno, *Gesammelte Schriften* Bd. 6, Suhrkamp, 1973.

Theodor W. Adorno, *Philosophie und Soziologie*, Suhrkamp, 2011.

Theodor W. Adorno, *Philosophische Elemente einer Theorie der Gesellschaft*, Suhrkamp, 2008.

Theodor W. Adorno, *Philosophische Terminologie: Zur Einleitung*, Bd. 2, Suhrkamp, 1989.

Theodor W. Adorno, *Probleme der Moralphilosophie*, Suhrkamp, 1996.

Theodor W. Adorno, *Reflexionen zur Klassentheorie*, in: Adorno, *Gesammelte Schriften* Bd. 8, Suhrkamp, 1973.

Theodor W. Adorno, *Vorlesung über Negative Dialektik*, Rolf Tiedemann(Hg.), Suhrkamp, 2003.

Theodor W. Adorno, *Zur Lehre von der Geschichte und von der Freiheit*, Suhrkamp, 2001.

Theodor W. Adorno, *Zur Metakritik der Erkenntnistheorie: Studien über Husserl und die phänomenologischen Antinomien*, in: Adorno, *Gesammelte Schriften* Bd. 5, Suhrkamp, 1973.

Thomas Khurana, "Impuls und Reflexion: Aporien der Moralphilosophie und die Moral der Aporien nach Adorno", in: *Zeitschrift für Kritische Theorie*, 2013.

Titus Stahl, *Immanente Kritik. Elemente einer Theorie sozialer Praktiken*, Campus, 2013.

Ulrich Kohlmann, *Dialektik der Moral: Untersuchungen zur Moralphilosophie Adornos*, zu Klampen, 1997.

Wittgenstein, *Vortrag über Ethik und andere kleine Schriften*, Suhrkamp, 1989.

三、英文文献

A.J. Ayer, "Jean-Paul Satre's Doctrine of Commitment", *Listener*, November 30, 1950.

Alasdair MacIntyre, "What Happened in and to Moral Philosophy in the Twentieth Century?", *Philosophical Essays in Honor of Alasdair MacIntyre*, Fran O'Rourke ed., Universtiy of Notre Dame Press, 2013.

Alfred Ayer, *Language, Truth and Logic*, Dover Publications, 1936.

Andrews Buchwalter, "Hegel, Adorno and the Concept of Transcendent Critique", *Philosophy and Social Criticism*, 1987, 12(4).

Andrews Buchwalter, "Hegel, Marx, and the Concept of Immanent Critique", *Journal of the History of Philosophy*, 1991, 29(2).

Axel Honneth, "A Social Pathology of Reason: On the Intellectual Legacy of Critical Theory", *The Cambridge Companion to Critical Theory*, Cambridge University Press, 2004, pp. 336–357.

Axel Honneth, *Disrespect: The Normative Foundations of Critical Theory*, Polity, 2007.

Axel Honneth, *Suffering from Indeterminacy: An Attempt at a Reactualization of Hegel's Philosophy of Right*, trans. Jack Ben-Levi, Van Gorcum, 2000.

Benhabib, S. , McCole, J. & Bonß, W., *On Max Horkheimer*, MIT Press, 1993.

Bernard Williams, *Ethics and the Limits of Philosophy*, Routledge, 2006.

Charles Stevenson, "The Emotive Meaning of Ethical Terms", *Mind*, 1937(46).

Christine M. Korsgaard, *Creating the Kingdom of Ends*, Cambridge University Press, 1996.

Christoph Menke, *Reflections of Equality*, Stanford University Press, 2006.

Craig Browne, "The End of Immanent Critique", *European Journal of Social Theory*, 2008, 11(1).

Dan Sabia, "Defending Immanent Critique", *Political Theory*, 2010, 38(5).

Dieter Henrich, *The Unity of Reason*, Harvard University Press, 1994.

Ernesto Verdeja, "Adorno's Mimesis and its Limitations for Critical Social Thought", *European Journal of Political Theory*, 2009 (8).

Fabian Freyenhagen, *Adorno's Practical Philosophy: Living Less Wrongly*, Cambridge university Press, 2013.

Frederick C. Beiser, *The Fate of Reason: German Philosophy from Kant to Fichte*, Harvard University Press, 1993.

Hannah Arendt, *The human Condition*, Margaret Canovan, The University of Chicago Press, 1998.

Helmut Dubiel, *Theory and Politics: Studies in the Development of Critical Theory*, trans. Benjamin Gregg, MIT Press, 1985.

Immanuel Kant, *Critique of Practical Reason and Other Writings in Moral Philosophy*, ed. and trans. Lewis White Beck, University of Chicago Press, 1949.

Iris Marion Young, *Inclusion and Democracy*, Oxford University Press, 2000.

J.B. Schneewind, *The Invention of Autonomy: A History of Modern Moral Philosophy*, Cambridge University Press, 1998.

J.M. Bernstein, *Adorno: Disenchantment and Ethics*, Cambridge University Press, 2001.

John R. Searle, *Speak Act: An Essay in the Philosophy of Language*, Cambridge University Press, 1969.

John R. Silber, "Procedural Formalism in Kant's Ethics", *Review of Metaphysics* Vol. xxiii, Nr.2, 1974.

Judith Marcus and Zoltan Tar(ed.), *Foundations of the Frankfurt school of social Research*, Transaction Books, 1988.

Jürgen Habermas, *On the Pragmatics of Communication*, Maeve Cooke(ed.), MIT Press, 1998.

Karin de Boer, "Hegel's Conception of Immanent Critique: Its Sources, Extent, and Limit", *Conceptions of Critique in Modern and Contemporary Philosophy*, Ruth Sonderegger and Karin de Boer(ed.), Palgrave Macmillan, 2004.

Karl Ameriks, *Kant and the Fate of Autonomy*, Cambridge University

Press, 2000.

Karl-Otto Apel, *Ethics and the Theory of Rationality*, Eduardo Mendieta(ed.), Humanities Press, 1996.

K-O. Apel, "The Problem of Philosophical Foundations in Light of a Transcendental Pragmatics of Language", *Journal of Neuroscience the Official Journal of the Society for Neuroscience*, 2003, 23(11).

Lambert Zuidervaart, *Social Philosophy after Adorno*, Cambridge University Press, 2007.

Marcus Düwell et al., *Handbuch Ethik*, Verlag J.B. Metzler, 2011.

Mark Devenney, *Ethics and Politics in Contemporary Theory: Between Critical Theory and Post-Marxism*, Routledge, 2004.

Martin Jay, "The Debate over Performative Contradiction: Habermas versus the Poststructuralists", *Philosophical Interventionisn the Unfinished Project of Enlightenment*, A. Honneth, T. McCarthy, C. Offe and A. Wellmer(ed.), MIT Press, 1992.

Max Weber, *Complete Writings on Academic and Political Vocations*, trans. Gordon C. Wells, Algora Publishing, 2008.

Michael Forster, "Hegel's Dialectical Method", *The Cambridge Companion to Hegel*, Beiser, F. C. (ed.), Cambridge University Press, 1993.

Michael L. Frazer, *The Enlightenment of Sympathy: Justice and the Moral Sentiments in the Eighteenth Century and Today*, Oxford university Press, 2010.

Michael Walzer, *Interpretation and Social Criticism*, Harvard university Press, 1993.

Onora O'Neill, *Autonomy and Trust in Bioethics*, Cambridge University Press, 2002.

Onora O'Neill, *Towards Justice and Virtue*, Cambridge University Press, 1996.

Paul Guyer, "Kant on the Theory and Practice of Autonomy", *Social Philosophy and Policy Foundation*, 2003, 20(7).

Paul Ricoeur, *Oneself as Another*, trans. Karthleen Blamey, Chicago University Press, 1992.

Robert Hullot-Kentor, "Back to Adorno", *Telos*, 1989(81).

Robert Hullot-Kentor, *Things Beyond Resemblance*, Columbia University Press, 2006.

Robert J. Antonio, "Immanent Critique as the core of critical theory: its Origins and developments in Hegel, Marx and contemporary thought", *The British Journal of Sociology*, 1981, 32, (3).

Stanley Milgram, *Obedience to Authority: An Experimental View*, Tavisock, 1974.

Stefan Muller-Doohm, *Adorno: A Biography*, trans. Rodney Livingstone, Polity, 2005.

Susan Buck-Morss, *The Origin of Negative Dialectics*, Harverster, 1977.

Theoder W. Adorno, *Hegel: Three Studies*, trans. S. Weber-Nicholson, The MIT Press, 1994.

Theoder W. Adorno, *Kant's Critique of Pure Reason*, trans. Rodney Livingstone, Stanford University Press, 2001.

Theodor W. Adorno, *Critical Models*, trans. Henry W. Pickford, Columbia University Press, 2005.

Theodor W. Adorno, *History and Freedom: lectures 1964–1965*, trans. Rodney Livingstone, Polity, 2006.

Theodor W. Adorno, *Lectures on Negative Dialectics: fragments of a lecture course 1965/1966*, trans. Rodney Livingstone, Polity Press, 2008.

Thomas Mccarthy, "The Idea of a Critical Theory and Its Relation to Philosophy", *On Max Horkheimer*, MIT Press, 1993.

Thomas Nagel, "The Limits of Objectivity", *The Tanner Lectures on Human Values*, Vol. I, University of Utah Press, 1980.

Titus Stahl, "What is Immanent Critique?" SSRN Working Papers, URL:http://ssrn.com/abstract=2357957, doi: 10.2139/ssrn.2357957.

Walschots M., "Adorno's Critical Moral Philosophy", *Gnosis*, 2011, 10(1).

White, S. K., *The Recent Work of Jurgen Habermas*, Cambridge University Press, 1988.

Yvonne Sherratt, "The Dialectic of Enlightenment: A Contemporary Reading", *History of the Human Sciences*, 1999.

致　谢

本书基于我的博士论文修改而成。致谢首先献给写博论时帮助过我的老师与同学们。为了保证致谢的"原汁原味"，这里先摘录博论中部分致谢内容：

论文从选题到框架的敲定，从章节的安排到文字的打磨，无不渗透着导师王凤才教授的谆谆教导。若不是恩师这么多年在学术上的指引，本人不可能在漫漫求学路中，找准方向，踏实前进，有所收获。恩师推崇"外儒内道"的生活态度，深深影响了我。确实，潜心学问，关注现实，同时保持超然物外的心态，方能在现实的坚冰中呵护那最人性的火种。这不仅是理论的态度，也是实践的态度，它需要长年累月的"修行"。希望在新的开端中，我能继续守护和发扬该精神。

国外马克思主义教研室老师们的课程，也给予了我最重要的帮助。若没有那些精品课程，我甚至都无法踏入这块思想领地。陈学明老师的"西方马克思主义前沿问题二十讲"，以高屋建瓴般的气势，"横扫"了西方马克思主义最为重要的论题。在思想史和问题史的畅游中，陈老师让我们充分领略了西方马克思主义的博大精深。而张双利老师的"西方马克思主义早期原著选读"和"《启蒙辩证法》精读"两门课程，在中微观层面，梳理和剖析了西方马克思主义最为重要的经典原著，如《历史与阶级意识》《启蒙辩证法》等。毫不夸张地说，比起德国教授的解读，张老师的解读更为精彩。面对纷繁复杂如天书般的文本，张老师总能准确地找到问题，清晰地厘清文本的论证思路，娴熟地向我们娓娓道来。若没有张老师的精讲，恐怕我是没有勇气和毅力坚持下去。教研室其他老师们的课程，也使我受益良多，汪行福老师对哈贝马斯的解读，鲁绍臣老师对马尔库塞的解读，都大大充实了我的研究视野。

硕博连读期间，我选修的其他课程，也直接或间接地促进了本研究的顺利展开。在此，我要特别感谢邓安庆老师。在"《实践理性批判》精读"和"亚里士多德《尼各马可伦理学》精读"课程中，邓老师对康德和亚里士多德论证策略和关键概念的详细解读，让我在处理阿多尔诺对康德和亚里士多德的批判时，驾轻就熟，游刃有余。吴晓明、张汝伦、张庆熊、孙小玲、罗亚玲等老师的课程，对我的帮助也很大，在此一并感谢。

除此之外，也要感谢魏洪钟老师和林晖老师在生活和学习上的关心。魏老师对资料室的精心打点，让我们时刻享受着舒适的学习和写作环境，林晖老师时常来资料室关心我们的学习情况，与他谈话如沐春风。感谢我的室友单传友、王双彪、张默，还有同学陆凯华等，他们才华横溢，与他们的切磋，总能有所收获。还要感谢我的硕士同学于明志老师，他工作认真负责，总是及时指明和督促我们按规定的步骤，完成相应的工作量。

论文的写作获得了国家"985 三期"复旦大学第四批重点学科优秀博士生科研资助计划项目的资助，该资助让我在购买外文图书方面，不必担忧"囊中羞涩"。同时也感谢国家留学基金委博士生联合培养项目的资助。在德国法兰克福歌德大学博士联合培养期间，特别要感谢外导霍耐特教授（Axel Honneth）。他主持的"社会哲学高级研讨班"，让我充分领略了什么是德国式的研究。还要感谢他的博士生翁少龙，他对我学习和生活上的关照，使我能快速融入德国式的学习和生活中。

回顾这些文字，我更深切地感受到，如果没有这些老师和朋友们的帮助，我可能至今都在学术道路之外徘徊不定。工作之后，我以博士论文为基础申请到了国家社科基金青年项目（名称为"阿多尔诺否定的道德哲学及其影响研究"），在此特别感谢国家社科基金项目的支持。需要指出的是，阿多尔诺之后的批判理论家们在探讨道德问题时并没有局限于他所讨论的理论框架，哈贝马斯、霍耐特、门克等人将问题推进到了一个新的阶段。由于本书主要目的是研究阿多尔诺本人的道德哲学，因此后续的这些发展就没有被纳入书中。在本书的顺利出版过程中，要特别感谢编辑王笑潇。与他的合作非常愉快，对他的专业知识和敬业精神，我深表敬意。最后，感谢我的家人们，感谢他们一直以来给予我无微不至的照顾、支持和鼓励。

图书在版编目(CIP)数据

阿多尔诺否定的道德哲学研究/周爱民著. —上海：
上海人民出版社,2023
ISBN 978 - 7 - 208 - 18402 - 2

Ⅰ.①阿…　Ⅱ.①周…　Ⅲ.①阿多诺(Adorno，
Theodor Wiesengrund 1903 - 1969)-哲学思想-研究　Ⅳ.
①B516.59

中国国家版本馆 CIP 数据核字(2023)第 128688 号

责任编辑　王笑潇
封面设计　胡斌工作室

阿多尔诺否定的道德哲学研究
周爱民　著

出　　版　上海人民出版社
　　　　　　(201101　上海市闵行区号景路 159 弄 C 座)
发　　行　上海人民出版社发行中心
印　　刷　上海商务联西印刷有限公司
开　　本　635×965　1/16
印　　张　19
插　　页　2
字　　数　226,000
版　　次　2023 年 8 月第 1 版
印　　次　2023 年 8 月第 1 次印刷
ISBN 978 - 7 - 208 - 18402 - 2/B・1701
定　　价　78.00 元